ライフサイクル・コスティング

Life Cycle Costing

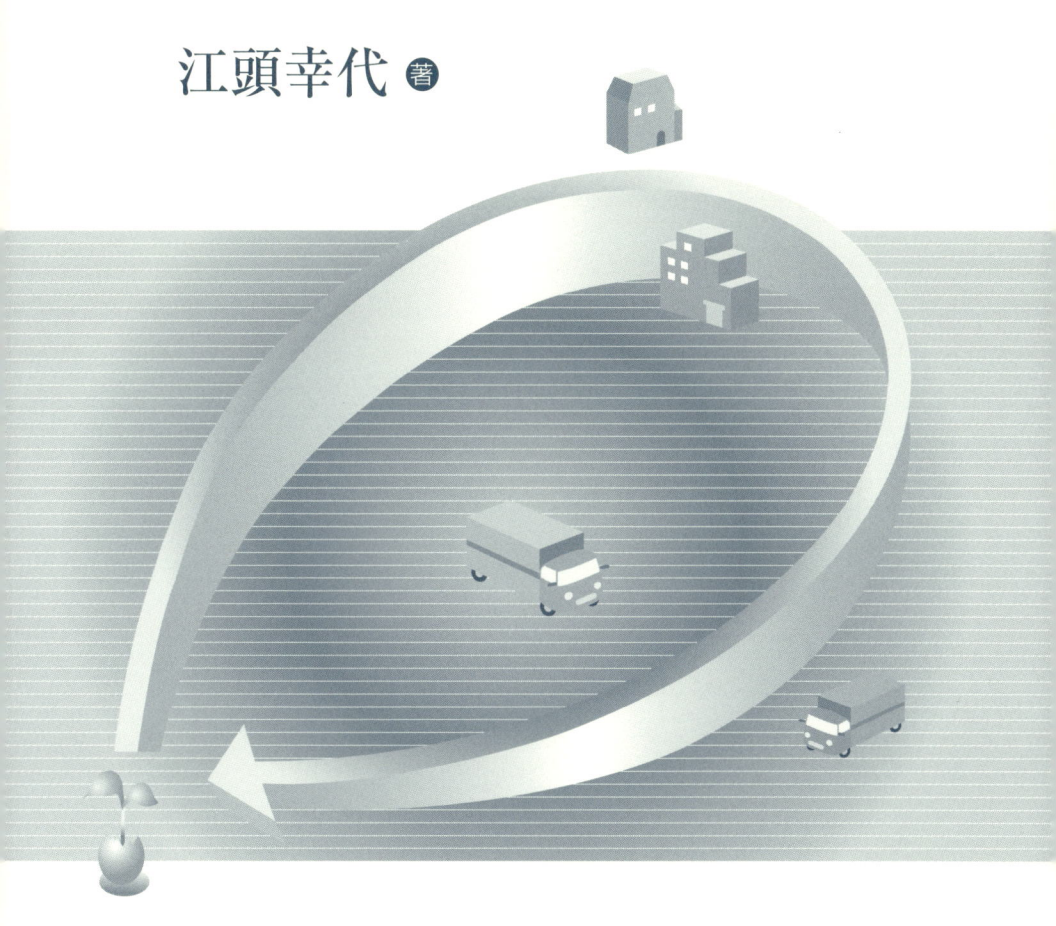

江頭幸代 著

税務経理協会

はしがき

　近年，企業における製品開発競争の激化や企業環境のスピードのある変化によって，製品のライフサイクルは短くなってきている。本書は，このような製品の短命化と地球環境問題に関連して，「なぜ今またライフサイクル・コスティングが必要なのか」という問題を念頭においた現代におけるライフサイクル・コスティングの基礎的研究である。

　寿命の形態，発生原因は異なるものの，人間に寿命があるように事業・企業・製品にも寿命がある。自社および他社の製品の寿命を的確に把握し，予測し，経営活動に活用することができれば，企業は競争に勝つことができるであろう。ライフサイクル・コスティングは，種々の戦略的コスト・マネジメントの中でも，製品の開発から環境コストも意識したライフサイクルの終点までという長期に渡るコストの計算・分析を中心とするものである。また，「製品のゆりかごから墓場まで」の一生涯にかかるコストを予測する予定計算であり，そのコストの回収計算でもある。ただし，どこでライフサイクルが終わるかは，大きく2通りが考えられる。1つは，ユーザーに販売された後の当該製品の廃棄時点であり，他の1つは，メーカーがその製品の生産販売を取り止め，設備その他を撤去する時点である。これら両者の経済主体の異なるライフサイクル・コスティングを2つの体系に区分して統合すれば，製品促販のための顧客説得と競争激化からくるライフサイクル短縮化に対応した製品全ライフサイクル・コストの回収，すなわち採算性の観点から経営意思決定のために役立つであろう。

　ライフサイクル・コスティングは，近年，日本でも防衛省や国土交通省に導入されている。また環境会計の観点からもライフサイクル・コスティングの活躍の場は広がりつつある。しかし，その定義や方法はいまだ確立されておらず，また原価計算としてその計算方法が確立されるのかどうかも明確になっていない。本書では，様々な「ライフサイクル」を明確にした上で「ライフサイク

ル・コスティング」の2つの体系化を試みている。その上で「ライフサイクル」が各々の視点に立った時，あらゆるものを含むということから，拡張することまでをも検討したものである。具体的に本書は，ライフサイクル・コスティングを経営管理者の意思決定法としてのコスト・マネジメント，つまり企業の経営戦略の1つとして位置づけ，ライフサイクル・コスティングという原価計算の理論を体系的に構築するための1つのフレームワークを提示するものである。

本書の章立てを示すと，第1章ライフサイクル・コスティング研究序説，第2章ライフサイクル・コスティングの意義と目的，第3章ライフサイクル・コストにおける原価の把握，第4章ライフサイクル・コストの拡大(1)，第5章ライフサイクル・コストの拡大(2)，第6章ライフサイクル・コスティングと原価企画・品質原価，第7章ライフサイクル・コスティングの構造そして第8章ライフサイクル・コスティングにおける予算編成である。

本書は，博士学位論文の一部をもとにその後の検討を加えたものである。本書の不備は熟知しているつもりであり，また思いがけない誤りをおかしているのではないかと恐れている。大方のご指導とご鞭撻を乞う次第である。

本書が完成するにあたっては，多くのお力添えを賜った。とりわけ大学院でご指導を賜った指導教授である河野二男先生（神戸大学経営学博士）には，博士課程に入り，原価計算の概要から細部に渡り，熱心に御指導していただいた。特に先生の書である「直接原価計算論」は，ライフサイクル・コスティングを回収計算として位置づけるための手引きをしてくれた。心から御礼申し上げたい。

また，大矢知浩司先生（神戸大学経営学博士）には，研究の楽しさを教えていただくとともに，本書の完成に当たって多くの貴重な御意見と御指導を賜った。そしてライフサイクル・コスティングの金字塔である岡野憲治先生（松山大学教授）の多くの文献は，ライフサイクル・コスティングを体系化づけるための多くの示唆を与えてくれるとともに，勇気と力を与えてくれた。ライフサイクル・コスティング研究は，多くの分野が複雑に隣接している研究分野であり，苦労が絶えなかった。しかしその糧となったのは，学部のゼミにて，経営戦略およ

はしがき

びORを学び，修士課程にて会計学について学問の基礎となることから幅広く教えていただいたおかげである。

さらに偶然にもライフサイクル・コスティングをご研究されていた前職の堀龍教夫先生（東京大学工学博士）と出会い，工学的視点と信頼性の観点から検討することの重要性を知った。なお，統計的分析については岡山正人先生（神戸大学工学博士）の助力を得た。記して謝意を表したい。そして現職の大原大学院大学にて憧れの中村忠先生に温かく見守っていただいたことは，心の支えとなった。諸先生方多くの先生方には，拙い研究を温かく見守り，適切なアドバイスと励ましを頂戴した。このようなご厚情がなければ，本書は完成できなかったであろう。深甚な謝意を表する次第である。

また出版事業の厳しい状況下において，市場性の乏しい本書の出版を快く引き受けていただいた税務経理協会の大坪克行常務，峯村英治部長に厚くお礼を申し上げたい。

最後に私事にわたって恐縮であるが，筆者のこれまでの生活を経済的にも精神的にも支えてくれた父・巖，母・登美子に感謝する。

2008年2月

江頭　幸代

目　次

はしがき

第1章　ライフサイクル・コスティング研究序説

第1節　本研究の目的と構成……………………………………………3
第2節　ライフサイクルとライフサイクル・コスティングの体系………6
第3節　ライフサイクル決定因としての市場と環境……………………9
第4節　ライフサイクル・コスティングの2つの体系…………………13
第5節　現在の企業環境からみたライフサイクル・コスティングの必要性………………………………………………………18

第2章　ライフサイクル・コスティングの意義と目的

第1節　アメリカ政府機関のライフサイクル・コスティングの発展……27
第2節　アメリカ政府機関によるライフサイクル・コスティングの定義………………………………………………………32
第3節　従来のライフサイクル・コスティングの意義と定義…………36
第4節　ライフサイクル・コスティングの現代的意義…………………47
第5節　ユーザーの動向…………………………………………………64

第3章　ライフサイクル・コストにおける原価の把握

第1節　原価概念とライフサイクル・コスト……………………………73
第2節　ライフサイクル・コストを構成するコスト……………………82
第3節　財務会計の観点から考えるライフサイクル・コスティング……87
第4節　ライフサイクル・コスティングの有用性………………………96

第4章 ライフサイクル・コストの拡大(1) −環境コストの導入−

第1節 ライフサイクル・コストの拡大 …………………………… 103
第2節 環境報告書における環境コストと効果 ………………… 104
第3節 環境会計とライフサイクル・コスティングにおける環境コスト ………………………………………………………… 108
第4節 ライフサイクル・コスティングにおける環境コストの位置づけ …………………………………………………………… 110

第5章 ライフサイクル・コストの拡大(2) −撤退・撤去コストの導入−

第1節 海外進出・撤退企業の分析と問題提起 ………………… 113
第2節 撤退コストと撤退サイクルの把握 ……………………… 117
第3節 ＦＡＳＢ・日本における事業撤退損失の扱い ………… 121
第4節 ライフサイクル・コスティングの非営利組織への取組み …… 125
第5節 運用コストと環境コスト（事例１）―鶴田ダム― …… 127
第6節 撤去コスト（事例２）―荒瀬ダム― …………………… 130

第6章 ライフサイクル・コスティングと原価企画・品質原価

第1節 戦略的コスト・マネジメント …………………………… 133
第2節 原価企画と品質原価 ……………………………………… 137
第3節 ライフサイクル・コスティングと原価企画の関係 …… 139
第4節 ライフサイクル・コスティングと品質原価の関係 …… 152

第7章 ライフサイクル・コスティングの構造 −回収計算の観点から−

第1節 ライフサイクル・コスティングの構造からの原価計算適用 ……………………………………………………………… 161
第2節 貢献差益法 ………………………………………………… 163
第3節 活動基準原価計算（ＡＢＣ）利用の理由 ……………… 164

第4節	ＡＢＣを利用した段階的貢献差益計算書 …………………168
第5節	段階的固定費回収計算の概念と構造 ………………………175
第6節	ライフサイクル・コスティングと段階的固定費回収計算の統合 ………………………………………………………179

第8章 ライフサイクル・コスティングにおける予算編成

第1節	ライフサイクル・コスト予算 …………………………………187
第2節	ライフサイクル・コスト予算実績報告書 ……………………197
第3節	ライフサイクル・コストにおける価格設定 …………………200
第4節	ライフサイクル・コスティングの現況と限界 ………………204

おわりに ……………………………………………………………………211

参 考 文 献 ……………………………………………………………215
　　欧文献……215　　和文献……225　　報告書・行政文書……235
索　　引 …………………………………………………………………237

ライフサイクル・コスティング

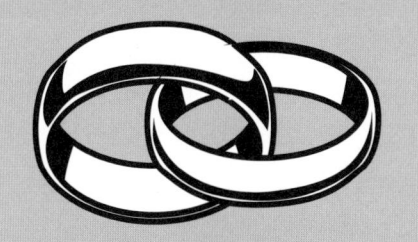

第1章 ライフサイクル・コスティング研究序説

第1節 本研究の目的と構成

　原価計算は，時代や企業環境に応じて様々な発展を遂げてきた。近年，従来の製造現場中心の原価管理から，経営管理に関する様々なニーズに応えるため，戦略的要素の強い戦略的コスト・マネジメントと呼ばれる活動基準原価計算（Activity Based Costing，以下ＡＢＣと略す），品質原価計算，原価企画，ライフサイクル・コスティング，バランスト・スコアカード等が発展してきた。

　企業を巡る環境[1]の変化は避けられない。変化に戦略をもって対応できない企業は，破綻に至るであろう。種々の戦略的コスト・マネジメントの中でもライフサイクル・コスティングは，製品の開発から環境コストも意識したライフサイクルの終点までという長期に渡るコストの計算・分析を中心とするものである。また，ライフサイクル・コストの回収計算でもある。従来，企業はどの製品が利益を上げ，どの製品が利益を上げていないのかについて，製品の製造原価を中心に考えてきた。しかし製品の研究開発から廃棄までの全コストで考えていかなくては，企業は長期的に優位に立つことはできないであろう。

　本書は，以下の2点から戦略的コスト・マネジメントといわれるライフサイクル・コスティングを研究した一応の成果である。1つは，ライフサイクル・コスティングがアメリカ国防総省の提案以来，様々な目的のためにその重要性が認識されていたにも関らず，いまだライフサイクル・コスティングの定義や方法が確立されていないことから，その定義と体系化を試みることにある。い

---

1)　本書では，広く企業の外部環境をいうときは「企業環境」といい，単に自然環境をいうときは「環境」もしくは「地球環境」としている。

ま1つは，ライフサイクル・コスティングが，近年の企業環境の急速な変化や製品開発競争の激化に対応できる有力な経営戦略であるという位置づけを明確にすることである。

　本書は，ライフサイクル・コスティングを体系づけるため，まずライフサイクル・コスティングの基礎となるライフサイクル（期間）を明確にすることの必要性を感じ，そこから出発している。製品ライフサイクルは，一般に市場・環境によって決定されるが，それは「①メーカー視点の製品ライフサイクル」と「②ユーザー視点の製品ライフサイクル」に大きく区分され，さらに①の拡張として「事業のライフサイクル」に区分される。そして各々の立場から，期間としてのライフサイクルの「始まり」と「終わり」を検討し，その範囲内に発生するコストをライフサイクル・コストとして捉え，そのライフサイクル・コストを計算することが，ライフサイクル・コスティングであると位置づけたのである。まずはライフサイクルを明確にしないと，ライフサイクル・コスティングとしてどのように計算をすればよいのかが理解できないと考えたからである。つまり，様々な意味に解釈されている「ライフサイクル」の概念を明確にして「ライフサイクル・コスト」「ライフサイクル・コスティング」の体系を構築する必要があると考えたのである（第1章）。かねてより筆者は，メーカーの視点からは，1製品（製品ベース）と1事業（事業ベース）のライフサイクルが異なり，2つのライフサイクル・コスティングが成立する（区分できる）として，その体系化と適用可能性をみてきた。ライフサイクルは，一般に「ゆりかごから墓場まで」ともいわれているが，何に視点を置くかによってかなり異なるものである。そこで各々のライフサイクルの視点によるライフサイクル・コスティングについて詳細に区分し，検討すべきであるという発想である。

　そして現在の経済環境においても，「いまなおライフサイクル・コスティングは必要なのか，現在の企業はライフサイクル・コスティングに何を求めているのか」という目的および役割期待をライフサイクル・コスティングの現代的意義として検討している（第2章）。

　その上で，財務会計論や戦略的コスト・マネジメントと呼ばれるＡＢＣ，品

質原価計算，原価企画，環境コストの中にライフサイクル・コスティング概念を取り入れ（第3～6章），全体として体系づけたライフサイクル・コスティングのフレームワークを提示することが本書の目的である。

　寿命の形態，その原因は異なるものの，人間に寿命があるように製品・事業にも寿命がある。そして特に寿命，つまりライフサイクルは，高度技術の発展や顧客ニーズの多様化によって短縮しているのも事実である。ライフサイクル・コスティングが，この製品ライフサイクル（経済的寿命）の短縮化に対応するための有用な情報を提供できると確信している。また，ライフサイクル・コスティングが「ゆりかごから墓場までのコスト計算」というのであれば，従来のコスト概念よりも拡大させて，コストの範囲を検討する必要がある。そこでライフサイクル・コストと環境コスト，撤退コストとの関りについても検討している（第4・5章）。特にライフサイクル決定因の1つである環境問題は，ライフサイクル・コスティングを考える上で重要な論点となろう。

　さらに，ライフサイクル・コスティングを2つの体系からみた時，ユーザー視点のライフサイクルをどのように扱うのかという問題がある。ユーザー視点のみのライフサイクル・コスティングは，いわばユーザー側の行う原価計算でしかない。しかしかといって，メーカーはそれに対して傍観しているだけではなく，何らかの方策を考えなくてはならない。そのためには，製品の企画段階からライフサイクル・コスティングを検討することが有用である。そこで製造現場のコスト削減だけではなく，全社的な経営戦略・経営理念の下で考慮する必要性から，ユーザー視点である顧客の要望を考慮できる原価企画・品質原価とライフサイクル・コスティングとの関係を戦略面から検討する（第6章）。他方，ライフサイクル・コスティングの体系をもう1つのメーカー固有の視点から検討すれば，ライフサイクル・コスティングは，「ゆりかごから墓場までの一生涯にかかるコストを予測する予定計算」と位置づけられ，そのコストの採算性計算，あるいは回収計算として考えることができる。そこで，より正確な原価配賦のためにABCを利用した貢献差益法および段階的固定費回収計算が有用ではないかと考え，ライフサイクル・コスティングへの導入可能性を検討

している（第7章）。

　今後ライフサイクル・コスティングは，どのような製品を開発するのかという「製品戦略問題」を始めとして，自社の競争優位性をどのように構築するのかという「経営戦略問題」，ユーザーとの接点をどのようにするのかという「顧客満足問題」，また企業や製品は，環境問題とどのような関係を構築するのかという「自然環境問題」に多様な情報を提供していかなければならない。これらを勘案し，企業はどのような形でライフサイクル・コスティングを取り組むべきかについて，2つのライフサイクル・コスティングの視点を統合した形で示し，最終的にはライフサイクル・コスト予算報告書にまとめる体系を提案する（第8章）。

第2節　ライフサイクルとライフサイクル・コスティングの体系

　1個の製品にしろ，製品群あるいは事業（地域別の事業を含む）にはライフサイクルが存在する。ライフサイクルは，製品または製品群からみれば，物理的に決定されるであろう。最終的には，市場および環境との関係から決定されるが，①ライフサイクルは，メーカー側とユーザー側によって異なる。メーカーからみれば，個々の製品ライフサイクルは，その製造から販売時点で終わる（メーカー視点）。それに対してユーザーからみれば，製品ライフサイクルは，製品の購入・使用・廃棄である（ユーザー視点）。したがってメーカー視点とユーザー視点は，区別して論じなければならない。また②メーカー視点では，1個の製品と事業ベースではライフサイクルが異なる。個々の製品ベースのライフサイクルは販売（リサイクル・環境問題から販売後ユーザーによって廃棄される時点にまで拡張する必要があるが）に終わり，事業ベースのライフサイクルは事業撤退に終わる。戦略的コスト・マネジメントの一環として，ライフサイクル・コスティングを考える場合には，事業ベースのライフサイクルにまで拡張する必要があることから，ライフサイクル・コスティングの体系を図表1－1のように示した。

第1章 ライフサイクル・コスティング研究序説

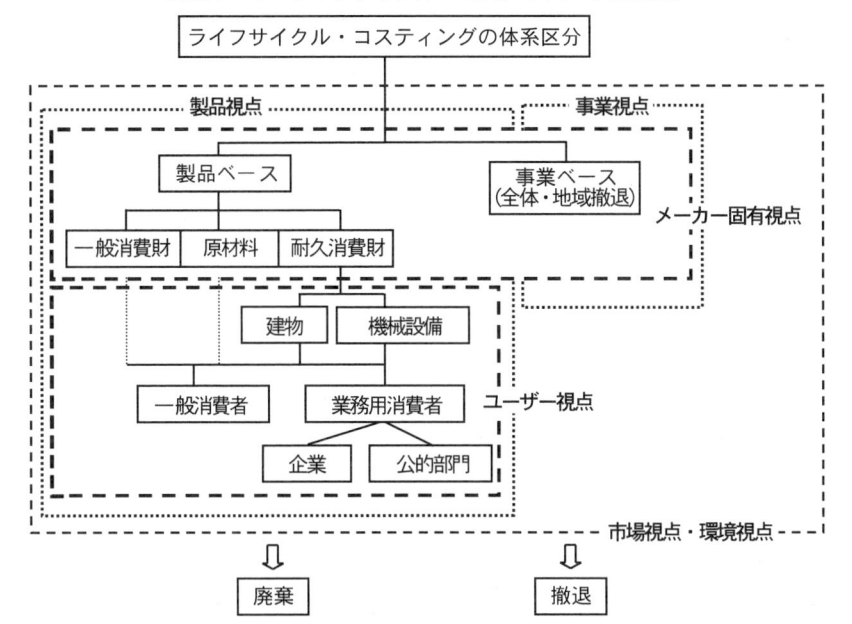

図表1-1 ライフサイクル・コスティングの体系区分

```
                ライフサイクル・コスティングの体系区分
    ┌─────────────────────────────┐
    │          製品視点          ┊   事業視点   ┊
    │ ┌──────────────────┐ ┊ ┌──────────┐ ┊
    │ │     製品ベース      │ ┊ │ 事業ベース    │ ┊
    │ │                  │ ┊ │(全体・地域撤退)│ ┊  メーカー固有視点
    │ │┌────┬────┬────┐│ ┊ └──────────┘ ┊
    │ ││一般消費財│原材料 │耐久消費財││ ┊              ┊
    │ │└────┴─┬──┴────┘│ ┊              ┊
    │ └──────┼──────┘ ┊              ┊
    │ ┌──────┼──────────┐
    │ │      ┌─┴──┬─────┐    │
    │ │      │建物 │機械設備│    │
    │ │      └──┬─┴──┬──┘    │
    │ │┌─────┐  │    │        │ ユーザー視点
    │ ││一般消費者│  │業務用消費者│   │
    │ │└─────┘  └──┬─────┘    │
    │ │       ┌──┴──┐       │
    │ │       │企業│公的部門│       │
    │ │       └──┴──┘       │
    │ └─────────────────┘
    └─────────────────────────────┘ 市場視点・環境視点
              ⇩              ⇩
            廃棄            撤退
```

* 製品視点は，メーカー視点とユーザー視点に区分できる。このメーカー視点のうち，メーカー側の撤退を考慮する視点をメーカー固有視点という。メーカー視点・ユーザー視点とも市場・環境の影響をうけるため細字枠線で囲ってある。このことから廃棄ないしは撤退の問題がクローズアップされるであろう。

　製品ライフサイクルは，対象物やその関与する経済主体，つまりコスト負担者によってその「始まり」と「終わり」との間の長さは異なってくる。また，メーカー視点であっても，製品と事業の場合では，コストの対象が大きく異なる。そこでメーカーとユーザーとの組み合わせにより，図表1-1のようにメーカー視点とユーザー視点を組み入れた製品と事業の2つに分けたライフサイクル・コスティングの体系が区分できる。ここに2つのライフサイクルの「終わり」の違い（製品ベースではユーザーの製品廃棄，事業ベースでは撤退）が明らかになる。

　さらに製品視点では，点線で囲んだ下方の長方形の中だけのユーザー側の，すなわちユーザーの製品購入（原材料も含む），使用（消費），廃棄までのライフ

サイクル・コスティングがある。メーカーから購入した製品をその後どのように消費するかは，一般消費財・原材料・耐久消費財によって異なってくる。さらに耐久消費財について，特に建物と機械設備を例示したのは，建物はライフサイクルが特に長く，ライフサイクルに関する工学的研究が進んだ分野であり，機械設備は減価償却費，メンテナンス等が必要となる分野だからである。また，コスト負担者を一般消費者と業務用消費者に区分することも必要であろう。業務用消費者を企業と公的部門に区分しておいたのは，ライフサイクル・コスティングがアメリカ国防総省の武器調達問題から提唱されており，諸文献が論じるライフサイクル・コスティングをどのように位置づけたらよいのか，その位置づけを示すためである。このようにコスト負担者によって，ライフサイクル・コスティングの意味するところは異なり，またライフサイクルの長さも様々である。

　拙稿でも，1製品または製品群（事業ベース）には2通りの「ライフサイクル」があり，それらを区分することの必要性を説いてきた[2]。2つのライフサイクル・コスティングを統合した形に示すことができれば，ライフサイクル・コスティングは，戦略的コスト・マネジメントの体系ある意思決定手法であると同時に，ライフサイクル・コスト回収計算として定着するであろう。繰り返すことになるが，ライフサイクル・コスティングの定義や方法はいまだ確立されておらず[3]，体系化されたものはない。それは，①経済主体の異なるライフサイクルが混在している　②ライフサイクル・コストの範囲や意義が明確ではないことに，その理由の一端があるといえよう。ライフサイクル・コスティングは文字通り，「ライフサイクルに渡るコスト計算」であるが，どのようなライフサイクルを想定するかによって，その意義・内容は異なってくるであろう。そこで本節は，図表1－1の体系区分をもとに，多様な「ライフサイクル」の

---

2) 江頭〔2003 a〕，101－121ページ。
3) ライフサイクル・コスティングの内容は，論者によって多様であり，現時点で一般的に妥当とするような定義は確立されていない（小林（哲）〔1993〕，165ページ参照。）。

整理から始めたい。

ライフサイクルは「①動物の個体が発生してから死ぬまでの過程の称　②その物が売れ始めてから商品としての寿命が尽きるまでの期間　③結婚に始まり，家族の発展・自己の死亡に至る長期展望」[4] といった一連の変化過程を意味するものと説明されている。この定義からもライフサイクルは，人間や動物の生命周期，製品・サービス・事業・企業・建物・設備などの周期というように，多くの意味に用いられている。②の意味が，ライフサイクル・コスティングにいうライフサイクルに該当すると考えられる。本書での中心は，製品のライフサイクルである。しかし製品のライフサイクルといっても，メーカー側とユーザー側では，二様に考えられる。そこで，まず「ライフサイクル」の意味を検討しなければならない。製品に関しては，「メーカー視点の製品ライフサイクル」「ユーザー視点の製品ライフサイクル」に区分し，さらには，ライフサイクル・コスティングの拡張として考えるべき「事業のライフサイクル」あるいは「建物のライフサイクル」を検討しておこう。これは，各視点によってライフサイクルの「始まり」と「終わり」が異なり，そのためライフサイクル・コストの範囲や内容が異なってくるからである。

第3節　ライフサイクル決定因としての市場と環境

市場と製品ライフサイクル・コスト

製品ライフサイクルの概念は生物学から類推されたもので，製品の生涯を「誕生，成長，成熟，衰退，終結」という段階を経る有機体の生涯に類似したものとして捉えている[5]。その際にライフサイクルの「始まり」を上市と考えるか，開発時点で考えるかによって内容は異なってくるが，通常，売上高の推移によって製品ライフサイクルの段階は測定される。つまりここでの製品の寿命は，当該製品の物体としての性質・構造の寿命である「物理的寿命」ではなく，当

---

4 ）　三省堂〔2001〕『新明解国語辞典』，1455ページ。
5 ）　Y. J. Wind〔1982〕, p.45.

該製品が企業に対して実質的または経済的に貢献して収益を生み出す期間，言い換えれば当該製品が市場の要求・必要を満たす期間である「経済的寿命」[6]として捉えられる。すなわち，市場が製品ライフサイクルを決定するという。

市場により決定される製品ライフサイクルのコストは，ライフサイクル内で生産される当該製品の全製造量に対する総製造コストと，それらの販売・流通等に関連して発生するコスト，さらには開発コストから構成される[7]という。しかし現在では，環境コスト・撤退コストも含めなければならないであろう。そして，同ライフサイクルに渡って見積られた当該製品からもたらされる総収益と比較することが必要となる。

外部公表のための財務会計論からは，製品ライフサイクルの導入期に発生する多額の研究開発費や広告費や機械設備費は，期間計算の観点から後の期間に繰り延べられ，回収されることになっている。損益計算書上の売上原価の計算を目指す従来の原価計算の観点からは，その研究開発費のいかなる部分を該当期間の費用として捉え，どこまでを製品原価として把握するかの区分が必要となってくる。それには，開発した製品が成功するか否か，また成功したとしてもどの程度，当該製品が利益獲得に貢献できるかという予測の問題を解決しなければならない。しかし，ライフサイクル・コスティングでは，製品原価であるとか期間費用であるといった区分は，それほど重要ではないのである。

製品ライフサイクルがかなり長期であれば，期間計算による採算性，また直接費と間接費に区分した採算性判断は誤りがないように思われる。しかし固定費の範囲を拡大して将来の撤退コストまで含めておく必要があろう。製品ライ

---

6) 経済的寿命の説明では製造設備の例が多い。以下は，製造設備を製作して販売するメーカーの製品ライフサイクルを考察する時に役立つ設備のライフサイクルを示している。経済的寿命は，①損耗による老朽化 ②製品の市場における陳腐化 ③設備自体としての旧式化による陳腐化 ④利益計画などによる希望回収期間などの要因に設備の使用条件を加味して総合的に評価した上で決定される（皆川〔1982〕，5ページ。）。

7) 伊藤嘉博「マーケティング戦略上のライフサイクル・コスト」日本管理会計学会編〔2000〕，414ページ。

第1章　ライフサイクル・コスティング研究序説

フサイクルが短縮化してくると，固定費の全額を回収できないことになり兼ねない。そこで期間損益計算に準じることなく，ライフサイクル・コスティングの観点から，製品ライフサイクルに渡る全てのコストについて製品ごとに把握することの重要性が認識されるのである。そうしなくては，どの製品が利益を上げ，どの製品が利益を上げていないのかを把握できないであろう。つまり，市場により決定される製品ライフサイクルの明確化は，総コストを回収した利益の確保，製品価格の決定，売上高達成のための需要量，販売方法等について，単一製品についてだけではなく，次期新製品の導入時期の予測決定を考える上においても重要である。

図表1－2は，製品ライフサイクルにおいて，次期製品との関連で原価の回収と利益の関係を図示したものである。ここでは各曲線に囲まれた面積（金額）で，市場調査コスト，設計コスト，研究・開発コスト，流通コスト，生産コストの総計，売上高曲線と生産コスト曲線に囲まれた面積から総利益を求めている。ただしマーケティングの観点からすれば，耐久消費財の場合には，ユーザー側の保守・使用コストを考えなければならないであろう[8]。

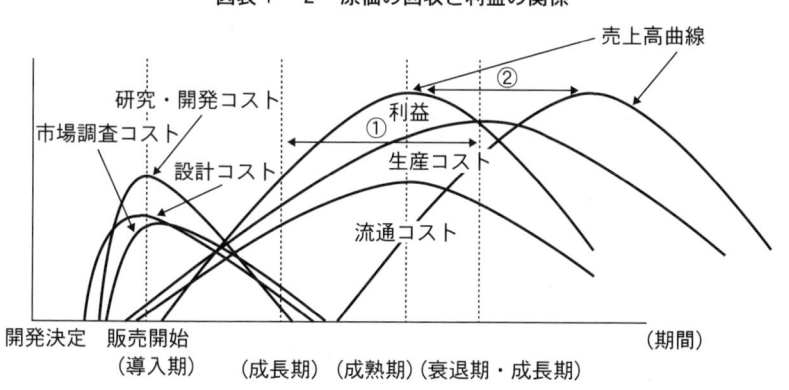

図表1－2　原価の回収と利益の関係

* 製品ライフサイクルの短縮化は，①と②が短くなることを意味する。
**生産コストの曲線は，衰退期に達しても生産を継続することを前提としている。

8）浅田，田川編〔1996〕，129ページ参照。

環境と製品ライフサイクル・コスト

　市場で決定される製品ライフサイクルは，経済的寿命だといえる。そこには環境等の社会的な要因が当然入ってくる。どの製品ライフサイクルにおいても，特に現在では環境に与える影響を考えなければならないといわれている（図表1－1で示す大枠の点線部分である）。

　環境との関りから製品ライフサイクルが短縮されたり，延長されたりするということが生じる。たとえば，ライフサイクル終了前であっても環境に与える影響が重大で放置できないと市場が判断すれば，その製品は即退去を命じられるであろう。フロン製品・ＰＣＢ・有機水銀系肥料等が思い浮かぶであろう。またライフサイクル終了後においても環境的影響が長く続き，社会に多大な影響を及ぼす関係にある場合には，その影響除去のために多大な時間とコストが必要となろう。今までライフサイクル・コストという時には，「製品ライフサイクルに渡る全コスト」だと示してきた。しかし環境を考慮すると，実際の製品ライフサイクル以後に発生するコストをも対象とし，ライフサイクル終了後のコストも含めることになるため，厳密には，拡張されたライフサイクル・コスティングといわなければならないだろう。

　このように環境を考慮した製品ライフサイクルは，社会的な立場からのライフサイクルという特徴がある。環境中心に製品ライフサイクルを考えると，「始まり」は「開発」でなければならない。なぜならば環境に配慮した開発，リサイクル可能な開発が必要だからである。その後，環境に優しい原材料・製品の選択を検討し，生産段階において工場から発生する大気汚染等，さらに販売後において将来発生の可能性のあるもの（たとえば汚染物質の放出に対する修復，補償，将来の規制違反による罰金等），そして最終段階で廃棄の際の廃棄物管理，在庫処分，リサイクルのためのコスト，巨大な生産設備の撤去，除去した跡地の環境浄化，またユーザーが使用し終えた製品のリサイクル，もしくは処分に対する責任にまで対応したライフサイクルでなければならない。

　ライフサイクルが「ライフのサイクル」というように生命の周期であるから，

製品ベースで考えれば、廃棄またはサービスの終了が一応ライフサイクルの「終わり」となり、一方、事業ベースでは環境に適応しない製品事業は、即座に市場から撤退を要求されるので、事業撤退がライフサイクルの「終わり」となる。その意味では、ライフサイクルの決定因である市場と環境は同時に考えていかなければならない問題である。環境を考慮したライフサイクル、ライフサイクル・コスティングは製品ベースにも事業ベースにも適用できるであろう。

第4節　ライフサイクル・コスティングの2つの体系

前節までは「1個の製品」のライフサイクルについて説明した。ライフサイクル・コスティングでは、メーカー視点とユーザー視点を区分して明確にしておかなければ、諸文献を整理して体系的な議論を進めることができない。また「1個の製品」を拡張して、その事業すなわち「拡張された」ライフサイクル・コスティングへの展開を論じることもできないであろう。そこでまず①メーカー視点の製品ライフサイクルと②ユーザー視点の製品ライフサイクルを区分し、最後に事業のライフサイクルを明らかにしたい。

メーカー視点の製品ライフサイクル（単なるメーカー視点とメーカー固有の視点）

先にみたように市場と環境を考慮すれば、メーカー視点の製品ライフサイクルの「始まり」は「市場への導入」「上市」ではなく、「開発」を意味することになろう。メーカーが製品を市場に出す前に製品の開発・企画に多額のコストを費やしていることを鑑みれば当然である。製品ライフサイクルの終点は、一応販売までとなる。このライフサイクル・コストには、販売時点までの環境コスト、あるいはユーザーがその製品の廃棄した時のメーカー負担の回収コスト・リサイクル費用が加算される。このようなライフサイクル・コスティングは伝統的な原価計算と類似しているであろう。販売されれば、一製品のライフサイクルは終了と考えているからである。本書では、このライフサイクルを「単なるメーカー視点」のライフサイクルまたはライフサイクル・コスティン

グと称し，次の「メーカー固有の視点」のそれと区別することにしている。

一方，製品のライフサイクルは「販売」をもって終了するわけでもない。「製品の開発から販売さらに後日，製品事業から撤退してユーザーへのサービスを終了する時点」までと考える。特に日本の場合，製品販売後に一定の保証期間が設けられており，さらに製造物責任法（以下ＰＬ法という）によって，製品販売後の不良までもがメーカーの責任になることを鑑みれば，製品のライフサイクルを拡張して考えなければならないのである。この視点を「メーカー固有の視点」の製品ライフサイクルと称し，「単なるメーカーの視点」と区別して考える（図表1－3）。

図表1－3　2つのメーカー視点の考え方

メーカー視点―┬―単なるメーカー視点（製品開発から販売まで）
　　　　　　　└―メーカー固有の視点（製品開発から撤退まで）

この視点を拡張していくと，製品群ないしは事業ベースまで含めることができる。つまり，具体的な1個の製品の終点までではなく，その製品の生産撤退までを視点におき，その全体コストを全生産数量で割って，1個の製品コストの中に撤退・環境コストを含めて，管理・回収していこうという視点である。メーカーは，製品ライフサイクルとして，近年の急激な技術革新に対応するための巨額の研究・開発コストと設備の更新等の多額な初期コスト，販売停止後にかかる設備の撤去・人材の配置替え・在庫の処理・補修用部品の保存のためのコスト・担当者の維持・リコール（無償回収修理）費までを考えなくてはならない。企業が長期的に優位に立つためには，コストの観点からいえば，製品の

9）　本書では，概ねユーザーという言葉を使用することにしている。ユーザーは，メーカー（生産者）に対し，その使用者（商品を買って使う人）という意味であるが，製品を購入して使ってなくすという意味から消費者ということができ，またそれは企業にとっては，お得意様であるから顧客ということもできる。本書では，使用者・消費者・顧客は，ほぼ同義として考えている。ただし「顧客ニーズ」や「一般消費者」といった言葉については，既に慣用語となっているため，それらを使用することにした。

研究開発から生産後の撤退（サービス終了）までの製品ライフサイクルを視野に入れるライフサイクル・コスティングの考え方が重要となろう。

ユーザー視点の製品ライフサイクル

　ユーザー，つまり消費者[9]は，一般消費者（主に非耐久消費財を自家消費するために購入する）と業務用消費者[10]（機械などの設備を企業が製品製造のために購入する）の2つに分けることができるが，ともあれ，ユーザーは，目的を遂げたり，欲望を満たすために，製品を購入するという行為をもって始まる。したがってここでのライフサイクルの「始まり」は「購入」である。ユーザーは，製品を購入してから，直ちに消費してそれを使用し続け，何らかの不具合・不良が生じると，それを正常な状態に維持するために，保守・修理を行う。そして当該製品の目的が成し遂げられ，あるいは物理的寿命になると，通常それを廃棄処分する[11]。つまり，ここでのライフサイクルの「終わり」は「使いきり」（非耐久消費財）ないしは「廃棄」（耐久消費財）である。同じ寿命でも，市場の決定する製品ライフサイクルの場合の経済的寿命とは，若干異なる点に注目したい。したがってユーザー視点の製品ライフサイクルは，一応は「製品を購入してから，使用し，保守し，最終的に廃棄する時点」までであり，ユーザーの関心は「好み」といった非経済的な問題もあるが，一定価格に対する製品の機能にあるだろう。

　そこでまず，一般消費者の場合を考えてみよう。ユーザーは通常，同機能・同品質のものであれば，購入価格が低くかつ購入後にかかるコストの低いものを購入するのが当然であろう。しかし購入価格も購入後のコストも，ともに安いということは通常それほど多くない。たとえば家電製品等の購入の際には，

---

10)　材料または部品としての製品を他のメーカーから購入し，別の製品に加工または組み込んで販売する会社もメーカーではあるが，本書では単純化して，後のメーカーは全てユーザーとしている。

11)　原材料の場合，ユーザーの視点に立てば物理的寿命である。しかし，相手が当該原材料を使用しなくなって，供給契約が持続されないということから，メーカーの視点に立てば経済的寿命ということになる。

購入価格と使用・保守コストのトレード・オフの観点から，製品の「購入意思決定」を行うことが普通であろう。また特定家庭用機器再商品化法（以下，家電リサイクル法という）の下では，廃棄にかかるコストの低い製品を選択することもあろう。このことは，業務用消費者の購入意思決定においても同じである。たとえば非耐久消費財のうち，食品・医療品等のように後に副作用等が表れてメーカーが責任を負うことも多々聞くところである。

さて，ユーザーが負担する使用・保守・廃棄コストについては，どこまでメーカーが計算できるのか，そしてこれは単にユーザーの問題とすべきなのか。ユーザー視点のみのライフサイクル・コスティングは，いわばユーザー側の行う原価計算である。しかしかといってメーカーはそれに対して傍観しているだけではなく，何らかの方策を考えておかなくてはならないであろう。ユーザーの製品ライフサイクルをも考慮しなくてはならないのである。たとえば感熱式プリンタとトナー式プリンタでは使用コストの差異は多大なのである。

メーカー視点とユーザー視点の統合（製品視点のライフサイクル）

以上の説明では，メーカーまたはユーザー視点のライフサイクルは，ともに1個の製品に関するものである。前に述べたように，ライフサイクルが「動物の個体が発生してから死ぬまでの過程の称」であり，経済主体やコストの負担者を全く考慮しないとすれば，これは製品自身の生涯ということになる。つまり，製品自身のライフサイクルにおける「始まり」は「研究開発」であり，製造・販売・使用そして「終わり」が「廃棄」となる。ここでは販売までがメーカー側，使用・廃棄がユーザー側というように，時の経過によって経済主体が異なる。この製品自身の純粋な一生涯にかかるコストを計算しようという試みが，アメリカ国防総省を始めとするライフサイクル・コスティングの考え方の主流であった。この考え方は，原価計算としてのライフサイクル・コスティングを考える上で，有用か否かは多くの問題がある。メーカー視点のライフサイクルでは，ユーザー側でどのように製品が使用され，廃棄されるかは不明である。廃棄については，廃棄物処理費用の支出によって明らかになることもある

が，ユーザー側でのライフサイクル・コストは不明である。メーカーの全体的な回収計算では，メーカー固有の視点，すなわち製品から撤退までのライフサイクルに渡るコストの回収計算ということになろう。

以上をまとめると，1個の製品ベースの中には，メーカー視点とユーザー視点の2つが含まれる。単なるメーカー視点のライフサイクルは，販売までであり，従来の伝統的な原価計算とはそれほどの違いがない。そこにユーザー視点を組み込まないと，図表1－1が示す廃棄までのライフサイクルとはならないのである。両視点を統合した形でライフサイクル・コスティングを体系化することができれば，顧客説得のための有力な武器となろう。

事業のライフサイクル　－メーカー視点によるライフサイクルの拡張－

期間損益計算は，企業が存続することを前提としているが，現在多くの企業が倒産し，また不採算事業からの撤退，特に海外事業からの撤退も年々増加[12]しており，今や企業・事業の永続性の保証はない。そこで事業のライフサイクルを考えるならば，「始まり」は「進出前調査」であり，企業の進出決定，進出そしてライフサイクルの「終わり」は「事業からの撤退さらには，環境の回復（土壌改良等行政側からの処置要求）が終了する時点まで」といえよう。ここでのライフサイクル・コスティングの必要性は，進出の際に，全社的総合利益に立って個々の採算性を考慮し，個々の事業のライフサイクル・コストを見積ることである。ライフサイクル・コスティングを事業ベースに考えた場合，伝統的な期間計算とは異なり，広くシステム・事業を含めて進出後に発生するであろう撤退コスト，環境回復コストを進出前の調査時点で見積ることが重要である。つまり，企業が進出を計画する時点で，前もって将来撤退するかもしれないという見積りのライフサイクル・コスティングの視点を計画的に組み入れ，予測することが重要である。

---

12)　経済産業省経済産業政策局調査統計部企業統計室貿易経済協力局貿易振興課編〔1993－2002〕の資料による。

建物のライフサイクル　－製品視点としてのライフサイクルの事例－

　上述までは，製品および事業のライフサイクルを検討してきた。ここでは，特にライフサイクルの長い建物の例を示しておこう。建設産業経営用語解説によれば，建設業界におけるライフサイクルは，主に居住者の生活変化に適応した建物の寿命を指して用いるという。建物のライフサイクルにおいて「始まり」は「設計・企画」であり，そして建設され，使用され，ライフサイクルの「終わり」は「解体（取り壊し）」となる。これは，設計・企画・建設（ここまでが建設業者），使用・解体（ここまでがユーザー側）という2つの経済主体にまたがる。このように経済主体の異なる建物のライフサイクルを考えることの重要性は，建物の投資コストが高いだけでなく，耐用年数も長いため購入後の期間が長く，維持・修理コストに大きなウェイトを占めるからである[13]。ただし建物の場合，購入者は製品とは異なり，メーカーと個別対応が可能であるため，積極的に設計者に対してライフサイクル・コストの低減を働きかけることができる。したがって，建物のライフサイクルは，2つの経済主体を一緒に考えてこそ，効果が有効となる。またその際，ライフサイクル・コストが最少であるのと同時に，建物の使用目的，使用価値，つまり機能と効用が達成されなければならない[14]。

第5節　現在の企業環境からみたライフサイクル・コスティングの必要性

　企業の外部環境は，国内外の人口動向，企業間競争，技術動向，政治動向，産業規制措置動向，自然環境など不確実，不安定，不透明なものである。図表

---

13)　日本の建設省の調査では，建物の取得後の費用は建設費の4～5倍になるという（建設大臣官房官庁営繕局〔1993〕，30ページ。）。

14)　近年，あまりにも初期コストを低減しすぎて，建物の安全性に関する問題が浮かび上がったが，これでは本末転倒である。

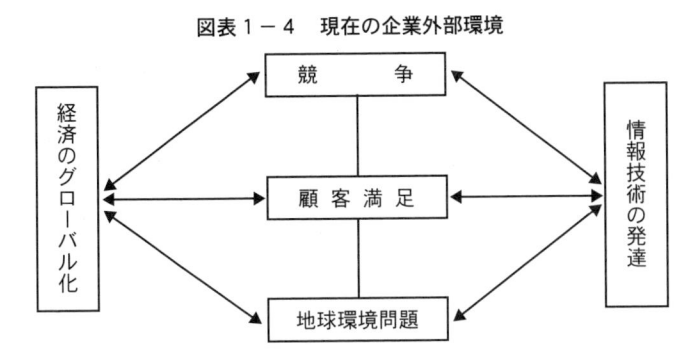

第1章　ライフサイクル・コスティング研究序説

図表1－4　現在の企業外部環境

```
              ┌─────────┐
         ┌────│  競　　争  │────┐
┌─────┐  │    └─────────┘    │  ┌─────┐
│経済の│  │    ┌─────────┐    │  │情報技│
│グロー│──┼────│ 顧客満足 │────┼──│術の発│
│バル化│  │    └─────────┘    │  │達    │
└─────┘  │    ┌─────────┐    │  └─────┘
         └────│地球環境問題│────┘
              └─────────┘
```

1－4は，現在の企業外部環境として，経済のグローバル化を基軸に「競争，顧客満足，地球環境問題」が相互関係にあり，情報技術の発達がこれを促進し，加速していることを示している。

今日，企業を巡る外部環境が不確実，不安定，不透明であると先に述べたが，ドラッカー（P.F.Drucker）は1970年代初頭以降，社会・経済および知識において「非連続性（discontinue）」があるため，外部環境変化に対する企業の予測可能範囲が縮小している[15]と指摘している。またカミ（M.J.Kami）は，それを踏まえて現代を「予測不能の時代（age of unpredictability）」[16]という。このような環境変化の予測困難な時代において，企業が将来に渡って戦略を持ち続け，その戦略を実行していくことは困難であろう。しかし企業は，企業環境の中に見出される諸相を経済的機会として捉え，この機会に対応できる能力を持って，戦略を遂行し，戦術でもって対応していかなくてはならない。逆に言えば，企業にとって外部環境は，経営戦略の情報源あるいはアイディアの発生源でもある。

ライフサイクル・コストは，どの製品が終極的に利益を上げ，そしてどの製品に採算性がないのかを製品ごとに取捨選択する点において，現在の企業にとって戦略上重要であり，これなしには企業の発展は見込めないであろう。経済が右上がりの時代には，売上高の増大がそのまま利益の増大，企業の存続・

---

15) P.F.Drucker〔1969〕
16) M.J.Kami and E.R.Joel〔1973〕

成長につながっていた。しかし今日のような経済が右下がりの時代には，量的拡大から質的発展へと重点を移行しつつ，企業間競争激化に対応していかなければならないであろう。変化する企業環境に対応するために，企業はライフサイクル・コストを経営戦略の1つとして捉え，企業の経営理念として盛り込んでいくことが重要である。

サスマン（G.I.Susman）は，「ライフサイクル・コストの全体を検討し，開発・設計段階においてはコストの削減，そして開発以後の段階では利益極大化がマーケットとビジネス戦略において重要であるとし，ライフサイクル全体の利益とコスト見積りの重要性は，製品ライフサイクルに併せて検討することが重要である」[17]と指摘しており，マーケティングの観点と原価管理手法とを同時に考慮する必要性を示唆する。現代は様々な企業環境の中で，製品ライフサイクルが短縮しており，それゆえ企業は製品に投資したコストを早く回収しなければならない。そのためにもサスマンの指摘するように，できるだけ顧客ニーズに合った製品を開発することによって，より早期に売上を伸ばし，利益獲得と同時に製造の源流段階（開発・設計段階）でコスト削減を行う必要がある。

また，ライフサイクル・コストを考慮する際，開発・設計段階において，リサイクルしやすい製品設計，部品共通化，長寿命設計を考慮するのであれば，開発・設計コストは高くなることになるが，ユーザーの要望と企業の社会的責任を考えるのであれば，全ライフサイクル・コスト（製品寿命が尽きるまでの全期間のコスト総計）の最少化といった意味で優位性を保つことができるであろう。

図表1－5は，図表1－4をさらに敷衍して，現在の企業環境となぜ企業にライフサイクル・コスティングが必要となるのかを示している。以下，簡単に説明していこう。

---

[17] G.I.Susman〔1989〕, p.8.

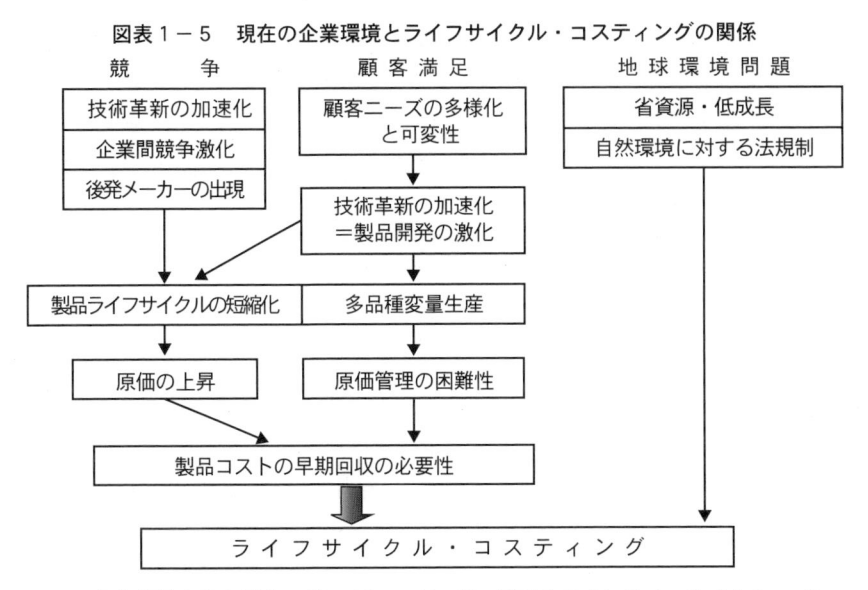

第1章 ライフサイクル・コスティング研究序説

図表1-5 現在の企業環境とライフサイクル・コスティングの関係

```
     競　　　争            顧客満足            地球環境問題
┌──────────────┐  ┌──────────────┐  ┌──────────────┐
│ 技術革新の加速化 │  │ 顧客ニーズの多様化│  │ 省資源・低成長   │
├──────────────┤  │ と可変性         │  ├──────────────┤
│ 企業間競争激化   │  └──────┬───────┘  │ 自然環境に対する │
├──────────────┤          │              │ 法規制           │
│ 後発メーカーの出現│  ┌──────┴───────┐  └──────┬───────┘
└──────┬───────┘  │ 技術革新の加速化 │          │
        │          │ ＝製品開発の激化 │          │
        │          └──────┬───────┘          │
        ↓                  ↓                    │
┌──────────────┐  ┌──────────────┐          │
│製品ライフサイクル│  │ 多品種変量生産   │          │
│の短縮化          │  └──────┬───────┘          │
└──────┬───────┘          ↓                    │
        ↓          ┌──────────────┐          │
┌──────────────┐  │ 原価管理の困難性 │          │
│ 原価の上昇       │  └──────┬───────┘          │
└──────┬───────┘          │                    │
        └──────┬──────────┘                    │
               ↓                                  │
    ┌──────────────────────┐              │
    │ 製品コストの早期回収の必要性│              │
    └──────────┬───────────┘              │
               ⇓                                  │
    ┌──────────────────────┐              │
    │  ライフサイクル・コスティング  │←────────┘
    └──────────────────────┘
```

＊日本会計研究学会編〔1996〕，103ページの谷の図表を参考にライフサイクル・コスティングの関係を作成した。

経済のグローバル化

　現在の経済のグローバル化は，単なる原料や製品の輸入や輸出といった取引だけではない。企業は安い原材料・労働力を求めて，現地生産・現地販売といった経営戦略へと移行し，多国籍企業として事業展開している。一方で，銀行を始めとする海外撤退は相次いでいる[18]。事業の撤退，特に全面撤退を考えるならば，設備の廃棄，人材（配置転換，解雇等）のコストは，過去に獲得した製品の利益より，はるかに莫大になることもあろう。このように経済のグローバル化によって，競争は激化することになるが，他方，多数の国や地域を事業視野に入れることによって，製品ライフサイクルを延ばすことも一時的には可能になる。つまり，製品がある国では衰退期に入ったとしても，他の国で成長

---

18) 経済産業省が2002年に発表した海外事業活動基本調査によると，2000年度に海外から撤退した日本企業の現地法人は，前年度の1.8倍の696社であった。

期であるならば，その製品を販売することによって，製品ライフサイクルを延ばすことができる。これは，多国籍企業の発展を説明するヴァーノン（R. S. Vernon）の「プロダクト・サイクル理論（product cycle theory）」[19]である。

技術革新の加速化

競争の要因の1つに技術革新の加速がある。まず研究態勢では，分析機器を中心とする試験研究設備や研究者志向とがあいまって，新製品の開発が加速している。また生産態勢においても，新しいシステムにより早期製品化が可能となっている。たとえば，ＦＡによる生産現場の統合的な自動化とＣＩＭ（Computer Integrated Manufacturing）のような全社的に統合されたシステムの採用である。また産業ロボット，加工組立型産業におけるＮＣ工作機械，ＦＭＳ（Flexible Manufacturing System）等もある。さらに企業は，製品開発の設計システムとしてＣＡＤ／ＣＡＭ，ＣＡＥ（Computer Aided Engineering）等を導入して，そのスピードを図っている。このような製造技術の高度化は，工場の省力化を促進し，またそれは原価構造の構成を変化させ，原価管理にも影響を及ぼした。単に人件費が安いということは，企業間競争に生き残る主たる要因にはなっていない。

後発メーカーの出現

競争の要因として，後発メーカーの出現あるいは発展途上国等の技術進歩がある。市場での製品競争は，他社製品の満足度を低め，自社製品の満足度を高めることにある。さらに自社製品の満足度を低めるような他社製品が出現すれば，それに対抗する製品を直ちに開発しようとする。また多くの後発メーカーは販売価格を乱すため，企業間競争をさらに激化させる。その結果，製品ライフサイクルはますます短縮化する。そのため企業には，次から次へと新しいものを開発する製品開発戦略が要求される。たとえば製薬メーカーにおいては，

---

19) R. S. Vernon〔1971〕（霍見〔1973〕, 71-85ページ参照。）

薬は一定の特許期間が設けられている。特許期間が過ぎれば，後発メーカーが「後発品[20]」を出す。また国によっては，海賊版が横行することもある。しかしそうなると，当該薬品の持つ効果としての優位性はなくなり，開発メーカーは，特許期間内に巨額な研究開発や設備コスト等を償却計算して回収したとしても，撤退コスト等の未回収コストが残ることになるかもしれない。

顧 客 満 足

経済のグローバル化によって顧客満足は，国内だけのユーザーにとどまらず，販売する国・地域に合わせた製品の提供が求められるようになった。このように現在では，一国市場の対応を目的とした従来型とは異なった企業経営のあり方が必要となる。つまり，出来る限り省エネ，低価格，良品質，高機能，高性能，信頼性，安全性，アフターサービスそして自然環境も配慮したバランスのとれた製品が現在のユーザーの求めている製品といえよう。特にハイテク製品等において，近年注目されているのは，顧客の負担するユーザーコストの少ない製品である。さらに地球環境意識の高まりや世界の自然環境問題に対する動き[21]に対応したユーザー意識の変化にも企業は注目しなくてはならない。

製 品 開 発

企業は，技術革新の加速化・企業間競争・後発メーカーの出現・顧客ニーズの多様化と可変性・省資源・低成長・自然環境に対する法規制といった諸要因に対しての戦略的対応を迫られるようになった。それに対する重要な戦略は，何といっても「製品開発」である。製品の開発には，企業環境に対応せざるを得ないものと，企業独自に開発して企業環境に影響を与えるものがある。前者が「顧客ニーズの多様化・可変性」であり，後者は企業の生み出す「流行」で

---

[20] 薬品等では，特許が切れると，他社メーカーは，特許と同じ成分のものを品質・安全性がクリアすれば，商品名を変えて市場へ出すことができる。ジェネリック品という。
[21] 地球温暖化や二酸化炭素削減問題等である。

ある。

　今までなかった全く新しい製品，品質が改良された製品，使用法が便利な製品，価格が大幅に安くなった製品，新しい機能・性能が増えた製品は，顧客ニーズに応えるものであり，後発メーカーに対応するためである。製品に多くのオプション機能を付加することも，現在における企業の製品開発の重要な要素となっている。たとえば，ユーザーの使用法に応じて，フリーザーや氷温室を拡大できる冷蔵庫などである。これは，「決まった用途別の容量では不便だ」というユーザーの要望を基に開発したものである。このように企業は，低コストと高品質，豊富な品揃え，オプションの追加によって，ユーザーの希望に適合するカスタム化製品を作り出し，しかもそれを迅速にユーザーに送り届けることが要求されている。もし企業が，顧客ニーズに応えない製品を提供し続けるなら，当該製品の市場からの退場は早まることになろう。また，新製品開発を促進するのは技術革新の結果であるが，企業が顧客ニーズに応えるあまり，新製品を次から次へと市場へ提供することによって，旧製品の販売停止を早め，製品ライフサイクルがさらに短くなることもある。

　他方，色や形を変化させた製品，商品名や容量を変えた製品，従来品を計画的に陳腐化させた製品は，企業が作る「流行」である。このことは，企業にとってユーザーに製品を飽きさせないための製品開発が必要であることを意味するが，これについても，旧製品の販売停止を早めることになる。企業は，顧客ニーズの可変性に即座に対応し，新たな流行を生み出すために，様々な部門において精密かつ高度な技術革新をせざるを得ない。しかしここでも，企業は生産構造，生産方法，産業構造の変化を導き，設備の取替，廃棄コストの増大を招くことになるから，ライフサイクル期間内にライフサイクル・コストを回収しなくてはならないという問題が生じる。

製品ライフサイクルの短縮化

　企業は，技術革新の加速化・企業間競争激化・後発メーカーの出現・顧客満足・地球環境問題の結果，さらに技術革新を加速させ，製品開発を促しそして

製品ライフサイクルの短縮と多品種変量生産[22]という途をたどる。ここで製品ライフサイクルの短縮には，①開発期間の短縮[23]，②生産期間の短縮，③販売期間の短縮[24]，④使用期間の短縮という4つが考えられる。メーカーの立場からは，顧客のニーズにあった新製品を他企業よりも早く，絶えず市場に提供し，開発期間を短縮するとともに，ＪＩＴ(Just in time)方式等を利用して原材料・部品の工場に届く時間を短縮し，生産期間を短縮し，顧客から注文があった際には，顧客へいち早く届けるという構図が望まれる。開発期間が長くなり，市場への製品導入が遅れると，得られたはずの利益を失う可能性もある[25]。その結果，③と④の期間を延長するような製品開発を進める戦略が必要なことは論をまたない。しかしあまりにも開発期間が短すぎるライフサイクルでは，耐久性の検査が疎かになり，設計と製造現場の負担を増大させることにもなりかねない。

多品種変量生産

現在は，ユーザーの購買力の向上と価値観の多様性が，画一的な製品を志向しなくなったために，「作れば売れる」時代から「顧客ニーズを満足させる」時代へ移行したといわれている。そこで企業は，マーケット・イン志向を重視した製品開発が必要となった。このような下では，従来の少品種大量生産から多品種変量生産へと生産形態を移行せざるを得なくなった。多品種変量生産で

---

22) 多品種少量生産という言葉が一般的であるが，売れ筋製品にはもちろん大量生産によって対応することも必要であることから，「多品種変量生産」ということができよう。
23) 原価企画で採用されているラグビー方式は，開発期間の大幅な短縮に貢献している。ラグビー方式の製品開発は，開発段階の各フェイズに複数の職能を関与し，しかも後段階の活動が前段階の活動終了以前から始まるところに特徴がある（日本会計研究学会編〔1996〕，31ページ。）。
24) 今居は，製品ライフサイクルの短縮化について，「開発期間の短縮」「使用期間の短縮」「生産・販売期間の短縮」の3つに区分して説明している（今居〔1980〕，72-75ページ。）。
25) S.R.Rosenthal〔1992〕, p.65.

は，多種の原材料の購買による受注・納品処理，生産工程においては，段取りや作業工程，作業スケジュールの変更，品質検査などそれに付随する補助活動が複雑となる。その結果，部品購買コストを始めとする間接費が上昇する。また，原価標準を設定するためには時間を要すため，原価管理は困難となる。

製品コストの早期回収の必要性

　顧客志向への転換は多品種変量生産，新製品開発を余儀なくし，製品ライフサイクルの短縮化をもたらした。そしてそれは，どの製品が利益を上げているかを早期に把握する必要があるとともに，製品に係る全てのライフサイクル・コストを計画的に回収することが求められる。このような製品ライフサイクルの短縮化の状況下においては，顧客ニーズの多様化・可変性にともなう「顧客満足」と「ライフサイクル・コストの回収」という観点を経営者の経営理念，経営哲学，経営方針に内在化させていかなければ，企業の存続と発展はあり得ないであろう。製品ごとの採算性計算という点に，ライフサイクル・コストの重要な機能があるといえよう。

（本章は，江頭幸代「ライフサイクルからみたライフサイクル・コスティングの体系化」『會計』第169巻第4号，2006年4月，74－88ページ，および「ライフサイクル・コスティングの体系化とその視点」『広島商船高等専門学校紀要』第27号，2005年3月，1－18ページを加筆・修正したものである。）

第2章 ライフサイクル・コスティングの意義と目的

第1節 アメリカ政府機関のライフサイクル・コスティングの発展

　ライフサイクル・コスティングを計算方法として生成させたのは，アメリカ国防総省（Department of Defense, 以下国防総省という）であるというのが一般的な見解である[1]。

　ではなぜ国防総省がライフサイクル・コスティングの考え方を採用したのか。その経済的背景をみてみよう。1960年代のアメリカは，冷戦下でソ連の脅威のため軍事関連経費が巨額[2]となっていた。第二次大戦後における軍事関連経費の膨張は，社会主義体制の形成，旧植民地体制の崩壊とともに現れた資本主義の危機への軍事的対応の結果である[3]といわれている。このような社会的背景において，国防総省がいかにしてコストを削減するのかを課題とするのは当然だろう。そこで国防総省は，物品の購入と購入後の全使用期間に渡る使用コスト[4]が最少になるような物品購入が，1つの問題解決策であると考え，国防総省は，メーカー側にそのような物品の設計・開発を行うように要請した。この考え方がアメリカにおけるライフサイクル・コスティングの始まりであるとさ

---

[1] スウェーデンにおいて，1910年に国鉄が車両・設備などの購入に際してライフサイクル・コスト契約を定着させたとの見解もある（社団法人日本機械工業連合会コストエンジニアリング分科会報告書〔1985〕，189ページ。）。
[2] 1962年では，軍事関連経費（国防費，国際関係・金融費，宇宙研究・技術費，退役軍人給付・サービス費の合計）の総連邦経費に占める比率は，58.5％であった（岡田・永田〔1983〕，239ページ参照。）。
[3] 岡田・永田〔1983〕，239ページ参照。
[4] 岡野は，使用コストとともに廃棄コストも含めている（岡野〔1996ｃ〕，36ページ。）。

れている[5]）。

 つまり国防総省は，国家責任遂行と予算の有効利用のために，軍需品調達の意思決定手法としてライフサイクル・コスティングを採用したのである。ただしライフサイクル・コスティングは，国防総省側だけの問題ではなく，軍需品を納入するメーカーにとって，入札競争への参加資格取得の獲得と同時に，ライフサイクル・コスト最少の製品開発の技術革新を促進させるという点で効果が大きかった。そこで1960～70年代のアメリカのライフサイクル・コスティングは，「使用者が使用する当該設備（システム）のライフサイクル・コストを最少（経済的）にするためにその開発段階で設計パラメーターに基づいてトレード・オフを徹底的に実施する一つの意思決定手法」[6]として認識されるのである。

 1970年代のアメリカは，73年のオイル・ショックの影響によって，激しいインフレーションによる物価高，すなわちスタグフレーション的状況にあった。1950～60年代の物価上昇率が1～2％なのに対して，1970年代は5～9％であった。この時代を反映して，ブラウン（R.J.Brown）は，ライフサイクル・コスティングの発展の理由をエネルギー価格の上昇であると指摘し，取得コストに対する人件費，原材料，石油，他の運用・維持コストの比率の大きさについて説明している[7]。インフレーション下でも，予算の観点から取得コストと運用・維持コスト等の評価技法が必要だったのである。このような背景の中で，1970年代には，国防総省の意図を促進するための一般的指針として，国防総省事務局より以下の3冊のガイドブックが発表された[8]。

『ＬＣＣ－１：ライフサイクル・コスティングに基づく調達指針（中間報告）
　Life Cycle Costing Procurement Guide(Interim)：1970年7月』[9]

5） 小林（哲）〔1993〕，158ページ参照。岡野は，ロジスティクス・マネジメント協会が中心になり，産業界に対してライフサイクル・コスティングに関する啓蒙活動を展開したこともあると指摘している（岡野〔1997e〕，165ページ参照。）。
6） 古田〔1997〕，278ページ。
7） R.J.Brown〔1979〕,p.110.
8） 岡野〔1994a〕，279－281ページ参照。
9） 岡野〔1996b〕，122ページ以降に文献の抄訳がある。

第 2 章　ライフサイクル・コスティングの意義と目的

『ＬＣＣ－2：ライフサイクル・コスティングに基づく装備調達事例集 Case Book Life Cycle Costing in Equipment Procurement：1970年 7 月』[10]

『ＬＣＣ－3：システム取得のためのライフサイクル・コスティング指針（中間報告）Life Cycle Costing Guide for Systems Acquisition(Interim)：1973年 1 月』[11]

　ＬＣＣ－1は，国防総省が兵器システムの取得に際し，ライフサイクル・コスティングを活用するための手続きについてまとめた最初の試みである。ＬＣＣ－1およびＬＣＣ－2に基づいて，国防総省は1971年正式に「主要国防システムの取得について Department of Defense Directive No.5000.1 Acquisition of Major Defense Systems」と題する通達5000.1を示した[12]。その後ライフサイクル・コスティングは，連邦政府や会計検査院を始めとして，様々な行政サイドからの取り組みがなされ，1970年代はライフサイクル・コスティング利用法拡大の時代として位置づけられる。以下，商務省，福祉省，エネルギー省の取り組みを簡単に示しておこう。

　商務省は，1973年『実験的技術インセンティブズ・プログラム Experimental Technology Incentives Program：ETIP』を大統領プログラムとして導入した[13]。これは民間部門の技術革新を促進し，たとえ提示価格が最低でなくてもトータル・コストが最少となる製品を調達することを目的とした政策であり，連邦政府がどの様なインセンティブを与えることができるのかを示すことにあった。福祉省は，1975年『意思決定を支援するライフサイクル予算管理およびコスティング』と題するプロジェクトを開始した[14]。またカーター大統領は，オイルショックの経験を理由に，1985年までに既存建造物の平均年間エネルギー消費量の20％削減，新しく所有する建造物については45％の削減を要請した（Ex-

---

10)　岡野〔2002 b〕, 63－72ページ。
11)　岡野〔1998 e〕, 60－104ページ。岡野〔2002 b〕, 93ページ以降に詳しい。
12)　岡野〔1993 a〕, 85ページ。B.S.Dhillon〔1989〕, p.1.
13)　岡野〔1996 b〕, 163－174ページ。岡野〔1997 a〕, 97－104ページ。
14)　R.J.Brown and R.R.Yanuck〔1985〕, p.12.

ecutive Order 12003)[15]。それを受けてエネルギー省は，1976年『連邦エネルギー・マネジメント・プログラム Federal Energy Management Program：FEMP』を導入した[16]。このプログラムでは，制約のある予算額の中で，どのプロジェクトへ投資するかを判断する基準として，投資節約率（Savings-to-Investment Ratio：ＳＩＲ，投資コストに対する正味現在価値で計算した節約額の割合，投資のライフサイクルに渡る節約額の現在価値）を用いて計算することが求められた。1978年には『国家エネルギー保護政策法 National Energy Conservation Policy Act（Public Law 95−619）』[17]が制定され，全ての新しい連邦政府建築物については，その規定に準拠してライフサイクル・コスト分析を行わなくてはならなくなった。またエネルギー省は，1979年には太陽エネルギーと再生可能エネルギーの利用を通じて，従来の化石燃料の消費を減少させる提案も行っている[18]。

以上のことから，1970年代のアメリカにおけるライフサイクル・コスティングは「ユーザーである政府」が「それぞれの時代において国家の要請している調達戦略」に従って，調達予算額（政府にとってのコスト＝トータル・コスト＝ライフサイクル・コスト）を抑制する点にあった[19]といえる。ライフサイクル・コスティングは，アメリカ連邦政府を中心に，資材調達や設備の取得管理に関わる手法として，制度として展開されてきた。また岡野の文献によれば，1963〜73年までの10年間は，ライフサイクル技法の研究，テスト，開発期間であって，1970年代以来，国防総省はシステム保全コストを引き下げるために，システムの信頼性と保全性を改善するための方法としてライフサイクル・コストを考え

---

15) 岡野〔1995ｂ〕，50−78ページ。
16) 岡野〔1996ｄ〕，101ページ。
17) これは1975年『エネルギー政策と保護法 Energy Policy and Conservation Act（Public Law 94−163）』が改正されたものである。1975年法により『州エネルギー政策プログラム』が作成され，1978年法により『消費者向け製品効率標準プログラム』が作成されている（エネルギー省は，冷蔵庫，冷凍庫，衣類乾燥機，温水器，ルームエアコン，台所用レンジ，オーブンなど８品目について，最低のエネルギー効率標準を提示した）（岡野〔1997ａ〕，105−106ページ。）。
18) 岡野〔1996ｄ〕，98ページ。
19) 岡野〔1997ｂ〕，47ページ参照。

第2章　ライフサイクル・コスティングの意義と目的

てきた[20]という。またライフサイクル・コスティングの機能は，製品の取得コストだけではなく，運用・維持コストを含めた広い概念で捉え，その総額に関心を持って調達先を選択するという指針を与えることにあった，いわば製品視点のライフサイクル・コスティングの流れである。

　1980年代のライフサイクル・コスティングは，その対象を軍需品から建物へ，生産設備から消費財へと対象物の広がりをみせた。ただし，開発・設計の段階で，ユーザー側の品質・機能に関する要望を受け入れやすい個別受注品に適用は限定されていた。現在におけるライフサイクル・コスティングは，製品視点からの重要性も認識されているが，当時よりも製品種類が豊富であるため，はるかに困難な側面を含むと予測される。ライフサイクル・コスティングは，連邦政府だけでなく，アメリカの州規制としてエネルギーの効率化を目的とする行政指導の中でも推進された。たとえば，ライフサイクル・コスト発注法に従って調達するなどの州法律が，建物建設（フロリダ州，1974），主要設備等（ワシントン州，1975），建物設計（カリフォルニア州，1977），一定額以上の消耗品購入（テネシー州，1978），公共設備（アラスカ州，1980），州の設備建設（ノースカロライナ州，1983）等において制定された[21]。

　以下に，1980年代のライフサイクル・コスティングに関する動きをみてみよう。まずロジスティクス・マネジメント協会は，国防総省の依頼を受け，主要システムの調達を管理するための段階別プロセスに焦点を当てた[22]『ライフサイクル・コスト・マネジメントのための統合的フレームワーク The Framework for Life Cycle Cost Management』(1982年)[23] を提示した。さらに国防総省は『産業近代化インセンティブズ・プログラム Industrial Modernization Incentives Program』(1982年) を導入し，契約企業に生産設備近代化への投資を動機づけた[24]。またCAMインターナショナル社（Computer Aided Manufacturing-International.

---

20)　岡野〔1996 b〕, 99ページ。
21)　岡野〔1996 c〕, 47ページ参照。
22)　岡野〔1997 e〕, 214ページ。
23)　U.S.Logistics Management Institute：By Ricard P.White〔1982〕
24)　岡野〔1998 a〕, 176ページ。

Inc.)は1986年に共同研究機関を設立し,「コスト・マネジメント・システム」の研究プロジェクト Cost Management Systems Project(CMS)を開始することによって,企業の立場からのライフサイクル・コスト・マネジメントの概念フレームワークを開発した[25]。つまり1980年代のアメリカにおいて,ライフサイクル・コスティングの思考は,ライフサイクル・マネジメント,あるいはプロダクト・ライフサイクル・マネジメントの研究に活用されている[26] という。

第2節　アメリカ政府機関によるライフサイクル・コスティングの定義

　前節では,ライフサイクル・コスティングを時代の流れに沿って,採用機関ごとに適用方法をみた。本節は,各年代の代表的な報告書によるライフサイクル・コスティングの定義から,その当時のライフサイクル・コスティング思考の変遷をみていくこととしたい。そして定義により,ライフサイクル・コストの範囲がどのように捉えられているかについて検討する。

・『装備調達におけるライフサイクル・コスティング』ロジスティクス・マネジメント協会：1965年
　当報告書は,国防総省より委託を受けた研究報告書であるため,ライフサイクル・コスティングの定義は,国防総省の定義とほぼ同じとみることができる。次のような定義が示されている。「もっとも正確な意味において,軍事用の設備のライフサイクル・コストとは,政府の内外ともに,人的資源の使用を引き出す政府発生のアイディアについての検討に始まり,設備のあらゆる部分が軍事用のロジスティクス・システムから棄却に至る間,政府の発生するコスト総額である。したがって,このライフサイクル・コストは,実行可能性の研究,

---

25) C. Berliner and J. A. Brimson〔1988〕これは,一冊の著書としてまとめられ,ライフサイクル・コスティングが,ライフサイクル・コスト・マネジメントへ移行するものとして記されている。
26) 岡野〔1993 b〕,430ページ。

開発，設計と製造などに関連する全てのコストおよび設備の取得によって発生する支援・訓練と運用に関連する全てのコストを含んでいる」[27]。

・『ＬＣＣ－１：ライフサイクル・コスティングに基づく調達指針（中間報告）』：1970年[28]

　ライフサイクル・コスティングとは，ハードウェアとそれに関連する支援物の契約を締結する際に，取得原価と同様に所有中に発生する運用コスト，保全コスト，その他のコストなどを考慮する調達技法である。この技法の目的は，調達するハードウェアの生涯を通しての全所有コストが，政府にとって最低となることを確実にする点にある。

・『ＬＣＣ－３：システム取得のためのライフサイクル・コスティング指針（中間報告）』：1973年[29]

　ＬＣＣ－３はＬＣＣ－１の具体的指針であるため，ライフサイクル・コスティングの定義はＬＣＣ－１とほぼ同様であるが，若干の修正を行い，「取得サイクルの全局面に渡る意思決定のためのトレード・オフ技法と考える傾向が強い」[30]という。その定義に基づいて，ライフサイクル・コストとは，システムの全生涯に渡り，政府が当該システムを取得し，所有するためのコスト総額であるという。ライフサイクル・コストは，開発・取得・運用・支援コストそして適用できる場合には，廃棄コストを含んでいる（廃棄コストの考慮は必要であるが，重要性の度合いに基づいてという条件付である）。

---

27)　Logistics Management Institute〔1965〕, pp. 2－3., 岡野〔1993ｂ〕, 418ページ。
28)　岡野〔1997ａ〕, 155－181ページに U.S. Department of Defense, DOD Guide LCC－1〔1970〕, *Life Cycle Costing Procurement Guide (Interim).* の抄訳がある。
29)　岡野〔1998ｅ〕, 60－104ページにU.S. Department of Defense, DOD Guide LCC－3〔1973〕, *Life Cycle Costing Guide for System Acquisitions (Interim).* の抄訳がある。
30)　岡野〔1998ｅ〕, 54ページ。

・**会計検査院の議会への報告書：1973年**[31]

　ライフサイクル・コスティングとは，製品を調達するために耐用年数に渡るトータル・コストを評価する技法である。基準となる仕様を満たしている品目を最初のコストだけで評価する代わりにライフサイクル・コスティングは，最初の取得コスト，保全コスト，支援コストそして耐用年数ないしは他の効用の測定を考慮に入れる。

・**『連邦エネルギー・マネジメント・プログラム』：1975，1976，1980年**[32]

　ライフサイクル・コスティングとは，利用期間中の支出に関連する全コストの総額を認識する支出評価方法である。それは評価の技法であって，意思決定のためのインプットである。そのためにライフサイクル・コスト分析が必要となる。ライフサイクル・コスト分析とは，各活動ないしはプロジェクトに関する全ての関連コストと全ての便益に関する経済性の評価方法である。このようにライフサイクル・コスティングはデータを総合的に取扱い，論理的な意思決定に貢献する方法であって，それ自体が目的となるのではない。ライフサイクル・コスティングとは，最初の投資額（廃棄価値を控除したもの），取替，オペレーション（エネルギー消費を含む），保全，修理などのコストの割引いた金額を，建物ないしは建物システムの利用期間中に渡って集計する経済性評価の方法である。ライフサイクル・コストの範囲として，当初投資額，年間運用コストと経常的な維持コスト，主要な修理と部品の取替コスト，完全な建物ないしは建物システムの取替コスト，残存価値を示している。

・**『州エネルギー節約プログラム』『消費者向け製品効率標準プログラム』**[33]

　ライフサイクル・コスティングとは，製品あるいは建物を所有することに

---

31)　U.S. General Accounting Office〔1973〕, p. 3., 岡野〔1996 a〕, 31ページ。
32)　岡野〔1996 d〕, 99・106−107・116ページ。R. T. Ruegg〔1987〕, S. Reynolds and Hills〔1977〕
33)　岡野〔1998 e〕, 序文Ⅱ。

よって発生するコスト総額を考慮に入れた調達プロセスであり，特定製品を使用したり，処分するために必要なコストも考慮する。

　1980年代のロジスティクス・マネジメント協会の『ライフサイクル・コスト・マネジメントのための統合的フレームワーク』によって，ライフサイクル・コスティングは，コスト・マネジメントへと移行することになった。ライフサイクル・コスト・マネジメントとは，「広義には，ライフサイクル・コストであるトータル・コストを規準にして意思決定すること，すなわち，最善の代替案を選択することである」[34]と理解されている。岡野は，ライフサイクル・コスト・マネジメントに役立つ機能として，製品ライフサイクル・コスト計算（正確な製品原価の計算）という観点をこの文献に認めている[35]。

　以上，定義からみたライフサイクル・コスティングを総括すれば，時代・目的によって異なることがわかる。特にライフサイクル・コスティングは，初期の軍需品に関しては調達技法という簡単な定義の仕方から，エネルギー省の建物に関する資料では，省エネに関する経済性評価の方法という定義に変化しつつある。また，ライフサイクル・コストの範囲に着目すれば，従来のコストよりも広い概念，つまり全てのコスト（トータル・コスト）として説明されていることは共通であるが，そのトータル・コストの中身については，様々である。これまでみてきた定義の中の廃棄コストは，設備・建物の撤去コストを示しているのか，ユーザー側の使用後の処分コストを示しているのか，また単に取得コスト－（マイナス）廃棄価値（残存価額）を投資コストとして考えているのか明白ではないが，この時代においては，最後の位置づけのように思える。また独立項目としての「廃棄コスト」が，いつからライフサイクル・コストの一部と成り得たかについても明確ではない。廃棄までのコストについて記述されているものは，1965年および82年のロジスティクス・マネジメント協会の報告書，ＬＣＣ－3，『州エネルギー節約プログラム』『消費者向け製品効率標準プログ

---

34)　岡野〔1997ｅ〕，223ページ。
35)　岡野〔1998ｅ〕，271ページ。

ラム』である。ただし現在のライフサイクル・コスティングは，廃棄コストが重要な位置を占めると考えている。

第3節　従来のライフサイクル・コスティングの意義と定義
－視点による分類－

　前節で述べたようにライフサイクル・コスティングは，その時々の時代背景や経済環境の情報要求に応じて，政府主導型で発展しており，各政府省庁の目的を達成するためのコスト情報を提供してきた。そのためライフサイクル・コスティングの意義や定義は，目的に応じて次々と発展せざるを得ず，一般的な定義が確立されてこなかったのも当然の帰結である。一方，現在においてもライフサイクル・コスティングの定義は明確ではない。これは，第1章で述べたように視点によって，経済主体やライフサイクルの長さ・意味合いが異なっているからである。

　本節では，まず第1章でみた視点別のライフサイクルを基礎に，これまでの文献を渉猟することによって，ライフサイクル・コスティングの意義・定義・目的を整理する。そして次節で，現在の企業環境に適合するライフサイクル・コスティングの現代的意義として「回収計算としてのライフサイクル・コスティング」「戦略的コスト・マネジメントとしてのライフサイクル・コスティング」「環境問題に適合するライフサイクル・コスティング」という3つの側面から検討する。特に現在の企業経営に役立てることを目的として検討する。第1章で述べたように，現在のライフサイクルの決定因は市場と環境にあるのだが，図表1－1のようにライフサイクル・コスティングを体系化づけるならば，大きく2つの体系から成る。それは，「製品視点とメーカー固有の視点」に区分できよう。以下では，製品視点と経済主体別に区分してライフサイクル・コスティングをみていこう。

第2章 ライフサイクル・コスティングの意義と目的

製品視点のライフサイクル・コスティング

① アメリカ

アメリカにおけるライフサイクル・コスティング生成期の定義は，製品視点として位置づけることができよう。ここでの基本的な考え方は，取得コストだけでなく，取得後の国防総省が負担するコストをも最少化しようというものである。当時のライフサイクル・コスティングの特徴は，ユーザー（国防総省），メーカー（軍需品メーカー），対象製品（兵器）の3点が確定していたため，ユーザーのニーズにメーカーが直接応えることが可能だった。つまり当時のライフサイクルは，兵器の開発に始まり，設計，製造，販売，使用・維持そして廃棄と捉えることができ，この兵器という製品のライフサイクルに対応したコストをライフサイクル・コストとして考えることができた。

図表2-1 ユーザー側におけるライフサイクル・コストのトレード・オフ

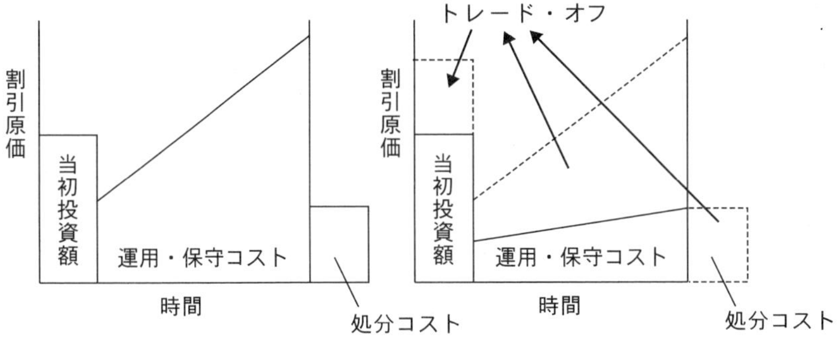

（出所） C. Berliner and J. A. Brimson〔1988〕, p. 151.

すなわちメーカー側は，ユーザーがどのような目的に，どの位の期間（ライフサイクル：この場合耐用年数），どの程度（頻度）利用するのかを把握し得るため，経済主体にまたがる生産・消費の製品コストがライフサイクル・コストとして成立した。しかし，製品視点におけるライフサイクル・コスティングのメーカー側だけのコスティングは，一般にいう原価計算にすぎない。ユーザーに渡ってからのライフサイクルに注目することによってのみ，製品ライフサイクル・コスティングは意味をもち得るのである。そこで2つの経済主体が変わる

時点で，ユーザー側は，メーカーから受け取る製品コスト（当初投資額）とユーザー側の使用・維持コストの間のトレード・オフの関係[36]から，最終的には製品ライフサイクルに渡るコストの最少化という考えをもつ必要があった。そこで，国防総省は取得後に負担する使用・維持コスト，および他のコストに対する見積書の提出をメーカーに求め，メーカーは製品開発と同時に製品の原価計算，もしくは販売後（ユーザーにとってみれば取得後）の維持コスト等の予定計算を行うという計算システムを確立していった。したがって，アメリカにおけるライフサイクル・コスティング生成期の定義を製品視点と位置づけることができよう[37]。

このような国防総省におけるライフサイクル・コスティングの意義を受け，ライフサイクル・コスティングは，今日まで各論者によって様々に意義・定義づけられてきた。以下，時代順に各々の意義・定義をみていこう[38]。

セルダン（R.M.Seldon, 1979）の見解：ライフサイクル・コスティングとは，製品の開発・調達・所有などのトータル・コストを考慮に入れる調達方式である[39]。

ハーマー（C.Hammer, 1981）の見解：ライフサイクル・コストは，主要システムの見積り耐用年数における設計，開発，製造，運用，保全および支援などによって発生する，あるいは発生すると予測される直接原価，間接原価，繰り返し発生する原価，繰り返しては発生しない原価，その他の関連原価などの総額を意味する[40]。

---

36) 図表2－1のような当初投資額（初期資本），運用・保守コスト，処分コストの3つの相互関係がライフサイクル・コストモデルとして検討された。櫻井〔1991〕，159－161ページ。山田〔1998〕，165－167ページ。浅田・田川編〔1996〕，116ページ。
37) 小林はアメリカにおけるライフサイクル・コスティングは，顧客あるいは使用者側に立つものであるという（小林（哲）〔1996 a〕，3ページ。）。
38) 以下の定義は，ライフサイクル・コスティングという場合と，ライフサイクル・コストという場合が混合されているが，製品視点という意味から列挙したということを断っておく。
39) R.M.Seldon〔1979〕, Preface.
40) C.Hammer〔1981〕, pp.71－81. （岡野〔1998 e〕，197ページ参照。）

第2章 ライフサイクル・コスティングの意義と目的

ブラウン=ヤンク（R.J.Brown and R.R.Yanuck, 1985）の見解：ライフサイクル・コスティングとは、研究開発から処分に至る資産のライフサイクル全体の原価を測定し分析するための計算手法である。計算の対象には、製品の完成に至るまでに発生した当初の原価とその後に発生すると予期される全ての原価、および処分価値とその他の計量可能な便益が含まれる[41]。

ブリムソン（J.A.Brimson, 1991）の見解：ライフサイクル・コスティングは、製品の開始から廃棄までのライフサイクル全体において、メーカー側とユーザー側によって発生する諸活動の原価を集計する計算手法である[42]。

シールズ=ヤング（M.D.Shields and S.M.Young, 1991）の見解：ライフサイクル・コストとは製品の設計、製造、販売、物流、サービスなどのライフサイクルの間に発生する全てのコストである。また、製品の全ライフ・コストは、メーカー側のライフサイクル・コストに加えて、ユーザー側において発生する据え付け、運用、保全、リサイクル、処分などによって発生するコストも含む原価概念である[43]。

ホーグレン=フォスター（C.T.Horngren and G.Foster, 1991）の見解：ライフサイクル・コスティングとは、製品に帰属可能な実際原価を、調査・研究から市場における最終の顧客サービス、および支援に至るまでを追求し集計する計算手法である[44]。

オストワード（P.F.Ostwald, 1992）の見解：ライフサイクル・コストとは、システムの企画、設計、構築と生産、運用そして利用期間終了時における処分などにより発生すると予測される全てのキャッシュ・フローの合計額である[45]。

ホワイト等（AL.White etc., 1996）の見解：耐用年数の終了までの運用を通し

---

[41] R.J.Brown and R.R.Yanuck〔1985〕, pp.1・4.
[42] J.A.Brimson〔1991〕, p.207.
[43] M.D.Shields and S.M.Young〔1991〕, p.39.
[44] C.T.Horngren and G.Foster〔1991〕, p.403.
[45] P.F.Ostwald〔1992〕, pp.412-417. 彼のこの定義は、「生産又は販売活動のアウトプットである製品ないしサービスのコストだけを計算対象とするのではなく、使用・廃棄段階で発生するコストを含めて計算するものであると解釈されている（山田〔1998〕, 161ページ。）。

た全コストの合計額であり，代替案選択の意思決定のために現在，将来の全てに関するコストを見積るものである[46]。

　時代とともに，ライフサイクル・コスティングの意義・定義は，徐々に政府主導型から民間企業へ移行していく。しかし，ライフサイクル・コスティングの調査をしたロジスティクス・マネジメント協会は，政府提唱と企業開発のライフサイクル・コスティングには以下のような違いがあることを指摘している[47]。

- メーカーで実施されているライフサイクル・コスティングは，ユーザー（政府）の状況には適さない。ただし，分析に全てのコスト要因を含めることと設備資産の耐用年数を通じてコストを見積る点は，政府の方針に適している。
- メーカーは，コスト見積りの分析方法に重点を置き，投資方法の割引利益を開発している。ユーザー（政府）のコスト最少化目的とメーカーの利益最大化目的とは異なる。

　製品視点の場合には，第1章で述べたようにライフサイクルは，研究開発に始まり，製造・販売・使用・廃棄であり，これに沿った形でコストを把握し，それを計算したものがライフサイクル・コスティングとなっている。この製品視点のライフサイクルにおけるライフサイクル・コスティングは，原価計算とはなり得ないとしても，上記に示したようにこれまで多くの論者によって，ライフサイクル・コスティングとして検討されてきた。それは，製品視点がアメリカの生成期の考え方に依拠しているからだと思われる。この考え方が，現在の企業におけるライフサイクル・コスティングにも対応できるかどうかについては，次節で述べるライフサイクル・コスティングの現代的意義において明らかにしたいが，製品視点のライフサイクル・コスティングといえども，ライフサイクル・コスティングを現在と将来に関わるコストの見積計算であると捉え

---

46)　AL. White, D. Savage and K. Shapiro〔1996〕, p. 3.
47)　岡野〔2003a〕, 27ページ。U.S. Logistics Management Institute〔1967〕, pp. 11-12.

第2章 ライフサイクル・コスティングの意義と目的

ていることは，今日流布しているライフサイクル・コスティングに発展していくものと考えられる。

② 日　本

日本において，ライフサイクル・コスティングは，1970年代後半から日本プラントメンテナンス協会により積極的に推進され，その成果は報告書にまとめられている[48]。また現在，ライフサイクル・コスティングの多くは，工学的研究に力点がおかれ，建物を中心に進められている。これは，製品視点のライフサイクルの事例である建物のライフサイクルである。その研究成果は，建設大臣官房官庁営繕部監修『建築物のライフサイクル・コスト』，(社)建築・設備維持保全推進協会編『ビルディングＬＣビジネス百科』に収められており，会計学におけるライフサイクル・コスティング研究よりも，環境視点を含めて工学的研究の方が進展しているように思われる[49]。なお会計学の分野では，ライフサイクル・コストを計算する領域に重点を置きたいため，ライフサイクル・コスティングを「原価計算」ということが多々あるが，これは単なる重点の違いにすぎないであろう。工学的研究では正確に計算できる資源価値の計算に焦点が置かれているが，会計学におけるライフサイクル・コスティングは，経済的価値計算としてそれを捉えており，さらには経済的価値があったとしても，経営意思決定にあまり影響を及ぼさない場合には，計算しないこともあり得るという点に特質が見出される。

日本において，1970〜80年代までのライフサイクル・コスティングは，有形資産を購入するユーザーを対象に「設備投資の経済性計算」「設備購入の際の意思決定法」として検討されてきた。その中で，70年代にいち早くライフサイクル・コスティングに着目した染谷の定義，代表的な初期の文献である日比の

---

[48] 日本プラントメンテナンス協会ＬＣＣ委員会〔1983〕，昭和60年度製造プラントのメンテナンス技術に関する調査研究委員会〔1986〕
[49] 工学分野においては，日本信頼性学会の中にライフサイクル・コスティング研究会が設置され，国際規格IEC 60300－3－3（1997）の原案を基に，信頼性活動におけるコストのあり方を研究調査している。

定義，80年代の皆川の定義，および日本プラントメンテナンス協会の意義・定義等について紹介することにしよう。

染谷（1976）の見解：ライフサイクル・コスティングは，ホールライフ・コスティング（whole-life costing）ともいわれ，プラント，機械，装置，構築物（設備）の所有とその運転・保全に伴う全てのコストを対象とした原価計算である[50]。

ここでのライフサイクル・コスティングは，設備投資をする際の取得コストと取得後にかかる運転・保全コストを比較して，最有利なものを選択する設備の経済性計算である。取得コストだけでなく，運転・保全コストを含めたことを強調するためにホール（whole）という言葉が使用されたのであろう。ただしここでいう運転・保全コストは，減価償却費＋維持コスト＋電気代で算定され，設備の廃棄コストは含まれていない。しかし，原価計算と明記している点は注目に価する。

日比（1977）の見解：ライフ・サイクル・コストは取得コストと所有コスト（維持コスト）の合計額，すなわち一生涯の総コストである。ライフサイクル・コストのことを，whole-life cost, total cost of ownership, mission cost などと呼ぶこともあり，このライフサイクル・コストを計算するのがライフサイクル・コスティング（生涯原価計算）である[51]。

皆川（1982）の見解：ライフサイクル・コスティングは，使いやすい，保全しやすい，故障しないといった設備の特性や機能面にたいして科学的なメスを入れ，ライフサイクル・コスト・ミニマム化の見地から設備投資案を評価するものである[52]。

日本プラントメンテナンス協会（1983）の見解：ライフサイクル・コストとは，システムの一生涯の総コストであり，それはシステムを入手するための取得コストと，それを使用し廃却にいたるまでにかかる維持費の合計であり，該

---

50) 染谷〔1976〕，1ページ。
51) 日比〔1977〕，71・95ページ。
52) 皆川〔1982〕，7ページ。

第2章　ライフサイクル・コスティングの意義と目的

当する場合は廃却費を含むものである[53]。

さらに日本プラントメンテナンス協会は，1970〜80年代で使用されていた「有形資産」に変えてシステムという語を使用し，「ライフサイクル・コスティングとは，ユーザーの使用するシステムの，ライフサイクル・コストを経済的にするために，システムの開発・設計段階でライフサイクル・コストを設計パラメータとし，各種トレードオフを徹底して行うところの，システマティックな意思決定法である」[54]という。これは単体ではなく，有形資産および一群の有形資産を一連のシステムとみているところに特徴がある。また，ライフサイクル・コストの計算結果を用いて，そのプラントの採算性を判断する「意思決定法」から，ユーザー側に力点を置いた製品視点のライフサイクル・コスティングの定義であるといえよう。

このように，日本の生成期においてライフサイクル・コスティングは，基本的には，建物や設備といった有形資産中心に考えられてきた。一方，アメリカにおいてもライフサイクル・コスティングは，建物・橋・道路等に利用されており，「建物設計の代替案を比較するため，また一般に増加する初期投資コストに対して，運用コストとベネフィットを評価することを可能にするための価値あるアプローチである」[55]という。ライフサイクル・コスティングを用いて，建物や有形資産の代替案の比較計算を実施することは，建物に限らず現在の環境問題を考慮した企業にとっても重要であろう。しかし実際に計算するとなると不確定な要素が多いため，企業もしくは製品によってそれぞれの配慮が必要となる。

次に，日本の研究者による1990年以降の見解をみてみよう。

櫻井（1990・1991）の見解：ライフサイクル・コスティングとは，研究開発から処分に至る資産のライフサイクル全体の原価を測定し分析するための計算手

---

53) 昭和60年度製造プラントのメンテナンス技術に関する調査研究委員会〔1986〕，36ページ。
54) 上掲報告書，38ページ。
55) C. J. Raymond and E. Sterner〔2000〕, p. 368.

法である56)。また，設備や製品などの資産から最大の価値を引き出す目的で，代替的な資本支出計画を比較または評価するために用いられる手法ともいっている。メーカーは設計の初期段階において，ユーザーは中長期経営計画における資本支出予算において，また政府などの利害関係者は環境保全の立場から，資産から得られる便益(benefit)を最大に利用する目的で，メーカー，ユーザーおよび社会によって効果的に活用されうる57)。

伊藤(嘉)(1991)の見解：ライフサイクル・コストは，製造段階までに発生したメーカーが負担する部分と，製品がユーザーに引き渡された後に発生するコストで，主としてユーザーが負担するコスト部分との合計額ということになろう。ただし，発生実体の異なるコストを単純に合計してみてもあまり意味はなく，各実体単位ごとのライフサイクル・コストの測定が必要であろう58)。

日本会計研究学会特別委員会(1993)の見解：ライフサイクル・コスティングとは，研究開発から廃棄又は処分に至る資産のライフサイクル全体で発生するコストを測定し，伝達するための計算手法である。ライフサイクルとは，生産と利用の観点からの製品ライフサイクルのことをいう。ライフサイクル・コストには，製造者の側で発生する研究開発費，製造原価，販売費又は設置費用の他，ユーザーで発生する操業，維持，および廃棄費用が含まれる59)。

浅田(1996)の見解：ライフサイクル・コスティングは物品の取得コスト，言い換えれば，その製品の生産者側で発生する設計，製造，マーケティング，物流，サービスなどにかかわるコストに取得後の使用コストおよび廃棄コストを加えたものをトータル・コストとしてコスティングしようとするものである。ライフサイクル・コスティングでは，一連の活動にかかわる経済主体の区別なしに，製品などの研究開発ステージに始まり，生産設備の取得・開発を含め製

---

56) 櫻井〔1990〕,39ページ。
57) 櫻井〔1991〕,145ページ。
58) 伊藤(嘉)〔1991b〕,73ページ。ただし，製品がユーザーに引き渡された後に発生するコストの中には，メーカーが負担するものもある。
59) 日本会計研究学会特別委員会〔1993〕【平成4年度最終報告書】,55-58ページ。

品の製造から設備や製品などの寿命がつき,廃棄・リサイクルするまでをライフサイクルの全体とされているため,総コストには,外部者コストである使用コストや廃棄コストが含まれる[60]。

アメリカにしろ,日本にしろ,これら各論者の見解は,若干の相違はあるものの基本的には,異なる経済主体が取り扱う製品のライフサイクルを合算して捉えており,その合算するところがライフサイクル・コスティングの特徴となっている。このようにライフサイクル・コスティングを製品視点で考えることは,これまで隔絶していた経済主体を連続したものとして捉え,ライフサイクル・コスティングが省資源の最適な活用を模索する手段,つまりどの部分のコストを最少化できるか,全体的な最適なコストを模索できるかという点にある。しかし伊藤(嘉)がいうように,ただ単に発生実体の異なるコストを単純に合計してもあまり意味はないし,原価計算とはなり得ない。そこで次項では,経済主体別のライフサイクル・コスティングについて考察してみよう。

経済主体別のライフサイクル・コスティング(メーカー視点とユーザー視点)

上記の製品視点とは若干異なる形で,経済主体別にライフサイクル・コスティングを考える研究者もいる。この思考は,ライフサイクル・コスティングの管理手法に一歩近づくと思われる。以下に,各論者による定義を時代順にみていこう。

バスティン(M.C.Burstein, 1988)の見解:製品ライフサイクル・コストは,2つの視点から考察できる。1つはユーザーの視点からのライフサイクル・コストであり,他の1つはメーカーの視点からのライフサイクル・コストである[61]。

角谷(1991)の見解:生産者による,それにまた消費者による,受入から廃棄に至る製品の全生涯に渡って起こされた諸活動に対する原価の集計である[62]。

---

60) 浅田・田川〔1996〕, 47ページ。
61) M.C.Burstein〔1988〕, pp.258・260.(坂口訳〔1989〕, 34ページ。)
62) 角谷〔1991〕, 243-244ページ。

小林(哲)(1993)の見解：物品の取得コストに取得後の使用コストおよび廃棄コストを加えたものは，全ライフサイクル・コスト（whole life-cycle cost）とよばれ，生産者側で発生する設計，製造，マーケティング，物流，サービスなどにかかわる狭義の製品ライフサイクル・コストと区別される。狭義の製品ライフサイクル・コストは生産者が直接負担するコストなのに対して，全ライフサイクル・コストに含まれる使用コストや廃棄コストの負担者は一般に消費者ないし使用者である[63]。

　カルロス（A. A. Karlos, 1994）の見解：ライフサイクル・コスティングは，ユーザー側とメーカー側の製品ライフサイクル・コストに区別できる。前者は，遅れた引渡，遅延，長いリードタイムなどに起因するコスト，取付コスト，運用コスト，支援コスト，維持コストあるいは改修・改善コスト，廃棄コストを示す。後者は，製品概念作り，設計，製品およびプロセスの開発，製造，物流，マーケティング，サービス，保証コストを示す。そして，製造コストのマネジメントにおいては，ユーザーとメーカーの両方のライフサイクル・コストを考察することが必要である[64]。

　廣本(1997)の見解：ライフサイクル・コスティング（life-cycle costing）には，2つのタイプがある。1つは，製品ないしサービスの供給者側からみたライフサイクル・コスティングであり，1つは，製品ないしサービスの需要者側からみたライフサイクル・コスティングである。後者の意味でのライフサイクル・コストは，顧客ライフサイクル・コスト（customer life-cycle costs）と呼ばれ，製品ないしサービスの供給者も，顧客ライフサイクル・コスティングの観点から経済的な製品あるいはサービスの提供を行わなければならない[65]。

　上記の諸見解を踏まえながら，ユーザー視点を強調して論じてみよう。第1章でみたユーザー視点におけるライフサイクル（製品を購入してから，使用し，保守し，最終的に使いきる，あるいは廃棄する時点）までをライフサイクル・コストの

---

63) 小林(哲)〔1993〕，159ページ。
64) A. A. Karlos〔1994〕, pp. 28−29.
65) 廣本〔1997〕，398ページ。

範囲であるとするならば，ライフサイクル・コスティングは，購入コスト，使用・保守コスト，廃棄コストの合計額を計算するものとなる。しかし購入前に，メーカーが使用コスト等を提示しない限り，ユーザー側だけで正確にコストを計算できる訳ではない。したがって厳密にいえば，ユーザー側のライフサイクル・コスティングは成立しない。しかしメーカー側が，ユーザーの要求仕様に追加して，ライフサイクル・コスティングの計算可能なデータを提供する，あるいはメーカー側だけで競争優位になるように，開発・設計段階から計算管理していけば可能となり，ユーザー側に立った管理手法として生かすことができる。

　これら各論者の見解は，従来の製品視点からのライフサイクルをメーカー視点とユーザー視点のライフサイクルの区別において試みているのが特徴である。しかし2つのライフサイクルの流れを明確に体系化するまでには至っていない。本書の特徴は，これまでの諸研究におけるライフサイクル・コスティングを体系化づけるために，市場と環境のライフサイクルから，2つのライフサイクル・コスティングの体系化を考えている。以下では，それを現代的意義に照らして検討することにする。

第4節　ライフサイクル・コスティングの現代的意義

　ライフサイクル・コスティングを現在の企業環境に適合させるためには，前節で述べた従来のライフサイクル・コスティング，つまり製品視点と経済主体別のものをさらに発展させ，現在の企業に有用な情報を提供するための様々な創意工夫をしなくてはならない。つまり，ここでいう様々な創意工夫とは，競争・顧客満足・地球環境問題といった各々のニーズに適合するような原価情報を提供することを意味する。

　近年の日本の経済環境は，バブル崩壊後不況へと突入し，最悪の自体に陥っていた。最近徐々に回復の兆しが見られるが，本格的な回復のためには，何らかの手段を講じなくてはならない。日本企業が回復するためには，環境問題に

も配慮した研究開発を実施し，企業が効率の良い経営を行い，業績を上げ，世界にも認められるような企業となることである。企業の活力が直接社会へと結びつくのだから，企業が活力を取り戻し，利益効率を上げるためには，これまでの日本特有の護送船団方式から脱却し，製品・製品群・事業・部門・子会社のクールな採算計算を実施しなくてはならないであろう。そこで本書では，前もって企業があらゆる面において採算計算を実施することの重要性とともに，不採算製品・不採算事業・不採算部門があればいち早く撤退し，企業が競争優位に立つための方策を模索する1つの提案として，ライフサイクル・コスティングを検討していこうと思う。これは，ライフサイクル・コスティングの現代的意義の解明でもある。

現在の企業環境については第1章で既に述べたが，概略をいま一度述べると，経済のグローバル化を基軸に「競争，顧客満足，地球環境問題」がドライバーとなって相互に関わり合い，情報技術の発達が加わることによって，変化を加速している。ライフサイクル・コスティングが，経営管理システムのサブシステムとして成立するためには，まずは現在および予測される企業環境に適応するものであることが必要条件となる。そこで第1章でみた図表1－5「現在の企業環境とライフサイクル・コスティングの関係」という3つの側面から，ライフサイクル・コスティングの現代的意義を図表2－2に示した。ライフサイクル・コスティングの現代的意義は大きく3点ある。1つは「回収計算としてのライフサイクル・コスティング」，2つは「戦略的コスト・マネジメントとしてのライフサイクル・コスティング」，3つは「環境問題に適合するライフサイクル・コスティング」である。以下，順を追ってこれらについて説明していこう。

第2章 ライフサイクル・コスティングの意義と目的

図表2-2　3つの側面からのライフサイクル・コスティングの現代的意義

競争
- 技術革新の加速化
- 企業間競争激化
- 後発メーカーの出現
↓
- 製品開発の激化
- 製品ライフサイクルの短縮
↓
- 製品コストの早期回収の必要性
↓
①回収計算としてのライフサイクル・コスティング

顧客満足
- 顧客ニーズの多様化と可変性
↓
- 顧客ニーズに適合した製品開発
↓
②戦略的コスト・マネジメントとしてのライフサイクル・コスティング

地球環境問題
- 省資源・低成長
- 自然環境に対する法規制
↓
- 環境に優しい製品開発
↓
③環境問題に適合するライフサイクル・コスティング

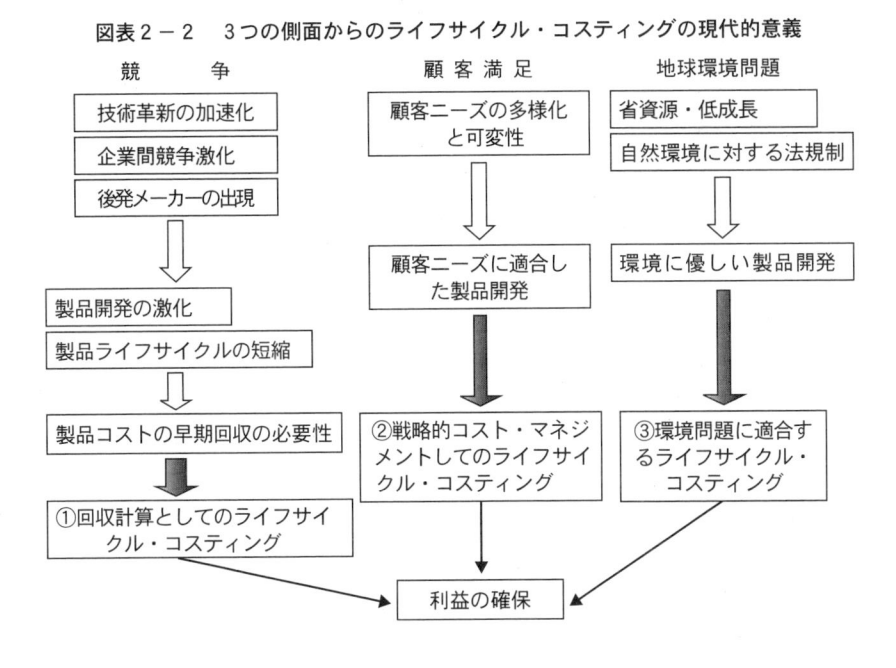

→ 利益の確保 ←

回収計算としてのライフサイクル・コスティング

　「ライフサイクル・コスティング」という場合，計算の段階に至らなくても，コストの認識，測定に焦点が当てられる場合には，広くcosting（コスティング）と言っている。日本において，costing（コスティング）は「原価計算」と訳出されているが，今までのライフサイクル・コスティング研究を見る限り，原価計算として捉えられているものは，ほとんどないといってよい。

　本書の1つの目的は，ライフサイクル・コスティングを原価計算，つまりコスティング・システムとして位置づけることである。そこでまず，回収計算としてのライフサイクル・コスティングを検討するが，この場合，ライフサイクル・コスティングは，他の経済主体を含まない独立したメーカー固有のライフサイクル・コスティングを検討しなくてはならない。

　メーカー視点のライフサイクルは，第1章でもみたように，①製品視点（メーカー視点＋ユーザー視点），②単なるメーカー視点，③メーカー固有の視点[66]

の3つが考えられる。「製品視点」のライフサイクル・コスティングは，メーカーによる開発から販売，その時点でユーザーの製品ライフサイクルに移り，ユーザーの製品廃棄に至るまでのライフサイクルとなっており，メーカー側のライフサイクルは，販売した時点をもって終了とされていた。製品視点のうちのこの前者におけるメーカー視点は，経済主体別にみた場合の単なるメーカー視点と同じものだとみて差し支えはない。

ただし，ライフサイクル・コスティングの特徴は市場や環境を核に，何かを視点とした一連の流れが重要であり，製品自身の生涯という場合，たとえ経済主体が変わったとしても断絶があってはならない。つまり，ユーザー視点を組み入れないと，製品自身の生涯という意味での製品ライフサイクルとはなり得ず，廃棄までのライフサイクルとはならないのである。これについては，次項の戦略的コスト・マネジメントとしてのライフサイクル・コスティングにて検討することにしよう。

さて，一方でメーカー固有の視点からみた製品ライフサイクルは，市場・環境によって決定され，従来考えられていた販売までよりも，サービス終了・撤退までという長いライフサイクルを対象に計算することになる。「回収計算としてのライフサイクル・コスティング」は，前節の区分によれば，経済主体別のライフサイクル・コスティングでみたメーカー側のライフサイクル・コスティングの考え方を敷衍し，メーカーのみが負担する販売後にかかるコスト，および製品・設備の撤退コストまでを計算し，回収しようとするものである。上述の各ライフサイクル・コスティング間の関係を図表2－3に示しておこう。

従来までのライフサイクル・コスティングの考え方には，「撤退コスト」を考慮するという記述はほとんどみられず，それについて検討されることもな

---

66) 廣本は，ライフサイクル・コストのメーカー固有のメリットとして，以下を示している（廣本〔1997〕，399ページ。）。
① 各製品に関連する原価のすべてが把握される。
② ライフ・サイクルの初期段階で発生する原価の割合が明確になる。
③ バリュー・チェーンにおけるさまざまな原価カテゴリー間の相互関係が明確になる。

第2章　ライフサイクル・コスティングの意義と目的

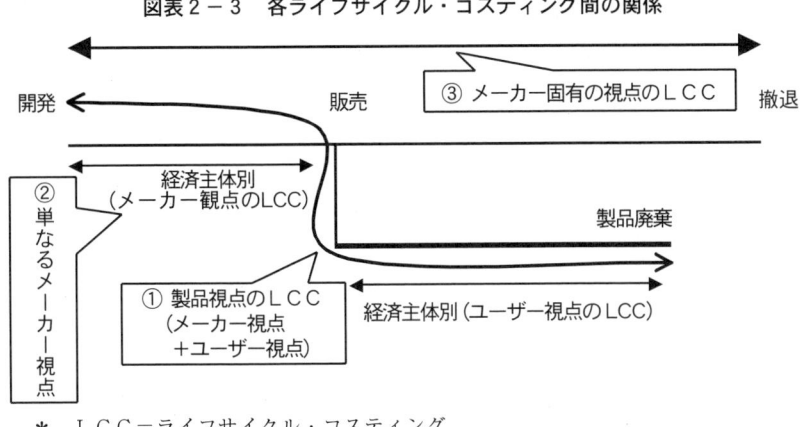

図表2－3　各ライフサイクル・コスティング間の関係

```
開発 ←─────────────────────────────────────────→ 撤退
                         販売    ③ メーカー固有の視点のＬＣＣ
       ←─────────────────→
         経済主体別
       （メーカー観点のLCC）
②単なるメーカー視点                          製品廃棄
       ① 製品視点のＬＣＣ    ←─────────────────→
         （メーカー視点       経済主体別（ユーザー視点のLCC）
         ＋ユーザー視点）
```

＊　ＬＣＣ＝ライフサイクル・コスティング

かった[67]。本書におけるライフサイクル・コスティングの特色はこの「撤退コスト」にあるといっても過言ではない。最近のリスク管理問題を考えても，企業がどれだけ将来の損失を防ぐことができるかは重要であろう。

　ここで指摘したい点は，従来のライフサイクル・コストの考え方には，ユーザー側が負担する廃棄コストのみが論じられており，販売後に発生するメーカーの負担するアフターサービスコスト，製品保証期間のコスト，ＰＬ法に関する事故発生時のコスト，広告費，リコール費，またメーカー側の当該製品の生産停止後に発生するであろう撤退コスト（部品保存コスト[68]，担当者の維持，設備・人員整理・在庫等），環境機能回復コスト（土壌汚染）等のコストがライフサイクル・コストとして組み込まれていなかったことである。撤退にかかる費用や環境コストが多額となり，総利益に多大な影響を及ぼす可能性があることを

---

[67]　アダマニー（H.G. Adamany）は，製品ライフサイクル・マネジメント段階を7つの段階に区分し，その中で「撤退段階」で市場から撤退し，投資コストを回収することを述べている（H.G. Adamany and A.J. Frank Gonsalves〔1994〕, pp.35－36.）。
[68]　キヤノンはアナログ式のビデオカメラから撤退する。予備部品は，販売終了後7年間は確保し，修理などのアフターサービス体制は維持する（日本経済新聞，2004年5月12日。）。

鑑みれば，伝統的な期間原価とは異なり，当該製品・製品群（広くシステム・事業を含めて），メーカー側の製品販売停止後のコストをあらかじめ製品コストとして見積ることによって，回収計算を行おうとする考え方は，今日において特に重要である。つまり，具体的な1個の製品の終点までではなく，その製品群の生産撤退までといった事業にまで拡大し，その全体コストを全生産数量で割って，1個の製品コストの中に撤退・環境コストを含めて，管理・回収していこうという視点である。そしてこの考え方は，メーカー側の立場から，製品のサービス終了・撤退までのコストを計算するという意味でライフサイクル・コスティングといえる。

ユーザー側の使用・維持・廃棄コストを計算するという意味のライフサイクル・コスティングを考えることは，他者のことゆえ，相当無理がある。しかし現在のような低成長時代では，量的にも質的にも資源が制限されてくるため，資源については断片的ではなくトータルなコストを計算すること，つまり研究開発から製品の寿命が尽きるまでのコストを全て積算し，製品全体の最終損益を計算することがますます必要となっている。製品のサービス終了・撤退は，現実にはいつになるのかといった問題も発生するであろうが，現実には製品のライフサイクルは，サービス終了時点までと考えるのが妥当である（ただし，工場敷地に汚染があれば，土壌回復までということになる）。そしてそのコストを期間原価に配賦するか，または配賦しなくともマーケティング戦略に活用するために，メーカー側の自己の責任で製品の全てのコストを計算・回収する必要がある。

また回収計算は，ライフサイクルが終結してからの事後的なコントロールでは，企業にとって意味をなさない。事前に把握し，「いつの時点でライフサイクル・コストが回収されるのか」ということを販売開始前の企画段階から見積り，それによってあらかじめ当該製品に対して，どれだけの投資を行うかを計算しておくところにライフサイクル・コスティングの現代的意義がある。このように投資コストに対して，どれだけ，そしていつ回収できるのかという回収計算をすることは，将来の見積計算が必要となることでもある。

第2章　ライフサイクル・コスティングの意義と目的

　「回収計算としてのライフサイクル・コスティング」の有用性は，以下の2つの点に集約できる。1つは，製品計画の段階においてライフサイクルを通じて，撤退コストを含めた全コストを回収できないと判断すれば，メーカーは製造段階には至らないという意思決定が可能となる。そしてそれでも製品を市場へ上市したいと考えるのなら，コスト削減への努力を惜しみなく行い，採算ベースにすることである。もう1つは，当初計画において，採算見込みがあると判断し販売に至ったとしても，ライフサイクルの途中で回収の見込みがないと判断されれば，修正を行い，撤退する意思決定の実施が可能となることである。メーカーは，製品を市場に上市することには積極的であっても，市場から撤退することには，多くの障壁をもつことが多い。たとえば，転用のきかない固定資産，撤退の多額のコスト，労働問題の解決，従業員の再配置コスト，他の事業との関連性，企業の信用問題，経営者の感情障壁問題（日本人は元来，撤退が得意ではない）などである。しかし損失が膨らみ，企業の危機に陥ることが多々ある昨今において，早期の問題解決は必須なのである。

　上記のことから，ライフサイクル・コスティングは，「製品またはシステム，製品グループ，その製品の生産単位のコストを，その開発からサービス終了・完全撤退までの全期間に渡って計算し，開発，価格決定，コスト管理するための手法である」と定義づけられよう。製品の販売価格および売上原価を決定する上においても，回収計算としてのライフサイクル・コスティングの重要性は認められる。さらにこれは，将来全てにかかる費用をあらかじめ見積るのであるから，事の重大さと重要性に気づき，リスクである損失を最小限に抑える効果もある。問題は，投資の回収をどのような方法（たとえば，製品の販売において回収する，あるいは設備の売却までも考慮にいれる等）でいつ回収するかに依拠されるのであるが，これは企業個々の経営戦略だろうし，製品および事業の特性にもよるだろう。

　市場において1つの効果的な考え方は，ライフサイクルのどの期にあるかを把握することであり，これは，売上高曲線が1つの指針となろう。販売後コスト，撤退コストが過大になる場合には，図表2－4が示す実線間，つまり販売

53

図表2－4　回収計算の方法

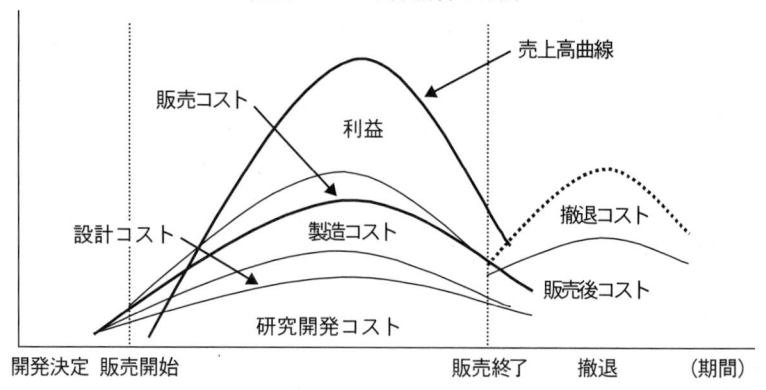

中に多くの利益を獲得すべきということは，言をまたない。以下に具体的な数値を示しながら，ライフサイクル・コスティングの回収計算としての役割を確認してみよう。

　ある企業は，販売単価1,000円に設定し製品の販売を開始した。便宜上，販売個数は1年目が60個であり，毎年10個ずつ増加していくものとする。ただし，当該製品は，販売開始後5年目で最盛期（販売個数100個）を迎え，当期の売上利益率は40％になる。なお，全期間を通して固定費は42,000円（うち設備の減価償却費10％を含む）の一定額であり，変動費は180円とする。5年目以降，製品

図表2－5　ライフサイクル・コスト考慮の例

	1	2	3	4	5	6	7	8	9	利益が ゼロ時点	10	11	12
販売個数	60	70	80	90	100	90	80	70	60	51	50	40	30
販売単価	1,000	1,000	1,000	1,000	1,000	1,000	1,000	1,000	1,000	1,000	1,000	1,000	1,000
売上高	60,000	70,000	80,000	90,000	100,000	90,000	80,000	70,000	60,000	51,000	50,000	40,000	30,000
固定費	42,000	42,000	42,000	42,000	42,000	42,000	42,000	42,000	42,000	42,000	42,000	42,000	42,000
変動費	10,800	12,600	14,400	16,200	18,000	16,200	14,400	12,600	10,800	9,180	9,000	7,200	5,400
総コスト	52,800	54,600	56,400	58,200	60,000	58,200	56,400	54,600	52,800	51,180	51,000	49,200	47,400
売上利益	7,200	15,400	23,600	31,800	40,000	31,800	23,600	15,400	7,200	−180	−1,000	−9,200	−17,400
売上利益率	0.12	0.22	0.30	0.35	0.40	0.35	0.30	0.22	0.12	−0.00	−0.02	−0.23	−0.58

の売れ行きは悪くなり，販売個数は毎年10個ずつ減少していく。図表2－5から，販売開始後9～10年の間，販売個数が51個になった時に利益はゼロとなる。以下，これについてさらに詳しく検討していこう。

図表2－6は，毎年の売上高と総コスト（固定費＋変動費）の関係を示したものである。売上高曲線とコスト曲線の2つの曲線の交点が損益分岐点となり，交点は以下の式によって算出できる。

$$\begin{cases} y = -1,505.9x^2 + 16,170x + 44,144 \cdots\cdots 売上高 \\ y = -271.05x^2 + 2,910.6x + 49,946 \cdots\cdots 総コスト \end{cases}$$

yは金額，xは年度を示す。

計算の結果，$x ≒ 10.28$，$y = 51,221$となり，おおよそ10年目の時点で損益分岐点がゼロとなることから，市場から当該製品をいつ撤退すべきかが把握できる。もしもこの時点（利益がゼロ）に企業が当該製品から撤退するならば，当該製品を子会社に分離したり，また設備等を他社に売却することが可能であり，撤退損失は生じないであろう。また従業員に関しても解雇することなく，継承してもらうことにより，つまりソフトランディングとなろう。また経営者の意思決定が迅速で，まだ利益が生じている7，8年目に撤退を実施していれば，設備の売却価値はより高く，当該製品の採算は十分にプラスであったかもしれない。一方，様々な撤退障壁から経営者の意思決定が遅く，大幅な赤字を計上しなければならないような段階（たとえば12年目）になれば，分社化はもはや不可能であり，設備の未償却額は全て損失となってしまうであろう。既に設備の売却は捨て値となり，さらに従業員の解雇も発生し，企業の損失は膨大となろう。このようにこれまで企業は，図表2－6が示すような期間損益計算による製品採算計算については，実施してきたかもしれない。

しかし，ライフサイクル・コスティングでいうところの製品個々の採算，もしくは回収計算を考えるのであるならば，製品販売開始後からの累積売上と製品開発時点からの累積コストを検討することが必要となる。これを図表2－7に示した。

図表2－6　毎年の売上高と総コストの関係

千　金額

売上高曲線

$y=-1505.9x^2+16170x+44144$

損益分岐点

コスト曲線　$y=-271.05x^2+2910.6x+49946$

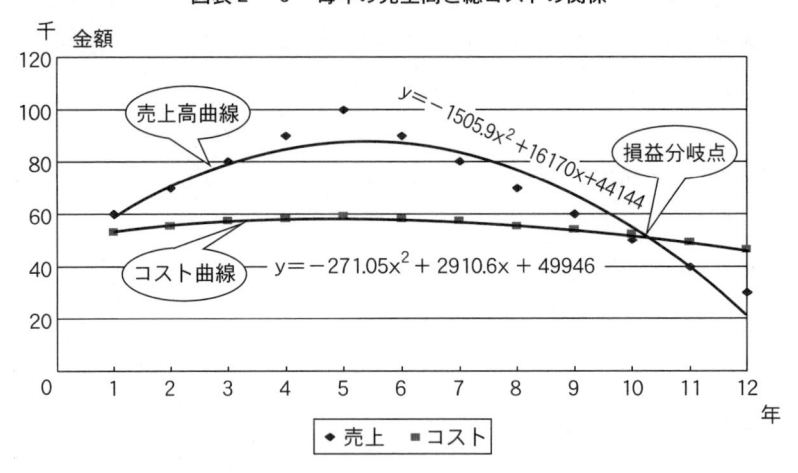

年

● 売上　■ コスト

図表2－7　累積売上高と累積コストの関係

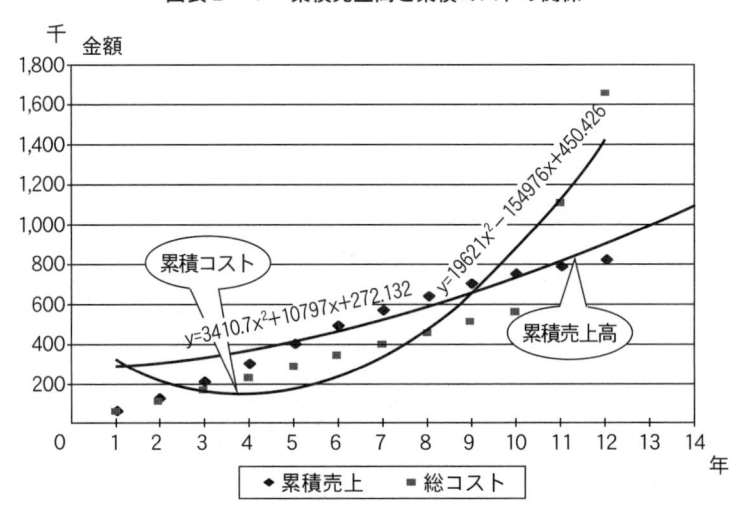

千　金額

累積コスト

$y=3410.7x^2+10797x+272.132$

$y=19621x^2-154976x+450.426$

累積売上高

年

◆ 累積売上　■ 総コスト

以下の式,

$$\begin{cases} y=3,410.7x^2+10,797x+272.132 \cdots\cdots 累積売上高 \\ y=19,621x^2-154,976x+450.426 \cdots\cdots 累積コスト \end{cases}$$

yは金額,
xは年度を示す。

で求めるならば，x＝9，y＝645,932となり，単年度計算で求めた図表2－

6よりも企業は撤退時期を早くすべきだということになる。ここに，製品ごとに累積で求めない期間損益計算を実施していれば，撤退という意思決定が1年遅くなり，企業は膨大な損失を被ってしまうことが理解できよう。1年遅くなることは，迅速化経営が求められている今，企業にとって死活問題である。さらに12年目に撤退するとなると，製品在庫処分，設備，人材の問題などから，500,000円の撤退コストが生じると仮定するなら，最後の撤退はまさに捨て値であり，加えて売上利益の赤字も生じているから，最終的な赤字は膨大になるであろう。

　以上のことから，ライフサイクル・コスティングは，企業が損失を最少限に抑えるための撤退の意思決定を促す効果があるとともに，期間損益計算ではなく，製品一生涯の累積で計算することが重要であることを示唆する。また，マーケティングの視点においては市場への導入期をいつにするのかよりも，売上高が減少して，いつの時点で利益がゼロになるのかといった終結の時点が重要である。ここでのライフサイクルは，物理的寿命ではなく経済的寿命である。文献を渉猟しても，あまりマーケティングの視点とコストとを結び付けている論文は少ない。また，累積売上高と累積コストから製品の採算計算をしているものもない。これこそが「回収計算としてのライフサイクル・コスティング」の特徴であり，また撤退コストを考慮していることも重要な視点である。なお，ここでは示さなかったが，少しでも市場におけるライフサイクルを長くしようと企業が考えるのであれば，売上を増大させること，つまり販売価格を下げて，販売個数を増大させるといった企業のマーケティング戦略の問題も絡み合うのである。

戦略的コスト・マネジメントとしてのライフサイクル・コスティング

　繰り返し述べることになるが，ライフサイクル・コスティングという場合，製品視点からのライフサイクル・コストの計算を議論の対象としているのであるが，ユーザー側のライフサイクル・コストをメーカー側から原価計算することは，メーカー側の提供する製品が機械設備（耐久消費財）であれば，ほとんど

不可能に近い。しかし，生成期のライフサイクル・コスティングから現在の意義を確立し，先にみた多くの論者のようにライフサイクル・コスティングをメーカー視点とユーザー視点の統合である製品視点から論じていることを鑑みれば，そこには何らかの意図があるように思われる。

　ライフサイクル・コスティングは現在，戦略的コスト・マネジメントの一環であるといわれており，現在においてもライフサイクル・コスティングが必要とされる理由には，アメリカの生成期でみた理由と異なるものがあるのだろう。その理由について多くの論者は，近年，ユーザーの負担増となった使用コスト[69]と廃棄コスト[70]にあるとして，ライフサイクル・コスティングの現代的意義を位置づけている。つまり企業経営にとってライフサイクル・コスト分析の経済性追求は，人件費や資材費，燃料費の高騰による使用・維持コストの増大，機械設備の機能の高度化・複雑化・システム化，法的諸規制の強化などの要因によって，重要かつ緊急な問題となっているという。さらに別の観点からいえば，ライフサイクル・コスティングは，元来，国防総省というユーザー側から発生した経緯がある。これに準拠して，顧客ニーズに応えることが競争優位であるとして，もっとユーザー視点に力点を強調しようという論者も多い。以下では，使用コストと廃棄コストをメーカーはどのように捉えるべきかについて，ライフサイクル・コスティングの現代的意義の2つ目として検討してみたい。以下，使用コストと廃棄コストに区分して述べる。

---

69) ライフサイクル・コスティングの意義として，使用コストの増大をあげている文献は以下がある。小林（哲）〔1993〕，158ページ。櫻井〔1991〕，153・162-163ページ。岡本〔1994〕，98・101ページ。浅田・田川〔1996〕，119ページ。W. J. Fabrycky and B. S. Blanchard〔1991〕

70) ライフサイクル・コスティングの意義として，廃棄コストの増大をあげている文献は以下がある。小林（哲）〔1993〕，158ページ。櫻井〔1991〕，145・161・162ページ。牧戸孝郎「ライフサイクル・コスティング」（岡本〔1988〕，99ページ所収）。山田〔1998〕，160-162ページ。田中・小林〔1995〕，44-47ページ。浅田・田川〔1996〕，117-118ページ。

第2章　ライフサイクル・コスティングの意義と目的

① 使用コスト

　企業はこれまで製造原価をできるだけ削減し,利益を獲得することに強い関心を持っており,製品引渡後にユーザー側で発生するコストへの意識は希薄であった。ユーザー側も購入する際は,高性能で,特に購入価格の安いものを選択する傾向にあった。これは企業の価格戦略の巧みさや,使用コスト見積りの困難さにあるが,最大の理由は,使用コストが購入価格と比較してさほど大きくなかったため[71]といえよう。旧来の機械設備や家電製品は維持も簡易であることから,ユーザー側の負担は,取得コストの方が使用コストよりもかなり大きかったのである。

　また,ヒュートン＝ウィリアム (R.B. Hutton and W.L. William) はライフサイクル・コスティングが必要な最大の理由を,エネルギーの節約である[72]という。彼が指摘するように,使用コストが高い製品は,ユーザーの負担するコストの増加だけでなく,電気代等のエネルギーつまり社会的資源の浪費をもたらすことにもなる。

　このような中で,ユーザーはただ購入価格の安い製品ではなくて,使用コストの小さい製品に目を向けるようになった。この傾向は,ライフサイクル・コスティング生成期のような国防総省による直接的要望ではなく,ユーザーからの市場を通した要望である。そして現在の企業が競争優位に立つためには,このようなユーザーの動向をいち早く対応することが販売促進にもつながり,経営戦略上重要になってきている。近年,家電製品（特にエアコン,長期使用の冷蔵庫）において消費電力の安いものをうたった製品が市場に多く存在するのも,顧客満足のための戦略といえよう[73]。

　『新しい企業環境下における原価管理システムのありかた（平成4年度最終報告書）』によれば,「ライフサイクル・コスティングは今後あらゆるメーカーが

---

71) 岡本〔1988〕,99ページ参照。
72) R.B. Hutton and W.L. William〔1980b〕,p. 1.
73) たとえば,松下電器は「買い替えエコ診断」をホームページ上で実施し,既存の製品を長く使用するよりも,買い替えをした方が電気代が節約になることをコマーシャルしている。

自社の販売製品に対して，ユーザーの手にわたった後に発生するコストを含めたトータル・コストの低減を図り，長期にわたって顧客の満足を獲得するための戦略を支援する情報システムとしてその活用が期待される」[74]という。つまり，ユーザーの手に渡った後のコスト低減は顧客満足につながり，ライフサイクル・コスティングは，全コストの低減と同時にマーケティング戦略を実施する際のツールとして検討されている。これが，戦略的コスト・マネジメントとしてのライフサイクル・コスティングの考え方である。メーカー側は，ユーザー側における製品のライフサイクル終了までのコストを見積計算して，そのユーザー側で生じるライフサイクル・コストの最少化を目指した製品開発に取り組み，そのライフサイクル・コストの多寡をマーケティングの情報として利用することが必要である。つまり，メーカー側が製品視点からのライフサイクル・コスティングを考えることの必要性は，ユーザーの認識の高まり，関心の変化にある。こういう意味から戦略的コスト・マネジメントとしてのライフサイクル・コスティングは，最終的にはメーカーの利益向上につながるのであるから，メーカー視点といえるものの，製品視点から出発したものである。先に述べた回収計算としてのライフサイクル・コスティングが，メーカー固有の視点であったことからも，意味合いは異なるといえよう。

② 廃棄コスト

ライフサイクル・コスティングを現在の企業環境から考える時，上記でみた使用コストの重要性と同様に，ユーザーが負担する製品の最終廃棄コストに注目しなくてはならない。この背景には，家電リサイクル法，自動車リサイクル法といった法的推進が後押ししている。そこでメーカーは，ユーザー側の廃棄コストが少ない製品を提供することによって，他社製品との差別化を図っていく必要がある。このことは企業が，社会的環境に適応しないならば，社会および環境視点からの撤退が早まることを意味する。

---

74) 日本会計研究学会特別委員会〔1993〕

ユーザー側の要望という社会的背景をうけ，1990年代は不特定多数を対象としたユーザーに焦点をあてたライフサイクル・コスティング研究がみられる。これは，メーカー側がユーザー側の廃棄コストを少なくすることによって，顧客満足を得ることになるのであるから，メーカーにとっては利益拡大につながる1つの戦略になるであろうという。ただ単に購入価格を低く設定するマーケット戦略を優先するよりも，コストに対して品質・機能・安全性等の優位性をもつ製品，つまり原価効率を考慮した製品を提供することが，結果的には競争優位になり得るのであろう。特に，ハイテク製品市場では，開発のスピードをアップし，他社競争企業との関係から先んずるデファクト・スタンダード(業界標準)や，市場に出るため，もしくは市場に生き残るためのグローバル・スタンダード(国際標準)をクリアすることも重要となる。企業がグローバル化の状況に対応するためには，競争優位の確保を目標とし，高品質低価格・顧客サービスを実現するために，さらなる原価低減を果たさねばならない。こういった背景から，従来のような製造原価計算ではなく，もっとコストの範囲を拡大した戦略的なものが望まれるようになった。

戦略的コスト・マネジメントとしてのライフサイクル・コスティングは，ユーザーの観点からみれば当該製品の「購入意思決定」，メーカーの観点からみれば製品促販のための顧客説得といった「競争戦略」から重要なのである。これは企業環境の変化から，企業の経営戦略として取り組むべき問題であろう。ユーザー側で生じるコストの問題は，製品の開発・設計に依存することが大きいため，原価企画の観点から論じる必要があろう。

環境問題に適合するライフサイクル・コスティング

管理会計は，その時代に即したコスト情報を提供することが求められるため，ライフサイクル・コストの範囲も次々と拡張せざるを得なくなり，品質コスト，環境コストへと拡大してきている。したがって，環境コストを含めてライフサイクル・コスティングを考えることも，現代の重要なライフサイクル・コスティングの意義の1つである。

そもそも自然環境への対応については，企業自らが社会的責任を考え，予測し，主体的に遂行していくものでなければならない。従来の経営学では，経営理念の確立により経営を方向づけることだけが論じられてきたが，それは社会的責任遂行の必要条件であっても，実践のための十分条件を論じたことにはならない[75]。この方向付けを，さらに実践まで展開した手法（論理）の１つに発展させていかなければならない。ライフサイクル・コスティングは，自然環境への影響を予測し，そのコストを取り入れようとしているが，現実的には，ともかく具体的に計算ができなければ，実践問題の解決にはほとんど意味を持ち得ないのである。コスティングは，state of the art であり，その時代その時代の必要性を反映していくものである。そもそも企業活動は，環境への適応を条件としている。現時点では，地球の危機が叫ばれ，特に地球環境維持・保護の解決が迫られている。その中心問題は，環境問題，エネルギー問題であろう。

この環境保護に対応するには，一見コストが増大し，利益の圧迫というトレード・オフの関係が存在するように思われる。しかしライフサイクル・コスティングを具体的に実行することは，庭本の言葉を借りるならば「環境変化に対する感受能力を示す指標であり，戦略的な経営能力の高さを示している」[76]のである。環境コストを考慮して，新製品の開発を始めるということは，製品の安全性を高め，高い社会的信頼を獲得して市場競争力を高めることにほかならない。そして生産過程の廃棄物を抑制することは，生産工程の効率化につながり，当然利益にもつながる（たとえば，廃棄物回収クローズドシステム）。また，省エネ製品を開発することは，利益の確保につながるであろう。このことからライフサイクル・コスティングの活用も，環境コストを含めて考えるのであるから，短期的に見れば一見利益を阻害するようにみえても，長期的には企業の競争力を高める要因となるのである。もっとも環境コストを組み込んだライフサイクル・コスティングを実施したとしても，それは単なる数字上の問題にすぎないともいえるが，この数字に基づき企業が意思決定していくというメカニ

---

75) 庭本〔1982〕，150ページ。
76) 上掲論文，159ページ。

ズムに意義が認められるのである。究極的にいえば，ライフサイクル・コスティングは，現代の経営理念，あるいは環境問題を企業内に内在化する具体的な技法として本格的に展開しなくてはならない問題であり，ここに3つ目として環境問題に適合するライフサイクル・コスティングの現代的意義がある。

　ライフサイクル・コスティングを実施する場合には，近年，環境意識の高まりから廃棄コストを考慮することが重視されている。しかし，従来のライフサイクル・コストの考え方には，ユーザー側の製品使用後の処分・廃棄コストしか考慮されてはいない。最近のライフサイクル・コスティングに関する論文においては，メーカー側の生産過程の廃棄物の環境への影響とその環境対策コストをライフサイクル・コストに組み込むものが主要なテーマとなっている。

　しかし，メーカーの最終製品ないしは設備等の廃棄物，あるいはその環境に与える影響を測定した上で，ライフサイクル・コストを計算していこうという論文は少ない。これらを含めてライフサイクル・コストを拡大して考える必要があろう。たとえば，携帯電話の製造会社を考えた場合，携帯電話の解約後のコスト，すなわちレアメタルであるパラジウムの回収[77]，あるいは携帯電話の放つ電磁波の身体への影響もライフサイクル・コストが「ゆりかごから墓場まで」というのであれば，考慮していかなければならないであろう。そしてユーザー側においても，製品を使用する段階において発生する有害物質の発生やエネルギー資源の消費，そして製品を廃棄する場合に出てくる製品廃棄物を社会的な視点から考える必要があろう。ただし，製品の環境への影響は，メーカーがその製品から撤退して製造を停止する時点よりもスパンが長く，無限であるかもしれない。その点からライフサイクル・コスト最少の製品は，社会的資源の節約にも貢献する。このことは環境問題にもつながるであろう。ユーザー側で生じる製品廃棄(処分)コストと地球に優しい製品のために費やされたコストは，社会的コストということができる。つまり製品の原材料に何が使用されているのかといったエコ設計，エコ製品という形で強調されているものである。

---

[77]　1999年度の携帯電話からの金の回収量は493kg/年（携帯電話の回収率40％）であり，これは国内金の電子工業需要の約0.6％分である（和田〔1999〕，74ページ参照。）。

使用コストと同様に，社会的コストの最少化は企業の製品戦略となり得るだろう。

第5節　ユーザーの動向　－ユーザーの製品選択基準－

現在，日本の大企業の多くは，売上高の増大，あるいはマーケットシェアの拡大によって高い収益性を確保することにあまり期待していない。企業の経営哲学は「利益の極大化」ではなく，「経営の存続と組織の発展にある」と認識するようになっている。つまり，従来の経営者が目的としていた数量的拡大は，今や企業の戦略ではなく，資源の効果的使用に転換しなければならないのである。資源の効果的使用とは，同種・同機能の製品において顧客の求める製品，たとえば品質や環境問題に柔軟に対応することを意味する。一般に企業は，持続可能な競争優位を目指して様々な努力を行う。たとえば，製造コストを下げるための製品ラインの統合，過剰な品質・機能・人件費の削減，代替的な原材料の開発であり，また多くのユーザーで受け入れやすいような製品品目の増大である。これらを実施し，マーケットシェアを確保しようと努めている。一方，ユーザーはこれまで販売価格を中心に判断して購入することが一般的であった。しかし，販売価格だけがユーザーの求めるものではない，といった昨今の現状がある。

そこで本節では，ライフサイクル・コスティングの現代的意義の1つである「戦略的コスト・マネジメントとしてのライフサイクル・コスティング」の前提であるユーザーの動向について検討してみたい。現在，メーカーの最大の関心事は，ユーザーの動向をいち早くつかみ，それを取り入れるべき研究開発を実施し，その結果完成した製品価値をユーザーにうまく認識させることである。ユーザーは，従来よりも製品に関する多くの知識を持ち，賢くなっており，立場は強くなってきているのである。

カルロス（A. A. Karlos）は，消費者の製品ライフサイクル・コストは，製品の生涯に渡り消費者が負担するコストで，それは消費者の観点から製品コスト

第2章 ライフサイクル・コスティングの意義と目的

についての最もふさわしい考え方である[78]という。カルロスのいう消費者の観点からみた製品コストには，製品の購入時の現在価格だけでなく，当該製品の持つ性能・品質までの将来価値も含めている。彼は，市場を分析する際のユーザーの製品選択基準として，以下の3つの側面を考えている。

① 製品の品質（性能）
② 時間的要因（配達，製品の入手，サービスや支援，製品寿命の長さ（保証期間が長い等）
③ 購入価額

では，顧客満足とはどのようなものをいうのか，以下にみてみよう。なお，顧客満足は，製品の種類，耐久消費財か非耐久消費財等といった対象目的によって大きく異なるため，一応ここでは耐久消費財に絞って考えることにしたい。コトラー（P.Kotler）によれば，顧客満足における満足とは，人が感じる状態のレベルであり，そのレベルは人の期待と製品の知覚された実績の比較から得られるという。そして顧客にとって最も重要なのは，得ることのできる期待価値（製品それ自体の価値，サービス価値，イメージ価値）から，支払うべきコストの実績（製品取得原価，使用コスト，維持コスト，廃棄コスト）を差し引いたものである[79]と理解している。ターニイ（P.B.Turney）もコトラーとほぼ同義の見解をとっており，顧客価値は「『顧客の実現価値と価値犠牲の差額』であるとし，実現価値とは顧客が受け取った製品の特性，品質，サービスであり，価値犠牲とは顧客が製品代価としてあきらめて支払った金額，維持・廃棄コストである」[80]と述べている。田中（隆）は，顧客満足の効果について以下を述べている[81]。

① 高い顧客満足は現在の顧客のロイヤリティを高める[82]。
② 価格弾力性を弱める。

---

78) A.A.Karlos〔1994〕, Q3－1.
79) P.Kotler〔1994〕
80) B.B.Peter, Turney〔1991〕, p.316.
81) 田中(隆)〔1996〕, 19ページ参照。
82) 顧客のロイヤリティを高めるということは，再購入意欲の増大，将来の安定したキャッシュフローが保証されることを意味する。

65

③　競争企業から現在の顧客を絶縁する。
④　将来の取引コストを低減する。
⑤　新規顧客を誘引するコストを低減する。
⑥　企業の評価を高める。

　従来のように販売価格だけの価格競争に集中すると，企業は戦略的に得られるかもしれない利益を失うことがある。また，メーカー側の考える販売価格の利益とユーザーに与える全ての価値を考慮した利益とは，異なることもあり得る。現在のように多くの製品が市場に散乱している状況下で，ユーザーが望んでいるのは，当該製品と競争他社の製品を比較して，最大価値のある製品を購入することであろう。

　フォービス＝メータ（L. J. Forbis and N. T. Mehta）は，ユーザーが自社製品と競争他社製品とを比較して，どれだけの経済的価値を得ることができるかを検討する顧客への経済的価値（Economic Value to the Customer，以下ＥＶＣと略す）概念の分析を行っている[83]。フォービス＝メータの解釈では，「ＥＶＣを用いて，たとえユーザーにとって購入価格が高価であったとしても，品質の良さなどのイメージを保つことができれば，企業がユーザーに価値を与えることができる」[84]のだという。またＥＶＣによる経済的価値の認識は，参考製品がたとえ同一製品でなくても，当該製品と同機能である競合製品の分析に適用できる。図表２－８は，顧客への経済的価値概念（ＥＶＣ）を示している。この図表の左側の他社参考製品Ｙのライフサイクル・コスト1,000ドルは，ユーザーが支払うであろうコストの全てである。1,000ドルというライフサイクル・コストは，製品の購入価格と据付等にかかるスタートアップ・コストと購入後コスト（保全と運用）であり，300＋200＋500＝1,000ドルと見積られている。

　次の積み上げ縦棒の1,100ドルは，自社製品Ｘのライフサイクル・コストである。Ｘ製品はＹ製品より，据付等のスタートアップ・コストと購入後コスト

---

[83] L. J. Forbis and N. T. Mehta〔1981〕, pp. 32－42. 小林(哲)〔1996a〕, 4ページ, 古田〔1997〕, 280－283ページ。
[84] L. J. Forbis and N. T. Mehta〔1981〕, pp. 32－42.

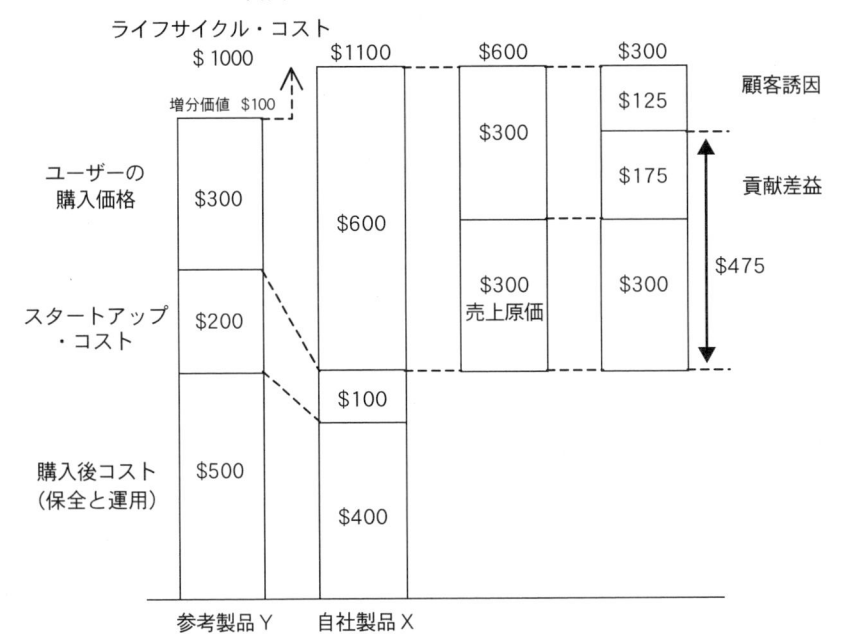

第2章 ライフサイクル・コスティングの意義と目的

図表2-8 顧客への経済的価値概念

ライフサイクル・コスト	$1000	$1100	$600	$300	
	増分価値 $100		$300	$125	顧客誘因
ユーザーの購入価格	$300	$600		$175	貢献差益
スタートアップ・コスト	$200		$300 売上原価	$300	$475
		$100			
購入後コスト（保全と運用）	$500	$400			
	参考製品Y	自社製品X			

(出所) L. J. Forbis and N. T. Mehta〔1981〕,p. 33.（古田〔1997〕,280ページを参考にした。）

＊ 購入価格600ドルのうち300ドルが売上原価とされているが,簡略化のために変動費のみと仮定されている。

が各100ドルずつ低く,また,購入価格の中には,顧客への増分価値(Incremental Value)[85]（Y製品に対する製品のブランドイメージ等の無形価値）として1,100－1,000＝100ドルが見積られている。このときユーザーには,Y製品に購入価格として300ドルを支払うよりは,X製品が600ドル未満であれば,X製品を購入した方が有利であると説明できる。なぜなら,ライフサイクル・コスト1,100ドルの中には,増分価値100ドルが含まれているので,購入価格が600ドル未満であれば有利になるというのである。この600ドルは,300（Y製品の購入価格）＋

---

[85] 増分価値とは,製品の潜在可能なドル価値の総額が顧客の参考製品から得ることができる顧客超過である。たとえば製品の物理的な特徴あるいは運搬,信頼性,サービス責任,ブランド名等がある (L. J. Forbis and N. T. Mehta〔1981〕,p. 34.）。

67

200（X製品の節約分）＋100（X製品の増分価値）＝600ドルと計算される。Y製品に比べてX製品がユーザーにもたらす経済的価値は，この600ドルなのである。フォービス＝メータのいう経済的価値は，競合他社のライフサイクル・コストとの比較から計算される相対的な経済的価値をいっている。

3番目の積み上げ縦棒は，メーカーからみたEVCで，これは300（Y製品の購入価格）＋300（X製品がY製品に比べてユーザーに与えるよりよい価値）＝600ドルである。結論的には，X製品の600ドルから売上原価の300ドルを差し引いた300ドルが，X製品のメーカーの競争優位と考えることができる。一番右端の積み上げ縦棒は，価格決定面からみたものである。メーカーは，175ドルの希望する貢献差益を得るために，300（売上原価）＋175（貢献差益）＝475ドルという購入価格を設定すると仮定している。このことによってユーザーは600ドルのものを475ドルで購入することになるから，125ドルの経済的利益（顧客誘因ともいう[86]）を得ることができる。この経済的利益が多いほど，ユーザーは購入した当該製品に優位性を見出す。カルロスはこの経済的利益を超過収益といい，他の代替製品やサービスとの品質，機能の差から得ることのできる価値の大きさであると説明している[87]。

メーカー側が，ユーザーにとっての経済的価値を製品開発設計段階で組み込むことは，容易ではない。しかし経済的価値の重要性から，Y製品より購入価格が高くても，トータル的にみて優位なX製品にユーザーの購入意思決定を変更させるためには，ユーザーの製品購入モデルを予測して計算し，それをユーザーに示す必要があろう。また現在，ユーザーが競争会社の製品を採用しているような場合には特に有効であろう。フォービス＝メータによれば，EVC分析は，以下の時に適用できるという[88]。

① 当該製品が生涯に渡って，利益あるいは価値に値するかどうかを判断する時

---

86) L. J. Forbis and N. T. Mehta〔1981〕, p. 34.
87) A. A. Karlos〔1994〕, pp. 29・30.
88) L. J. Forbis, and N. T. Mehta〔1981〕, p. 40.

第2章 ライフサイクル・コスティングの意義と目的

② ユーザーへの増分価値がある場合,どれほど価格政策に反映できるかどうかを判断する時
③ ユーザーの立場からは,使用コスト等を加えた全体コストの中で,製品の購入価格がどの位の割合を占めるのかを検討したい時

ユーザーは購入価格で決定することが一般的になっているが,メーカーがライフサイクル・コストに基づいて計算し,他製品に対する優位性を主張できれば,それは競争優位に立った有効な手段となる。以上のことを理解し,メーカーは,利益を維持するために戦略を開発するのである。EVCに関する戦略ステップとして,フォービス＝メータは以下のことを検討している[89]。

① 自社製品と他社製品との購入価格や増分価値の相違は,通常,ユーザー側の製品差別,使用方法によって異なる。また,他社製品と色,形,機能などが同じ場合でさえ,EVCは顧客の年齢,性別,収入などの特徴によって変わることもあり得る。増分価値の変動を測るEVCは,1つの市場マーケットセグメントから他の広いフィールドへ広がる可能性を持つ。
② ユーザーの過去の購入価格は,大量購入者と少量購入者の間では異なる。
③ 急速に成長する市場においてユーザーは,使用コストを削減する新製品に対してよい反応を示す。一方,あまり成長しない市場においてユーザーは,新技術に対しての理解が遅く,なかなかユーザー側のライフサイクル・コストを考慮して購入しようとしない。現在の装備に満足していることが多い。
④ EVCは,ユーザーの利用方法によって異なる。

メーカーが,EVC分析に必要な変数の基礎となるような事項を明確にして,それに従って市場を区分すれば,それぞれの市場セグメントで自社製品の競争優位を拡大する機会が掴めるであろう[90]。たとえば,以下のことから市場を拡大することが可能であろう[91]。

---

89) L. J. Forbis, and N. T. Mehta〔1981〕, p. 38.
90) Ibid., p. 38.
91) Ibid., pp. 38-39.

① ライフサイクル・コストを削減させるか，原価構成を変更する。
② 機能的な再設計をすることにより，増分価値を拡大する。
③ 関連する無形の要素（配達，技術援助，金融等）とパッケージ化することによって，増分価値を拡大させる。

上記のようにフォービス＝メータは，競争製品のライフサイクル・コストに従って変動するＥＶＣ分析を取りあげることにより，顧客満足の拡大を目指している。しかし図表２－８をみる限り，製品の使用期間が明確には示されていない。購入後のコストは１年分であるのか，耐用年数に渡る節約総額であるのか，あるいはその金額を現在価値に割引いているのかどうかも明確ではない。また，開発競争の激しい製品では製品の耐用年数まで使用せず，速やかに買い換えたいという希望がユーザー側にはあるであろう。そのような場合には，購入価格が安い方が良いこともまた事実である。

現在においてライフサイクル・コスティングは，その考察する対象を市販品にまで適用しようとしている。市販品の特色は，ユーザーの数が多く，またそのニーズも幅広いために，ユーザーの要望や要請を直接認識することが困難なことである。現在のように市販品の一般ユーザーは，メーカーに直接要請することはないため，取得コストと使用コストとのトレード・オフ関係は一層複雑になり，使用コストや廃棄コストをメーカー側がどの程度考慮するかは，ユーザーのコストへの関心の度合いに依拠する。メーカーは，ユーザーの要求や競合他社の製品開発については，不確実性が多いため，戦略的判断において対処するしかない。そこにはトップ・マネジメントの意向が重要となる。ユーザーが，もしも使用コストの低い製品を選好することが分かれば，メーカーはそれに対応した機能を付加した製品を提供しなければならないので，一般に製造コストは増加することになる。そのときメーカー側とユーザー側には，トレード・オフ関係が存在する。ただし，ユーザーの製品に対するニーズや製品価値が不明確であり，また使用期間が著しく不明確である時には，ユーザーが低い販売価格の製品を選択することは，普通であろう。代替案との比較から，サービス等の機能を付加することになり，ユーザーにコスト増を要求した場合，

第2章 ライフサイクル・コスティングの意義と目的

ユーザーがそれを認めるならば有効であろうが，認められない場合は，企業の単なる自己満足となってしまうのである[92]。

「戦略的コスト・マネジメントとしてのライフサイクル・コスティング」では，メーカー固有の視点と製品視点（メーカー視点＋ユーザー視点）のライフサイクル・コスティングを明確にしていないように思われるが，メーカー固有のライフサイクル・コストとユーザーのライフサイクル・コストの分析は，概念的に区別されるべきである。しかしいずれの場合にも，ユーザーの顧客満足の要素に加えて，製品を購入する際に，その取得しようとする製品の寿命がどれ位あるかを重視しつつ，メーカーは，その製品の製造コストに対してどれ位の利益があるのかを重視する製品計画を行う必要がある。

つまりライフサイクル・コストは，メーカーとユーザーの2つの側面から「ユーザーが，製品に対していくら支払うことができるか」という命題の解を繰り返し試行し，ユーザーの要求とメーカーの経済性を考慮しながら，製品の研究開発，計画，設計，生産，販売，サービス，保証等を分析していかなければならない。ここに「戦略的コスト・マネジメントとしてのライフサイクル・コスティング」においては，製品視点・メーカー視点の2つを考えていかなければならない理由があり，経済主体の異なる両ライフサイクルの統合指向があるといえる。フォービス＝メータのＥＶＣ分析は，このことを示唆しているものであろう。

新製品開発は，ユーザーの立場に立ち，全社的なマーケティング戦略と関連させることが重要である。製品ライフサイクルにおいては，全ての製品がやがて衰退するので，適宜な新製品開発の問題と，企業は製品が市場のライフサイクルのどの段階にあるかを見極め，それに合ったマーケティング戦略を変えていくという製品ライフサイクル戦略の問題も考えていかなければならない。

企業にとって最適なことが必ずしも社会全体にとって最適とはならないが，企業をめぐる環境の変化，製品ライフサイクルの短縮化によって，①メーカー

---

92) C. J. Raymond and E. Sterner [2000], p.371.

の視点,②ユーザーの視点を市場・環境の点から,企業は意思決定の一部として,ライフサイクル・コストを考察することが要請されている。

　本書では,ライフサイクル・コスティングについて3つの現代的意義を検討しているが,共通していえることは,製品を個別に計算することの必要性である。各製品原価のトータルな計算なくしては,個別の製品の利益を戦略的に把握することが困難であろう。それゆえライフサイクル・コスティングにおいては,できる限り,財務会計のような期間損益計算ではなく,製品ごとの口別損益計算を試みることが必要とされる。口別損益計算には膨大なデータが必要であるが,今日の情報処理技術の飛躍的進歩を考えれば不可能ではない[93]。従来のライフサイクル・コスティング研究では,「計算」をするという側面よりは,むしろ企業が競争に打ち勝つための戦略的原価管理の方法として強調されてきた[94]。

　ライフサイクル・コスティングは,資産を取得する際の経済性分析を始めとして,行動実施以前における予測と効果的なコスト・マネジメント,そして製品個々の採算性の検討において,あらゆるものを含むことが可能であろう。

(本章は,江頭幸代「ライフサイクル・コスティングの展開－政府主導型のライフサイクル・コスティング－」『広島商船高等専門学校紀要』第28号,2006年3月,1－18ページを加筆・修正したものである。)

---

93) 河田〔1996〕,198ページ参照。
94) 検討の対象となっているコストが支出コストといった従来のコスト概念にとどまっており,機会コストや社会的コストが捉えられておらず,いまだライフサイクル・コストを戦略的原価分析の一手法として積極的に活用していく立場については言及されていないことが指摘されている（浅田・田川〔1996〕,127ページ。）。

第3章 ライフサイクル・コストにおける原価の把握

第1節　原価概念とライフサイクル・コスト

　前章までに述べたように，ライフサイクル・コスティングは様々な視点，目的，対象は異なるものの，その対象と考えるコストの全てを計算するものである。ライフサイクルに渡るコストの全てという場合，コストの範囲あるいは構成要素は何かということが問題となる。しかしこれまでライフサイクル・コストのコスト概念は曖昧であり，逆にその柔軟な思考の故に発展してきている。

　本章の目的は，ライフサイクル・コスティングを計算する際のコスト，つまりライフサイクル・コストについて検討することである。ライフサイクル・コストは従来の原価概念よりも拡大した概念であることから，まず原価の基礎概念を示し，どの部分を拡大すれば，ライフサイクル・コストの求める構成要素となり得るかを「帰属可能性」という点に着目して検討していきたい。ここで帰属可能性とは，メーカー，期間あるいは製品に帰属させることができるかという観点からこの言葉を使用している。

　1つの手懸として，財務会計における偶発事象引当金の中から，ライフサイクル・コストを考え，ライフサイクル・コスティングとの関係，どのように従来の原価計算に取り組むべきかについても検討したい。また，ライフサイクル・コストのコストは，製品の企画開発からその製品の撤退までというメーカー側のコストと，製品が販売され，そのユーザーが廃棄するまでのユーザー側のコストを指す場合に区別する必要がある。そのため本書では，従来原価計算でいう「原価」と区別して「コスト」という用語を用いていることを断っておきたい。

原価の基礎概念

　原価の一般概念は，原価計算がいかなる目的のために行われようと，そのための計算方法がどうであろうと変わりなく，一般に妥当とすべき基礎的な原価の概念をいう。この原価の「一般概念」の基に，わが国においては「原価計算基準」があり，これが「制度としての原価概念」である。「原価計算基準」によれば「原価とは，経営における一定の給付にかかわらせて，は握された財貨または用役の消費を，貨幣価値的に表わしたもの」と定義し，以下に挙げる4点に分解している。

① 原価とは，経営過程における経済価値の消費であること。
② 原価は経営において作り出された一定の給付（製品および提供されたサービス）に転嫁された価値であること。
③ 原価は経営目的に関連したものであること。
④ 原価は，正常なものであること。

　この「制度としての原価概念」では，支出原価概念が中心となっており，ライフサイクル・コストでいうところのライフサイクルに渡る経営計画の設定を行う上での意思決定情報に役立つ原価とは異なる。上記の原価の本質のうち，①②は原価の「一般概念」を，③④は「制度としての原価概念」を本質的に支えるものである。したがって原価の「一般概念」は，「制度としての原価概念」を包含しているのである。しかし，「制度としての原価概念」の示す③の解釈は複雑である。たとえば，総原価という用語は原価を経営目的に関連したものと考えている。したがって「生産活動」を示す製造原価だけでなく，「販売活動」によって消費される価値の販売費や，生産・販売活動を支持する「一般管理活動」によって消費される一般管理費も原価となり得る性質がある。しかし，財務活動の費用（ただし生産設備等取得と直接関係のある借入金金利を除く）は，「生産」「販売」「一般管理」のような企業本来の営業活動ではないため，原価計算基準では総原価とはなり得ないとしている。経営目的を企業本来の営業活動と狭く限定しているのである。しかし財務会計では損益計算期間内の企業価値の

消滅であれば広く，費用に帰属すると考えている。メーカー固有のライフサイクル・コスティングのコストでは，「原価」「費用」のいずれであれ，企業価値の費消であれば当然，コストということになる。

また「原価計算基準」では，価格決定の基礎的な資料となることに着目して，原価と非原価に区別しているが，以下の列挙された非原価項目の中にもライフサイクル・コスティングではコストと考えるべきものが多く存在する。

1. 経営目的に関連しない価値の減少，たとえば
   1. 次の資産に関する減価償却費，管理費，租税などの費用
      ① 投資資産たる不動産，有価証券，貸付金など
      ② 未稼働の固定資産
      ③ 長期に渡り休止している設備
      ④ その他経営目的に関連しない資産
   2. 寄付金などであって経営目的に関連しない支出
   3. 支払利息，割引料，社債発行割引料，社債発行費償却，株式発行費償却，創立費償却，開業費償却，支払保証料などの財務費用
   4. 有価証券の評価損および売却損
2. 異常な状態を原因とする価値の減少，たとえば
   1. 異常な仕損，減損，棚卸減耗など
   2. 火災，震災，風水害，盗難，争議などの偶発的事故による損失
   3. 予期し得ない陳腐化などによって固定資産に著しい減価を生じた場合の臨時償却費
   4. 延滞償金，違約金，罰課金，損害賠償金
   5. 偶発債務損失
   6. 訴訟費
   7. 臨時多額の退職手当
   8. 固定資産売却損および除却損
   9. 異常な貸倒損失

3　税法上特に認められている損金算入項目，たとえば
　　1　価格変動準備金繰入額
　　2　租税特別措置法による償却額のうち通常の償却範囲額を超える額
4　その他の利益剰余金に課する項目，たとえば
　　1　法人税，所得税，都道府県民税，市町村民税
　　2　配　当　金
　　3　役員賞与金
　　4　任意積立金繰入額
　　5　建設利息償却

　上記非原価項目の中には，たとえば「1経営目的に関連しない価値の減少」であっても②や③は，それがもしも現在の操業制限ないしは過去における生産撤退によるものであるなら，製品に関連させるべきであろう。次に「2異常な状態を原因とする価値の減少」についても，確かにこれらの項目は，継続性・反復性という観点からすれば，従来の原価計算において，製品原価を構成しないと考えることは妥当である。しかし価格決定目的からすれば，市場の状況に応じて，異常項目をも製品価格に付加して回収をしたいと願っている。正常か異常かということは，時代や環境とともに変化するのである。この非原価項目について，企業価値犠牲の期間的帰属という観点に立てば，明らかに費用として取り上げるべきだろう。ライフサイクル・コスティングにおいても，客観性は乏しいものの，製品に関連させることができれば，コストと考えることが可能であるといえよう。
　日本は，国際会計基準（IAS）8号「異常損益項目及び会計方針の変更」あるいはIAS30号「事業部門の廃止」などへの対応が未だされておらず，異常ということへの関心が希薄である。撤退コストを始めとするコストについては，これまで異常と捉えられてきたものが，そうではなくなってきたという時代の変化がある。いち早く撤退コストを見積り，将来に備える対応が必要である。つまり，ライフサイクル・コストのコスト概念は，制度としての原価概念，お

第3章 ライフサイクル・コストにおける原価の把握

よび原価の一般概念に当てはまるものだけでなく，長期に渡り休止している設備，争議などの損失，臨時多額の退職手当，異常な貸倒などの費用・損失を含むのである。

一方，「原価計算基準」は支出概念だけでなく，「原価計算制度以外に，経営の基本計画および予算編成における選択的事項の決定に必要な特殊の原価たとえば差額原価，機会原価，付加原価等を，随時に統計的，技術的に調査測定すること」が規定されている。このような特殊原価は，経営意思決定のために用いられる原価概念であり，財務会計機構と有機的に結合した原価概念ではない。経営意思決定は，未来の事象に関わることから特殊原価は，未来原価概念と捉えられる。1951年のA.A.A.は，原価計算が意思決定情報に利用されることに対応し，特殊原価として差額原価，増分原価，未来原価，取替原価，付加原価，機会原価，埋没原価，回避可能原価，回避不能原価，延期可能原価，延期不能原価，現金支出原価の12種類を挙げている。これらの中でライフサイクルに渡る企業価値の費消に関わるコストは，ライフサイクル・コストとして積極的に取り上げていかなければならないであろう。本書では，ライフサイクル・コスティングに関する限り，できるだけ「コスト」（カナ書き）を使い，「原価」という言葉を避けているのはこのためである。

原価と費用の関係

原価は経済価値，または製品価値に転化したものであり，給付生産過程で費消した各種経済価値で，費用は収益獲得のために引き渡された消滅した価値，およびその他の経済価値であるといわれる。すなわち製品的帰属と期間的帰属からみた経済価値の犠牲である。図表3－1が示すように，原価と費用の相違は，損益計算か原価計算かに依拠する。財務会計的観点による原価概念・原価分類は，①原始的把握の容易性，②原価計算における合理性・利便性，③制度としての原価計算を行うことからくる制約等にある[1]。その結果として，形態

---

1) 伊藤(宏)〔1999〕，24ページ参照。

別分類を基礎としながら，製品との関連による分類，機能別分類によって様々な原価概念が利用されている。

原価計算基準四〔二〕では，原価は財務諸表上，収益との対応関係に基づいて，製品原価と期間原価に区分している。製品原価とは一定単位の製品に転化し，集計された経済価値をいい，期間原価とは一定期間における経済価値の消滅額を当期の収益に直接対応させて把握する経済価値をいう。

図表3－1で示す損益計算の立場からみた目的費用とは，製品の製造・販売等の経営活動本来の目的のために消滅した費用であり，中性費用とは，期間損益計算上費用となるが，異常性，期間外のため，原価計算の立場からは原価としない経済価値である。これは，営業外費用（創立費償却，貸倒引当金繰入額，有価証券売却損）と期間外費用（固定資産売却損，火災損失等の前期損益修正項目，臨時損失等）から成る。

図表3－1　原価と費用の関係

中性費用	目的費用		…損益計算
（非原価項目）	基礎原価	付加原価	…原価計算

一方，原価計算の立場からみた基礎原価とは，製品の生産・販売で消費され，製品に転化した経済価値犠牲額であり，付加原価とは，制度的な原価計算では原価に算入しないが，原価計算を行う側からみれば，価値犠牲となる経済価値であって，費用とはならないものである。これは現金支出を伴わないため正確に計算することはできないが，経営意思決定上，重要な概念である。ライフサイクル・コスティングを回収計算と位置づけるなら，異常性・期間外であれ意思決定上重要であり，また製品への直接的な帰属可能性ではなく，さらに1年という期間ではなく，当該製品から撤退するまでのライフサイクルに渡って跡付けることが可能であれば，ライフサイクル・コストの一部として考えていく必要があろう。

原価の目的とライフサイクル・コスト

　原価計算は，経営環境・時代・目的に応じてその時々のニーズに適合するような原価情報を提供しなくてはならない。「原価という場合，生産給付単位について製造原価を計算することの意味として使われることが多い」[2]が，価格政策上は，製造原価に販管費を加えた総原価で求めるといった具合に目的によって，原価の範囲を拡大して考えることは可能である。ライフサイクル・コスティングは，コストを廃棄まで拡大して考えている。けだし，どのような原価計算方法やシステムをとったとしても，原価をもれなく製品に転化させ，その製品の販売を通じてその価値消滅分を回収しなければならないという「原価転嫁の原理」，また給付生産に要した価値犠牲分を全てもれなく，販売を通じて回収（補償）しなければならないという企業資本維持の基本的原理である「原価補償の原理」が貫徹しているからである。

図表3－2　ライフサイクル・コストの原価範囲

ライフサイクル・コスト	
原価の一般概念 ・未来原価，機会原価など ・財務費用 　制度としての原価概念 　　・経済価値消費性 　　・給付関連性 　　・経営目的適合性 　　・正常性 　　・貨幣的評価	費用 異常性，期間外 損失 偶発的，臨時的 品質コスト，環境コスト，撤退コストなど

　1951年のA.A.A.の「原価概念および基準委員会報告」では「原価とは特定の目的を達成するために発生し，または発生するであろう犠牲を貨幣単位で測定したもの」[3]と定義している。計画・統制のための意思決定情報に対応し

2）　溝口〔1990〕，8ページ。
3）　American Accounting Association〔1952〕，p.176.

たものである。定義では,「特定の目的を達成するための」といって「目的」を具体的に特定していないだけでなく,経営に対する合目的性が強調され,発生するであろうという将来見込みのものを含むことから,ライフサイクル・コスティングを正当化する1つの公式的な文献といえよう。これを受けて多様な目的のために,多くの研究者もしくは実務界は,時代の流れや企業環境の変化やユーザーの志向に応じて,解決すべき問題への答えとして新たな原価概念を生み出してきた。たとえば標準原価,ライフサイクル・コスト,品質原価,環境コスト,活動原価,キャパシティ・コスト等である。

　さて,これらに照らしてライフサイクル・コスティング上のコスト概念を考えてみよう。ライフサイクル・コスティングは,元来,全部原価計算の拡大であるから,もちろん制度としての原価概念の示す「経済価値の転化,給付関連性,経営目的適合性,正常性,貨幣的評価等」を含むものである。ライフサイクル・コストの範囲は,図表3－2が示すように,給付生産のために費消した経済価値である「原価（原価の一般概念,制度としての原価概念）」,収益獲得のために費消した価値である「費用」,偶発的・臨時的な事象から生ずる価値の犠牲である「損失」,品質コスト,環境コスト,撤退コストなどから構成される。つまり,ライフサイクル・コスティングのコスト概念は,以下が考えられる。

① 制度としての原価概念は支出概念であるが,原価の一般概念同様,ライフサイクル・コストは将来における未来原価（未来支出）を含む。

② 原価の一般概念同様,企業イメージなどの機会原価あるいは機会損失を含む。

③ 期間損益計算の観点から期間外となり,また制度としての原価概念のいう正常ではない異常なもの,つまり原価とはならない費用を含む。

④ 偶発的・臨時的の度合いが以前より少なくなったと考えられる損失（製品回収・リコール・アフターサービス等）を含む。

⑤ 当該製品の専用機,汎用機には何らかの配賦基準を用いた製品帰属可能な減価償却費を含む。

⑥ 品質コスト（ＰＬコストを含む),環境コスト

第3章　ライフサイクル・コストにおける原価の把握

⑦　撤退コスト

　ライフサイクル・コスティングにおけるコストの把握は，主として製品の設計開発段階で行うため，時の経過や環境変化とともにライフサイクルを見直し，経営戦略にフィードバックさせていかなくてはならないのである。また，ライフサイクル・コストのほとんどが，予測や推定のものとなるので，どこまでの範囲でコストを考慮するかは，どの体系のライフサイクル・コスティング（メーカー視点，製品視点のライフサイクル・コスティング等）を考えるかによって異なるといえよう。その中で原価管理を行い，操作可能な原価は何かということを把握するのは，重要であろう。けだし，伊藤(宏)の「操作可能要素の非連続的拡張が，結果として原価管理の範囲と対象を拡大していく」[4]という指摘は現実的であり，ライフサイクル・コスティングのコストの範囲の拡大についても妥当する。

　製品ライフサイクルは，近年の顧客ニーズの可変性によって短縮し，生産形態は顧客ニーズの多様化によって，少品種大量生産から多品種変量生産へと移行した。製品が多品種生産の形態に移行したことによって，間接費が増大し，その配賦が複雑になった。このような顧客ニーズの多様化という経済的な情勢の変化に対応して，ライフサイクル・コストの範囲も変化・拡大していく。品質コストや環境コストも，ライフサイクル・コストとして，決して無視できるものではない。

　ライフサイクル・コスティングのコスト概念は，支出原価のみならず，将来の環境変化により発生するであろうと思われる未来原価を含むのが特徴である。ライフサイクル・コスティングのコストは，事前に計算するが，標準原価計算のような科学的・統計的分析がされている訳ではない。しかし，過去のデータから分析することも可能だろうし，そうすべきなのである。また計算の迅速化を計るという意味からもコンピュータの積極的な活用を行うべきである。ライフサイクル・コストの一部は，確率の高いものは引当金として財務諸表への計

4）　伊藤（宏）〔1999〕，30ページ参照。

上が認められてはいるが，ユーザー側に渡った後のコストを抑えた品質の良いものの提供に係わるコストをライフサイクル・コストの範囲に含めることは，価格計算目的に有用（製品視点のライフサイクル・コスティング）であるし，回収・採算計算という点からは，利益管理・原価管理目的に有用（特にメーカー固有の視点のライフサイクル・コスティング）であり，そしてライフサイクル・コスト予算報告という点からは，予算管理目的に有用であり，経営者の意思決定からは，基本計画設定目的に必要である。

第2節　ライフサイクル・コストを構成するコスト

　ライフサイクル・コストを構成する費目の内容は，視点によって捉え方が異なる。以下では，なるべくどの視点における意味なのか，視点に着目しながら述べていきたい。なお，用語を説明する上では，ディロン（B.S.Dhillon）および岡野の論文を参考にした[5]。ここで強調したいことは，以下のコストをあらかじめ把握しておかなければならないことである。

研究・開発コスト

　研究・開発コストは，製品視点，メーカー固有の視点の両方に存在するコストである。研究コストは，新しい知見・知識の発見を目的とした計画的な調査および探求に要するコストをいう。ＩＡＳ38号（1998年9月制定）の『無形資産』項目では，研究活動の具体例として，(a)新しい知識の獲得を目的とする活動(b)研究成果またはその他の知識の適用分野の探求，評価および最終的な選択(c)代替的な原料・製法・製品・工程・システム・サービスの考案，設計，評価および最終的な選択を挙げている。

　開発コストは，新製品・改良製品・サービス・生産方法・工程または既存の製品等の実質的な改良の研究成果を具体的に適用するために活用することを目

---

[5] B.S.Dhillon〔1989〕, pp.29-43. 岡野〔1997a〕〔1997d〕〔1998e〕を参考にしている。

的とした支出である。商法第286条の3の規定において，開発コストは「新技術または新経営組織の採用，資源の開発および市場の開拓のために特別に支出した金額」とされている。企業会計審議会が制定した「研究開発費等に係る会計基準」(1998年3月) によれば，研究開発コストは人件費，原材料費，固定資産の減価償却費および間接費の配賦額等，研究開発のために費消された全ての原価が含まれるという。

これら研究・開発コストについては，その研究が基礎研究であるか，製品そのものの研究であるかに関して，製品に配賦することには困難な面もあるが，ライフサイクル・コストという場合，できる限り製品ごとに把握することを求めている。

企画・設計コスト

企画・設計コストについても，上記同様，製品視点，メーカー固有の視点の両方に存在するコストである。企画コストとは，文字通り計画を企てるためのコストである。設計コストは，ある目的を具体化するための作業に要するコストであり，具体的には製作・工事などにあたり，材料・敷地および構造上・作業上の諸点などの計画を立て，図面その他の方式で明示するためのコストをいう。つまり，ライフサイクルの流れからは研究・開発の次に属し，研究で成功し，具体的に適用するために開発が実施され，それをさらに詳細に具体化するためのコストが企画・設計コストということになる。上記の研究・開発コストでは把握の困難であった製品ごとのコストの把握が企画・設計段階においてはより明白になる。

取得（購入）コスト

取得（購入）コストは，メーカー固有の視点と製品視点の両者があるが，一度限り発生するコストという意味においては一致している。まずメーカー固有の視点からは，メーカーが製品製造のために購入しなければならない設備・機械は，製造原価の中に減価償却費という形で組み込まれる。一方，製品視点の

うちユーザー側に渡ってからのコストである取得（購入）コストは，ユーザーが建物や製品を手に入れる際に支払う代価をいう。これには付随費用，たとえば建物を購入する際に要した手数料や据付け（一定の場所に動かないように置く）コストを含む。ただし据付けについては，メーカー負担で実施する場合もあり，その場合にはメーカー負担のコストとなる。

所有コスト・事後費用

所有コストおよび事後費用は，メーカー固有の視点と製品視点において全く異なる意味合いを持つ。まずメーカー固有の視点において，事後費用[6]という場合，企業が販売した後を「事後」として捉えるため，ロジスティクス・コスト，商品代金の請求・集金の費用，企業が負担するアフター・サービスコスト（販売した商品を特定の期間，保証することによって生じるコスト）やリコール費，損害賠償費，訴訟費，土壌汚染回復コストなどの環境コスト，撤退コスト等を含む幅広い領域のコストとなる。

一方，製品視点からみれば，所有は企業からユーザーに移転した後のコスト，つまり製品の取得コスト以外の耐用期間の一生涯にかかる全てのコストの合計額をいう。所有コストには，製品を使用する際にかかる電気代等の使用コスト，修理コスト（修繕・ある項目（設備等）をその最初の状態・性能に回復するためのコスト）が包含されている。

保全コスト・保守コスト・維持コスト

保全コストは，主に企業が設備・機械を使用する際に要するコストをいう。保全とは，保護して安全にすることであり，これは事後保全（機械が故障してから修理を行うもの）と予防保全（故障がおこらないよう定期的に機械の整備・点検を行うもの）からなる。したがって保全コストとは，諸項目を適切な利用条件において，項目（製品）を維持するために必要な労務費，および材料費やある項目

---

6) 事後費用は，期間損益計算の観点から，当期収益に対応して翌期以降に発生する費用であるという見解もある（「事後費用」櫻井編〔2002〕，114-115ページ。）。

(製品)を役に立つ状態に回復する事を維持するための検査・修理,修繕(損傷修復),修正,サービス,移転,取り替えなどのコストをいう。一方,保守という言葉もあるが,それは保ち守ること,正常な状態などに維持することをいい,保全とほぼ同義であろう。保守コストとは,特定の状態に機能単位を維持するために,誤りを取り除くためのテスト,測定,取り替え,調整及び修理等の活動にかかるコストをいう。工学的な側面から故障が少ない,寿命が長い(要求耐用年数以上に長持ちする),容易に修理できる耐久性といった信頼性[7]が問題とされる。維持とは,当初期待された固定資産の耐用年数を保持するのに必要な活動をいう。維持コスト[8]は,通常の保守・整備のための費用であり,建物・機械・器具等の有形固定資産について,その耐用期間中,通常の維持・管理がなされたものとした場合に予期される給付能力を保持するために要するコストをいう。また,広義の維持は修繕,取替,補充などのための支出をいい,狭義の維持は,固定資産の生産性,経済性を維持するための経常的なものをいう。維持コストは,この狭義の維持のための費用であり,維持コストの内容は①清掃,注油,調整,保温,洗浄などのための賃金,消耗品②除却単位以下の部分取替③分解検査などである。

本書においては,保全・保守・維持について基本的には区別せずに使用している。メーカー固有の視点からみれば,製品製造のための機械購入後,つまり製造段階において発生するコストである。一方,製品視点においては,製品使用時に維持するコストであり,経済主体や時系列によって,誰が負担するのかが異なるコストである。

在庫関連コスト

在庫関連コストは,メーカー固有の視点である。在庫とは,製品が販売されずに,あるいは製品を販売するために一時ストックしておくことをいう。在庫関連コストには,発注・検収,倉庫管理,在庫維持,倉庫に土地を占めること

---

7) 信頼性については,真壁〔1984〕に詳しい。
8) 増谷裕久,神戸大学会計学研究室編〔2001〕,22ページを参考にしている。

による機会コストも含まれる。

ロジスティクス・コスト（物流コスト）

　ロジスティクス活動の成果を測定するには，第1に顧客を満足させるために十分なサービスを提供しているかどうか，第2に顧客サービスを産出するのに消費した人・物・財務そして情報の資源をいかに効率的に使ったかがポイントとなる。この資源の消費量を金額的に表したのがロジスティクス・コストである[9]。対象費目としては，販売物流費，社内物流費，生産物流費，調達物流費，リバース物流費がある[10]。ロジスティクス・コストは，原材料がメーカーに入る，移動する，製品としてメーカーから外へ販売するといったメーカーが関与しているものであるから，メーカー固有の視点である。最近では，ユーザー使用後の製品を回収するための回収コストも資源節約といった環境問題から増加傾向にある。これは，メーカー視点からいえば，物流コストであるが，ユーザー視点からみれば，下記に示す廃棄・処分コストとなろう。

廃棄・処分コスト

　廃棄コストは，メーカー固有の視点からいえば，在庫製品・設備の処分（基準に照らして処理すること）にかかるコストをいい，処分時に価値が残っていれば処分価値，あるいはマイナスの廃棄コストといえる。一方，製品視点からいえば，寿命を終えた製品を不用として捨て去るのにかかるコストであり，近年の家電リサイクル法・自動車リサイクル法・粗大ゴミの有料化によって，廃棄処分する際にユーザーはコストを負担しなくてはならなくなった。

撤退コスト

　撤退とは，広辞苑によれば「軍隊などが，陣地などを撤去して退くこと」という。ライフサイクル・コストでいう撤退コストとは，メーカー固有の視点か

9）　(社)日本ロジスティクスシステム協会監修〔2002〕, 268ページ。
10）　西澤〔1999〕, 28ページ。

らのみ発生するもので，地域・国という土地から離れるという空間的な要素だけでなく，製品・装備・設備・システム・部門・事業から除去あるいは退去するために要求されるコストである。

環境コスト

環境コストとは，企業が生産過程や流通過程での資源のリサイクル，省エネルギー化の促進とそのコストの負担，従来社会が負担してきた産業廃棄物処理に起因する環境の保全コストをいう。

そ の 他

ライフサイクル・コストでは，維持コストに加えてメンテナンス中に生産できないことによって生じた機会損失，リコール費，ブランドイメージの低下，専用設備の減価償却費なども含めなくてはならない。

第3節　財務会計の観点から考えるライフサイクル・コスティング

原価計算の目的には，財務会計目的と管理会計目的がある。財務会計目的とは，財務諸表を作成するために必要な原価情報を入手することである。これは，期間損益の概念に基づいて，各期に生産された製品をその期に販売されたものと，販売されずに在庫として残ったものに区分し，期末時点で次期に振り替えられるものとに原価を区分することである。一方，管理会計目的は，経営者の意思決定のために原価情報を入手することである。この場合の原価情報は，企業の経営理念を始めとし，目的によって要求されるものが異なり，財務会計目的が必要とする製造原価のみならず，営業費，研究開発コストへと無限な拡がりをもつことになる。

これまでライフサイクル・コストを求める原価計算は，財務会計目的とは無縁と考えられてきた。その理由の1つは，財務諸表が期間帰属を前提とした過去計算であること，もう1つは，確定決算主義である。それは現在の制度会計

をなすものであるが，財務諸表を利害関係者に開示し，投資家・債権者に適切な情報を与えるために，偶発事象に関する情報を与えることで，利害関係者に企業の置かれた業態・予測される危機への対処姿勢を明らかにしている。そこで偶発事象に関するFASBおよびIASの方針を検討することによって，ライフサイクル・コストのいう未来の見積計算に何らかの有用な手懸りを得ようと考えた。ここでは，あくまでも偶発事象をみることによって，どのような事象が企業に将来，コストを生じさせるのかを検討していこうと考えた。そして財務諸表の開示内容から，どのような項目が認識され，どのような測定方法を利用しているのかをみることによって，ライフサイクル・コスティングの見積計算の際に活用したいと考えたのである。しかしライフサイクル・コスティングで考える場合，期間帰属ではなく，製品・製品群およびそれを拡大して事業帰属という点に着目していることに留意したい。

　以下では，SFAS (Statement of Financial Accounting Standards：財務会計基準書) 第 5 号および，IAS第37号[11] の偶発事象に係る損失と負債および資産についてみてみよう。SFAS第 5 号「偶発事象の会計」によると，「偶発事象とは，企業にとって利得が発生する可能性 (偶発利得) あるいは損失が発生する可能性 (偶発損失) に関する不確実性を含む既存の条件，状況もしくは一連の環境が存在しており，1 つ以上の将来事象の発生または不発生により究極的に解消されるもの」(par. 1) をいう。

　アメリカ基準における偶発損失の事例には，以下のものがある[12]。

・　回収不能額見積り
・　製品保証および欠陥についての修理義務

---

11)　International Accounting Standards Committee〔1998〕(「国際会計基準書IAS第37号引当金，偶発債務および偶発資産」国際会計基準審議会編日本公認会計士協会国際委員会訳〔2001〕, 677-709ページ。IAS第37号およびFRS (Financial Reporting Standards：財務報告基準) 第12号では，偶発事象に係る負債の発生可能性の程度に応じて，財務諸表に認識するものを「引当金」，注記するものを「偶発負債」といっている。

12)　E. Donald Kieso, J. Jerry, Weygandt and Terry D. Warfield〔2004〕, p. 632.

・　顧客へのプレミアム
　・　火災，爆発または他の災害による財産の損失または損傷の危険性
　・　一般的または特定できない企業災害の危険性
　・　損害保険会社によって引き受けられた災害から生じる損失の危険性
　・　資産の収用の前兆
　・　未決定または前兆のある訴訟
　・　確定または可能性の高い請求および査定
　・　他の債務者への保証
　・　債権のスタンバイ・クレジットのもとでの商業銀行の義務
　・　売却された債権（または関連する財産）買戻し契約

　ＩＡＳ第37号では，偶発事象についてアメリカ基準でも取り上げられている「原子力設備の撤去，石油・ガス設備の分解，復旧および再生利用，鉱山設備の閉鎖，再利用および撤去コスト等」について触れている[13]。図表3－3ではＩＡＳ第37号による事例を示した。

　またIASCでは，リストラに関するコストについても述べている。リストラとは，事業再構築のことで「(a)一事業部門の売却または撤退，(b)国もしくは地域における事業所の閉鎖，またはある国もしくは地域から他の国もしくは地域への事業活動の移転，(c)経営管理構造の変更，たとえば管理階層の削減，(d)企業の事業運営の性格と重点に重要な影響を及ぼす根本的な再編成 (IASC (1998), par.70)」等のことである。そしてリストラ引当金とは，事業再構築引当金，事業構造改革引当金，工場閉鎖損失引当金，事業整理引当金等である[14]。リストラに伴う推定的債務は以下の場合のみ会計上認識される (IASC (1998), par.14)。

　(a) 企業は，リストラクチャリングについて少なくとも下記の事項を明確にした詳細な公式計画を有していること

---

13) これらについて日本では租税特別措置法により損金計上が認められている。
14) リストラ引当金には，雇用を継続する従業員の再教育または配置転換費用，販売費用，新しいシステムおよび流通組織への投資は含まれない (IASC[1998], par. 81)。

(ⅰ) 関係する事業または事業の一部
(ⅱ) 影響を受ける主たる事業所
(ⅲ) 雇用契約終結により補償されることとなる従業員の勤務地，職種およびその概数
(ⅳ) 負担する支出
(ⅴ) 計画が実施される時期
(b) 企業は，リストラクチャリング計画の実施を開始すること，またはリストラクチャリングの影響を受ける人々に公表することによって，企業がリストラクチャリングを実行するという影響を受ける人々に惹起していること

損害賠償については，SFAS第5号によれば(a)企業が損失を被る可能性が高く，かつ(b)金額をかなり正確に見積ることができるならば，確定負債として記録するという。アメリカ基準は，上記の2つの条件に合致し，その金額を見積ることができるならば，義務が偶発から確定に移行したとして理由づける。これに従い，アメリカのFIN（FASB Interpretations：FASB解釈指針）第14号は，見積損害賠償負債（Estimated Liability for Indemnity of Litigation）勘定を用いて，損失の見積りの指針を提示している。それによると，たとえば裁判に敗訴した場合の損害賠償が不確定である場合に，企業側が300〜500の損失であると見積っているのなら，300という数字を財務諸表に報告し，残りの200（=500-300）については，損失可能性として注記するというのである。

日本の企業会計原則注解18においても「偶発事象とは将来の特定の費用又は損失であって，その発生が当期以前の事象に起因し，発生の可能性が高く，かつ，その金額を合理的に見積ることができる場合には，当期の負担に属する金額を当期の費用又は損失として引当金に繰入れ，当該引当金の残高を貸借対照表の負債の部又は資産の部に記載するものとする」とある。財務会計における偶発債務（引当金を含んで）は，企業の将来の財政状態および経営成績に重大な影響を及ぼすために計上されるものであるが，外部の利害関係者にとっても，それは企業の置かれた業態・予測される危機への対処姿勢を明らかにするため

第3章　ライフサイクル・コストにおける原価の把握

図表3－3　ＩＡＳ第37号における引当金認識の有無の事例

例　示		現在義務	経済的便益の流出の可能性
保　証	メーカーは，製品の購入者に販売時の契約により3年以内の製品の欠陥に対して修理または取替えを行うという保証を与えている。	あ　り	高　い
汚染された土地	現在は浄化を義務づける法律はないが，施行されることがほぼ確実であり，あるいは土地の浄化を企業独自の環境基準下で実施している。	あ　り および推定的義務	高　い
海底油田	採油終了後における油井設備の撤去および海底の現状回復に対して法的義務がある。現状回復のコスト負担分は，設備の撤去およびそれを建設することにより生じた損害回復の割合が90％で，採油に応じた割合が10％である。	90％のみあり	高　い
払い戻し政策	販売商品に不満を有する顧客に対して代金を払い戻す政策をとっている。	あ　り	高　い
事業部門の閉鎖	Ｂ／Ｓ以前の取締役会での決定については，その影響を関係者に伝達していないが，取締役会で詳細な計画が決定された場合には，取引先に他の仕入先を探すように促し，従業員にも伝達した。	な　し および推定的義務	低　い および高　い
煤煙浄化装置の取り付けに対する法的要求	2000年6月30日までに工場に煤煙浄化装置の取り付けが義務づけられた。	な　し（法律による罰金等の義務）	低　い
従業員再訓練費	財務サービス部門において，財務サービス規則の継続的遵守のため，管理・販売部門の従業員を雇用しておく必要がある。	な　し	低　い
修繕および保守	資産によっては，定期的な保守に加え，修理，改修および主要な構成部分の取替えに対して，数年おきに多額の支出を行う。ＩＡＳ第16号は，資産における支出を耐用年数が異なり，様々なパターンで便益を提供する設備等の構成部分ごとに配分する指針を基準化している。		
改装コスト（法的要求はない）	溶鉱炉は，技術的理由で5年ごとに取替える必要がある。内張りを有する。	な　し	低　い
改装コスト（法的要求がある）	航空会社は，3年に1回航空機を徹底的に検査することを法律により要求されている。	な　し	低　い

（出所）　日本簿記学会第20回全国大会簿記理論研究部会〔2004〕「偶発事象の簿記処理」
　　　　【最終報告】，4－6ページを参考に作成した。

に有用であろう。ライフサイクル・コスティングは，見積りおよび回収計算ということに力点を置いているため，この考え方は重要である。しかしライフサイクル・コスティングにおいて，見積りの測定方法が解明されていないのであるから，引当金の測定を参考にすることにしよう。そこで，近年の日本企業における引当金計上の実態をみるために，図表3－4では証券取引法による引当金の実態を示した。

図表3－4　証券取引法による引当金の実態

開　示　科　目	2000年	2001年	2002年
引当金（負債の部に一括表示）	1	2	2
製品保証引当金・工事補償引当金等	81	77	68
修繕引当金	11	11	10
特別修繕引当金	26	26	25
返品調整引当金	18	18	23
売上値引割戻引当金	9	8	7
販売促進引当金	3	4	4
保証債務損失引当金	20	14	10
投資等損失引当金	29	12	8
海外投資損失引当金	4	4	0

（出所）　日本公認会計士協会編〔2003〕，258－259ページを参考にした。

日本の法人税法[15]では，賞与引当金，退職給与引当金，製品保証等引当金が廃止された。確かに，税法においては「債務確定主義」を厳格化していることから，将来の特定の費用または損失の発生を見越計上する引当金は，未確定債務であるため引当金が縮小されたのも理解はできよう。

しかしライフサイクル・コスティングの考え方は，経営者の意思決定，つまり企業が存続していくためには，どの製品が利益を上げているかを終極的に判断することから，できる限り多くの未確定債務を前もって計算するシステムが

---

[15] 税法上の準備金とは，将来において確実に発生するかどうかが必ずしも明らかでなく，またそれが当期の収益に対応しないものであるが，将来において発生の可能性があるためにこれに備えるものをいう（武田〔1967〕，223ページ。）。

第3章 ライフサイクル・コストにおける原価の把握

図表3－5　引当金の計上実態例

企　業　名	引　当　金　名　称	貸借対照表日
鹿　島	開発事業関連損失引当金 子会社等事業損失引当金	2001.3.31
石井工作研究所	製品保証引当金	2001.3.31
三井金属	事業構造改善引当金	2001.3.31
大　京	子会社等支援損失引当金 保証損失引当金	2001.3.31
キリンビバレッジ	自動販売機修繕引当金	2001.12.31
ナイスクラップ	閉鎖店舗損失引当金	2002.1.31
住友金属	金属鉱業等公害防止引当金 子会社等整理損失引当金 子会社支援損失引当金 債務保証損失引当金	2002.3.31
東　レ	クレーム損失引当金	2002.3.31
古河電池	子会社整理損失引当金	2002.3.31
アーネストワン	訴訟損失引当金	2002.3.31
住友倉庫	投資損失引当金	2002.3.31
ファイ	事業清算損失引当金 債務保証損失引当金	2002.3.31
ワオコーポレーション	校閉鎖損失引当金	2002.3.31
川崎重工業	事業構造改革費用引当金	2002.3.31（連結）
日本ロングライフ	ホーム介護アフターコスト引当金	2002.10.31
旭硝子	定期修繕引当金，構造改善引当金 特別修繕引当金 債務保証損失引当金	2002.12.31
インテック・ウェブ・アンド・ゲノム・インフォテックス	海外事業損失引当金	2002.12.31
三　越	子会社投資損失引当金	2003.2.28（中間）
名古屋鉄道	整理損失引当金 債務保証損失引当金	2003.3.31
三谷商事	事業整理損失引当金	2003.3.31

（出所）　各社の財務諸表より

必要なのである。税法には特殊業務[16]に対してのみ,将来の発生可能性のあるものに準備金という扱いをしているが,この思考を生かして,他の業種にも取り入れようというのがライフサイクル・コスティングへの思考転換である。引当金については,アメリカおよび日本の会計基準や指針においても,発生可能性などについて,どのような方法で測定すべきかについての明確な規定はない。今のところ実務においては,企業の過去の経験・実績にもとづく最頻値法が用いられている。図表3-5では参考までに引当金の計上実態例を示す。

さらにアメリカではSFAS第143号「資産撤去債務の会計（Accounting for Assets Retirement Obligations），SFAS第146号「撤退ないし処分活動に関連する費用の会計（Accounting for Costs Associated with Exit and Disposal Activities）が記されており,これらは事業の撤退に関して有用な情報を提供してくれるであろう。一方,環境負債に関しては,ＳＯＰ（Statement of Position：AICPAの参考意見書）96-1「環境浄化負債（Environmental Remediation Liabilities）」が適用されているものの,現行の会計基準では,環境負債に対する標準化・統一化された会計処理の規定はない。

また,「研究開発費等に係わる会計基準（1998年3月31日制定）」によって,これまで繰延資産として計上されてきた研究開発コストは,全て発生時に費用処理することが定められた。研究開発コストを繰延資産ではなく,費用処理するということは,一歩,ライフサイクル・コスティングの思考に近づいたといえ,費用計上は,当該研究開発コストは全て回収される,あるいは回収済みという考えが適用されるであろう。一方,財務会計の観点からみれば,発生時に費用処理することは,将来の費用を先取り計上することになり,翌期以降の利益が嵩上げされ,臨時損失の発生によって資本が圧縮されるので,ＲＯＥ（自己資本率）を押し上げる効果もあろう。

---

16) 特別修繕引当金についても租税特別措置法（以下,措法と略す）（57条の8）へ移行され,原子力発電施設解体準備金（措法57条の4），電子計算機買戻損失準備金（措法56条の4），金属鉱業等鉱害防止準備金（措法55条の5），使用済核燃料再処理準備金等がある。

第3章 ライフサイクル・コストにおける原価の把握

ソフトウェアに関しても，研究開発費と同様の基準が設けられた。ソフトウェアは，その制作目的により将来の収益とその対応関係が異なることから，市場販売目的および自社利用のソフトウェアを無形固定資産として処理するが，ソフトウェア制作費のうち研究開発に該当する部分は，費用処理する。費用処理の時期については，「発生時処理・販売開始時処理・製作ロットに配賦・見込み販売量に対する当期販売量の割合で費用化」「見込総収益に対する当期収益の割合で費用化」「販売見込期間に渡って均等額を費用化」といった方法がとられる[17]。

財務会計的にみるならば，ライフサイクル・コストを導入すれば，発生するであろう多額の研究開発コストや広告費や機械設備費は，期間計算の観点から期間的に回収されることになっている。しかし従来の原価計算の観点からは，その研究開発コストのいかなる部分を期間損益計算として捉え，どこまでを製品原価として把握するのかの区分が難しい。それには，開発した製品が成功するか否か，また成功したとしてもどの程度，当該製品が利益獲得に貢献できるかという予測の問題を解決しなければならない。

管理会計的にみるならば，企業が存続できるかどうかは，製品別にどの製品が利益を上げ，どの製品が損失を被っているのかを計数的に把握すること，つまり製品の採算計算を行わなければ把握できない。コスト・マネジメントを行う上では，本当に利益がでたのかを製品個々に把握する必要がある。そこでプロダクト（製品別）損益計算で考えるならば，もともと財務諸表の売上高は製品個別収益の合算であるから，それと対応した売上原価は，製品個別原価の合算と考えるべきである。そうすれば当然，製造原価の一要素である研究開発コストも個別に把握しておくことは，経営者のニーズに合致するものであろう。財務会計がどうであろうとも，どう処理するとも，理想的なデータベースではその元データは厳然と存在するものだから，経営者のニーズに応じて財務会計とは別個にライフサイクル・コスティングを再計算することは，容易なことか

---

17) ソフトウェア会計に関しては，櫻井〔1987〕〔1997 a〕〔1997 b〕を参考にした。

もしれない。このことが原価計算の管理会計目的といわれているものであり，どのように研究開発コスト，マーケティングコスト，物流費といった販売管理費，撤退コストを見積る，あるいは設備を機能減価で計算するかについては，自由であろう。

　急激な技術革新に対応するために，巨額の研究開発コストと設備の更新が要され，原材料費の低いコンタクトレンズのような製品は，何らかの配賦基準を用いて，巨額な研究開発コストと設備廃棄コスト（法定耐用年数か設備廃棄までのいずれか低い方）を加算して，販売価格に上乗せしなくては，企業は当該製品の採算を把握できないであろう。

　製品ライフサイクルの短縮化は，企業の研究開発コストを増加させ，近年ますます増加傾向にある。通常，その研究開発や設計コストを期間費用として処理しているが，ライフサイクル・コスティングでは，それを製品別に配賦することによって，当該製品に帰すべき研究開発コストを算定し，真の製品コストを把握しなければならない。本来，ライフサイクル・コスティングは，原価計算の財務会計目的にとらわれることなく実施するものである。それは，製品全生涯のコストを過去からの計算ばかりではなく，未来からの計算も自由に駆使して計算するという志向に基づくものといえる。原価計算システムは，時代の変化とともに計算機能も多様化・拡大化しているため，原価計算目的に即して，現在の企業環境の要請にふさわしいものを構築しなければならない。上記までみた財務会計の偶発事象や引当金の問題とは，目的が異なるものの，いまだ広く具体的な体系が公開されていないライフサイクル・コスティングに有益な情報をもたらすことは確実である。

第4節　ライフサイクル・コスティングの有用性
　　　　－伝統的な原価計算との比較－

　全部原価計算は，製品個々またはグループの原価を「実際」原価で測定することによって，それなりの原価管理に役立つ情報を提供している。ただし，原

価を認識する際に，どの費用を製造原価として認識し，あるいは期間の費用とするかについては，多くの問題が所存する。全部原価計算の主目的は，財務報告のための棚卸資産評価である。そのため，製造活動における製造原価を算定し，販売費，一般管理費（以下，販管費と略す）については，期間費用として算定している。全部原価計算は，売上と売上原価は個別的に対応させ，売上と販管費は期間的に対応させようとする。ここでの問題は，製造原価に固定費を含めるため，固定資本が増大すると，製造原価に占める固定費の割合が相対的に上昇することである。

原価計算は正確な単位原価が要求されるが，通常，直接費は製品に直課し，間接費は配賦基準を用いて製品に配賦する。このように全部原価計算は，配賦することが前提とされ，給付単位計算を行うもので，全部原価補償を達成する方法である。しかし原価計算システムから得られる原価データは，企業に製品が多様・複雑に絡みあうため，間接費の配賦，つまりいかなる配賦基準を選択するかという問題がでてくる。全部原価計算の問題点としては，以下の5点が挙げられる。

① 範囲がせまい。
② 期間損益であり製品別ではない。財務諸表との結びつきが強調されすぎている。
③ 責任会計的分権制度がない。
④ 在庫の関係から歪みが生じる（適正在庫を導入すれば，生産高と利益の関係は明白である。問題は，異常在庫との場合である）。
⑤ 操業度に関連がある。

全部原価計算は，固定費を含むため操業度の増減によって変化する。つまり製造原価は，操業度が低い時に高くなる。そこでは，製品ライフサイクルがどの段階にあるかによって，減価償却費との割り当てを調整すること（製品ライフサイクルの中で売上が最も高い地点で，減価償却費を最も多く取り入れること）を考える工夫も必要だと思う。なぜなら，製品が最も多く売れている時に，機械・設備の使用頻度が高いためである。これらを考慮すれば，現在の減価償却法であ

る定額法や定率法は，税法からのみ有効であるといえる。また全部原価計算は，個々の原価負担者に，それが発生したところの原価のみが帰属されるという原価発生原因原則には準拠していないこと，また全部原価計算が期間損益計算において非合理的であるという理由から，直接原価計算の合理性が述べられるのである。

さて，直接原価計算は，1936年ハリス（J. Harris）の論文「我々は先月いくら儲けたか」18) で最初に言及されたというのが一般的な見解である。これは，全部原価計算で作成された損益計算書が，売上高と利益との対応がないことを指摘したものである。その後直接原価計算は，1950年頃に以下の理由から注目を浴びるようになった。

① 企業が短期利益計画のためのツールを必要としていたこと。
② 当時のアメリカ経済は，好不況を周期的に繰り返していたために，会計期間によって配賦の過不足が生じ，その結果，全部原価計算による利益の期間比較ができなかったこと。
③ 企業規模が拡大し，組織の分権化と製品の多角化のために原価管理に対する情報提供機能が必要であったこと。

直接原価計算は制度会計からは承認されていないが，管理会計目的からは，一世を風靡した。直接原価計算の前提は，費用を営業量（操業度）基準で変動費と固定費に分類することである。それは，売上高－直接原価(変動費)＝貢献差益，さらに貢献差益－期間原価(固定費)＝純利益という二段階の利益構造によって，短期利益計画や利益管理に弾力性をもたせたのである。これは，固定費を考慮しないならば，売上高と変動費は比例することを意味する。確かに，全部原価計算のように在庫があっても，生産量を増加すれば利益が計上されるという現象は避けることが可能だろう。

このような計算構造からみても，直接原価計算は部分原価補償を狙いとしたもので，給付単位計算を重視する計算体系にはなっていない。直接原価計算は

---

18) J. N. Harris〔1936〕, pp. 501−527.

第3章　ライフサイクル・コストにおける原価の把握

配賦をせず，売上高から帰属可能性を理由に計算するため，給付単位計算をしない。したがって直接原価計算は，個々の原価負担者に，それが発生したところの原価のみが帰属されるという原価発生原因原則の考えに基づいており，固定費は，それが合理的に求められないために配賦計算をせず，期間原価となるのである。つまり，直接原価計算では定額法・定率法のような減価償却費のように，価格政策に弾力性をもたせるため，最終的にも固定費を配賦しない固定費除外の方法をとる。原因と生産量に因果関係がないものは配賦せず，因果関係のあるものだけを配賦対象とする。直接原価計算にとって，固定費は生産のための前提であり，個々の給付には配賦しない立場をとる。

　直接原価計算は，期間損益計算における在庫の問題等においても計算合理性がある。それは直接原価計算が「原価転嫁の理念に依拠して計算した価値犠牲分が給付単位計算を媒介として収益を通じて回収され，したがって投下資本が回収され，さらに利潤を獲得する」[19]という計算過程を具備することによって，直接原価計算の合理性を確証している。また直接原価計算は，収益からまず直接費が回収され，次いで固定費が回収されるため，十分な収益がある場合にのみ固定費の全部が補償されたということになる。この方式から製品の採算性は，収益と直接費との差額から判断されることになる。製品ライフサイクルがかなり長期であれば，期間計算による採算性，また直接費と間接費に区分した採算性判断は誤りがないように思われる。しかし製品ライフサイクルが短縮化してくると，固定費の全額を回収できないことになる。そこで期間損益計算に準じることなく，ライフサイクル・コスティングの観点から，製品ライフサイクルに渡る全てのコストについて製品ごとに把握することの重要性が認識されるのである。

　上記の全部原価計算における問題点・欠点は，管理会計情報作成システム（プログラムの問題）によって，解決される問題でもあろう。それは，実際原価を計算するという目的からみれば，原価計算システムの基本的体系であり，根幹

---

19)　河野(二)〔2000〕，20ページ。

をなすからである。ただ，製造原価を提供するだけで，経営者のニーズを満足できるか否かは，時代の変化と将来の激変を予測する必要がある。現況からみれば，それのみでは十分とは言い難い。たとえば，製品の採算性悪化から当該製品を撤退する時期が奈返にあるのか経営者が判断しようとした場合，財務会計目的に役立つような実際原価計算だけでは，そのニーズを満足し難い。撤退コストが多大であれば，あらかじめその費用を見積ることによってそれに備えておくことも必要であろう。あるいはリコール問題などが発生する可能性の高い製品を考えれば，一製品あるいは製品グループの採算性を実際原価で判断しようとすることは，もともと無理がある。実際原価計算が，原価計算の管理会計目的の基本であることに間違いはないが，ライフサイクル・コスティングは，実際原価計算では少し不十分と言わなければならない。

他方直接原価計算は，操業度によって製造原価が異なるという指摘があり，これはライフサイクル・コスティングにも取り入れるべき問題である。これまで直接原価計算は，短期的意思決定に有用であると説明されてきた。確かに，固定費を排除する計算は短期的であるかもしれない。現在の企業環境を鑑みた時，「短期的なコストビヘイビアに基づく従来の貢献差益法では，適切な意思決定ができないのではないか」[20]との指摘もある。もしも戦略的・長期的視野に立つのであれば，部分原価計算ではなくて，固定費と変動費を一緒に意思決定する全部原価計算の重要性が再度，認識されることになるかもしれない。特に技術変化・市場競争が激しい今日の経済状況の下では，いつ何時に自社製品が市場から撤退しなければならないか，いわゆる製品ライフサイクルが短縮化していることは，これまでにも述べてきたところである。全部原価計算の拡大として考えられるライフサイクル・コスティングが有効ではないかと考えられるのである。

上記までをまとめると，全部原価計算と直接原価計算の前提は異なっており，全部原価計算の前提は，操業度が一定であると仮定した時のあるべき利益を示

---

20) 高橋〔1999〕，356ページ。

第3章 ライフサイクル・コストにおける原価の把握

すものであり，直接原価計算の前提は，操業度が変動するという仮定の利益計算である。間接費の配賦に関して，全部原価計算では「配賦する」，直接原価計算では「配賦しない」となり，ライフサイクル・コスティングでは「配賦もしくは配賦しない」ということになろう。

さて配賦の問題は，1980年代にアメリカで台頭してきたABCにも注目すべきである。ABCは，間接費・共通費の配賦基準を操業度を基準とした恣意的な配賦基準ではなく，価値の流れについて活動（アクティビティ）を軸に把握しようとしている。つまりABCは，価値の生産と消費との量的対応を可能な限り活動単位で測定しようとしたものである。したがって，ライフサイクル・コスティングの配賦問題にABCの長所を生かすことが可能となるかもしれない。

ライフサイクル・コスティングから考えれば，責任会計を導入し，活動の分類を製品別に考え，そこに責任と権限の委譲を導入すれば，（製品グループ営業部門の区分け）活動とライフサイクル・コストの繋がりができ，そこに原価の測定が可能となるだろう。これは，当初の設計段階で予測したコストとの対応が可能になることを意味する。したがって原価計算システムとして，直接原価計算とABCとの間には，有機的関連が明確となってくる。

企業が本当の意味で利益を得たといえるのは，研究開発から製品の寿命が尽きるまでの累積コストを売上金額が超えた場合である。そこでは，研究開発コストにどれだけのコストをかけるのか，またそのコストをどのように販売価格に反映させるのかということを把握する必要がある。単に製品の製造原価を把握するだけでは，研究開発コストのコストを回収することはできない。

企業が投資を考える時，当然ながら投資額あるいは消費の価値の回収を考慮する。これなくして企業の存続はあり得ない。ペイトン＝リトルトン（W. A. Paton and A. C. Littleton）は「原価の同質性」という考え方を指摘したが，現実にはどの原価が回収され，どの原価が未回収であるかということは，単に形式的な計算上の思考であり，これは原価の同質性という一言で解決する問題ではない。管理者の責任の頭脳では，やはり段階的な回収計算という形式は避けて通ることができないであろう。その視点からすれば，段階的固定費回収計算とい

う考え方は，ライフサイクル・コスティングについても十分に取り入れることができよう。ライフサイクル・コスティングは，生命（ライフサイクル）の期間内に全てのコストを回収しようという考え方が基本である。ある段階で未回収の原価が生ずるようになれば，その時はその製品からの撤退を含めた意思決定が必要となるのも事実である。不採算の場合に，単価を切り下げることには，根拠がない。競争・技術から価格決定は考えられるべきであろう。減価償却費も生産高比例法のように変動的に考えているものもあり，計算の前提によって変わるのである。

　企業会計原則の一環として設定された「原価計算基準」を始めとする従来の伝統的な原価計算のもとで提供される原価情報は，現在の企業環境において，必ずしも有用ではあるとはいい難い。そこで本節では，伝統的な原価計算から，現在の企業に必要と考えるライフサイクル・コスティングを検討してきた。戦略的視点から長期的視野に立つのであれば，直接原価計算のような部分原価計算ではなく，全部原価計算の拡大として，ライフサイクル・コスティングを検討することも重要であろう。本節では，全部原価計算の拡大としてライフサイクル・コスティングを捉え，またライフサイクル・コスティングを回収計算の方法と位置づけた時，その方法の1つとして直接原価計算を検討し，そして最後に配賦の問題としてＡＢＣの考えが利用できるのではないかということについて検討した。なお，これについては第7章で検討することにする。

（本章は，江頭幸代「ライフサイクル・コストにおける原価の把握」『産業経理』第66巻第4号，2007年1月，104－116ページおよび「原価計算とライフサイクル・コスティングの比較」『広島商船高等専門学校紀要』第26号，2004年3月，69－77ページを加筆・修正したものである。）

第4章 ライフサイクル・コストの拡大(1)
― 環境コストの導入 ―

第1節 ライフサイクル・コストの拡大

　元来，企業は営利を追求する目的であるが，現在ではその求める利益は最高利益ではなく，適正利益であるといわれている。このことは，企業に求められる環境に対する役割の変化に大きく影響されている。近年，社会的責任という言葉が盛んにいわれ，最高利益を求める企業ではなく，社会的責任を遵守している企業の方が，企業価値が高く評価される傾向にある。本章では，環境に焦点をあて，企業の最大目的である「企業の持続」を達成するための手法として，環境会計と環境コストを含めたライフサイクル・コスティングについて検討する。

　環境会計は，貨幣価値で測定した環境保全活動の効果と財務会計における環境保全活動に関わるコスト（費用）を対比して，主として外部に公表する会計である。環境会計に対して，ライフサイクル・コスティングは，製品または製品群ないしは事業の全コストをライフサイクルの各段階において，どこまで回収できるのか把握するというものである。後者では，環境コストをも含めた全コストを回収しなくては，今後企業は生き残れないということから，企業は環境対応が必須となっている。それは，戦略的コスト・マネジメントの一環であると同時に全ライフサイクル・コストの回収計算でもある。

　環境コストについては，1つはユーザーに対する経営戦略としての環境報告書の開示に見られる環境保全活動の記述と社会的効果を結びつけた環境コストの把握である。もう1つは，ライフサイクル・コスティングにみられる製品等

のライフサイクルに関わらした長期的な環境コストの回収計算である。

第2節　環境報告書における環境コストと効果

　現在の環境保全重視の風潮は，利益の獲得と同時に，地球に生きる一構成員として「社会的責任を果す」ことを企業に求めている。企業の社会的責任とは長期的展望に立った利益の獲得と永続的発展であり，そのため企業は従来のような最高利益を求めるのではなく，環境問題，資源の効率的利用，高品質，安全性，低価格，地域発展，人材の育成，従業員の生活の安定といった多元的目的を考えなくてはならない。そして環境問題に関しては，法規制の強化やリサイクルの義務づけ，環境監査，環境課徴金，環境税，排出権取引などの政策的手段の導入が，企業の社会的責任を促進している。このように現在における企業の経営課題は，利益追求という経営目的の中に環境問題を考えていかなくてはならないのだが，利益追求と環境問題については，どちらを優先するのであろうか，以下の2つの見解に分かれるところである。

　1つは，ワリー＝ホワイトヘッド（N. Walley and B. Whitehead）の「利益と環境との両立は困難であり，環境への投資が増大すればするほど，企業はそれを回収して利益をあげるのは難しい」[1]という見解である。彼らによれば，利益と環境の間にはトレード・オフの関係があり，これまでユーザーや地方自治体が負担してきた環境コストを企業側で負担すれば，従来，社会的コストとしていた環境コストを内部化することになるため，企業にとって利益の圧迫要因となるという見解である。もう1つは，ポーター＝リンド（M. E. Porter and C. Linde）の「資源の生産性を高めることで，環境の改善努力と競争力は両立する」[2]と両者のバランスを主張する見解である。企業による環境保全活動を持続的に行えば，環境コストの内部化は，必ずしも利益の圧迫とはならず，むしろ市場における競争優位に結びつくというのである。

---

1) N. Walley and B. Whitehead〔1994〕, pp. 46−52.
2) M. E. Porter and Class, van der Linde〔1995〕, pp. 120−134.

第4章　ライフサイクル・コストの拡大(1)

　この2つの見解を解釈するには，コスト対効果の関係から考える必要があろう。図表4－1は，リコーの「環境経営報告書」に記載されているコストと効果を対比しており，図表4－2は，経済効果[3]の算出式を示している。図表4－1によると，コストのうち環境コストの合計額154.3億円に対して，実質的効果154.7億円（図表4－1の経済効果の分類ａに属するものの合計）と計算され，コスト対効果はほぼ等しくなっている。これに，みなし効果61.3億円，偶発的効果86.9億円（以上，企業に対する効果302.9億円），社会的効果30.7億円を加算す

図表4－1　コストと経済効果　　　　　（金額単位：億円）

項目	コスト			経済効果		
	環境投資	環境費用	主な費用項目	金額効果	分類	項目
事業エリア内コスト	4.8	20.7	公害防止コスト………4.71 地球環境保全コスト…3.47 資源循環コスト	15.0 39.7 86.9	a b c	節電や廃棄物処理効率化など 生産付加価値への寄与 汚染による修復リスクの回避，訴訟の回避など
上・下流コスト	0.5	74.5	製品の回収，再商品化のためのリサイクル費用	85.4 (23.8)	a S	リサイクル品売却額など 社会における廃棄物処理コストの削減
管理活動コスト	0.6	35.9	環境対策部門費用，環境マネジメントシステム構築・維持費用	13.2	b	報道効果，環境教育効果など
研究開発コスト	0.8	11.7	環境負荷低減のための研究，開発費用	54.3	a	R＆D（環境研究開発）による利益貢献額
社会活動コスト	0.1	9.9	環境報告書作成，環境広告のための費用など	(6.9)	S	製品省エネ性能向上によるユーザー支払電気代削減
環境損傷対応コスト	0.6	1.4	土壌汚染の修復，環境関連の和解金など	8.4	b	環境宣伝効果額など
その他のコスト	0.0	0.2	その他環境保全に関連するコスト	－	－	なし
総計	7.4	154.3		302.9		

（出所）　リコーグループ〔2004〕，33・34ページ。

3）　経済効果は生産工程から回収された有機物の売却額や省エネルギー・省資源に伴う費用節約額と環境損失の回避額が求められると言う（河野(正)〔2001〕，27－28ページ。）。

図表4－2　経済効果の算出式

ⓐ実質的効果	財務会計の実現利益と節約額	ⓒ偶発的効果	損害を回避する額
光熱水道費削減額	前年度光熱水道費－当年度光熱水道費	偶発的効果金額	基準金額×発生係数×影響係数
廃棄物処理費削減額	前年度廃棄物処理費－当年度廃棄物処理費	対象項目	汚染防止に関わる改善項目
有価物売却額	廃棄物分別による有価物の売却額	基準金額	訴訟，操業停止，修復における基準金額を設定
リサイクル製品・パーツ売上	リサイクルした製品および部品の売上	係数	発生頻度，影響範囲で発生係数と影響係数を設定
補助金	国などからの環境関連の補助金額		
R＆D利益貢献額	製品粗利×環境配慮ポイントによる粗利貢献率		
ⓑみなし効果	利益獲得に貢献したと推定される額	ⓓ社会的効果（顧客サイドでの製品使用による経済効果）	環境配慮型製品によるユーザー側の電気代や廃棄物処理費削減額
生産付加価値寄与額	（生産高－原材料費）×事業エリア内コスト／製造経費	総電力費	製品消費電力費×販売台数
報道効果	新聞で取り上げられた紙面面積／1頁の紙面面積×1頁あたりの広告費用	電気代削減効果	（旧製品総電力量－新製品総電力量）×電気代単価
環境教育効果	内部環境教育受講者×外部で受講した場合の費用	廃棄物処理費削減効果	（回収製品重量－最終処分重量）×外部処理単価
宣伝効果	環境ホームページアクセス数×環境報告書単価		

（出所）　リコーグループ〔2004〕，33・34ページ。

れば，環境問題への対応は利益追求と矛盾していないことが分かる。ここでいうコストは，環境保全活動に対するコストであって，財務会計の期間費用に相当するものである。固定資産投資に相当する環境投資額は減価償却費として環境コストに含められる。それらのコストは，環境会計ガイドラインの7分類に，すなわち事業エリア内コストから環境損傷対応コスト・その他のコストまでが7分類されている[4]。要は，財務会計ベースである。

4）　リコーグループ〔2004〕，33ページ。

第4章　ライフサイクル・コストの拡大(1)

　図表4－2は，ⓐ環境保全活動がなければ発生したであろう費用節約額，たとえば光熱水道費削減額等の効果とリサイクル品売却額などからなる財務会計上計算できる「実質的効果」，ⓑ生産付加価値への寄与，報道効果等の全体としての利益獲得に寄与したと推定される場合の寄与推定額からなる「みなし効果」，ⓒ環境負荷から発生する損失の環境保全活動により回避される効果，たとえば汚染による修復リスク・訴訟の回避等からなる「偶発的効果」，ⓢ顧客サイドでの製品使用による経済的効果からなる「社会的効果」の計算式が示されている5)。

　ワリー＝ホワイトヘッドの見解には，説得力がある。特に環境コストを回収できない中小企業などの場合である。しかし，実質的経済効果に見合う限度に環境対策コストを抑制すれば，環境コストと利益の関係は，トレード・オフの関係ではなく中性的になるであろう。ポーター＝リンドの見解では，環境コストと環境に対する効果をどの範囲で捉えるのか，どこまで拡大するかによる。要は，上記の2つの見解は，リコーのように環境経営に全社的に取り組むかどうかという経営方針にその成否が懸かっているであろう。

　このように環境問題を利益と環境コストとして取り組んでいくのであれば，個々の環境保全活動の内容を記述的に説明するばかりでなく，その貨幣的測定が必要である。また環境会計でも，製造プロセス，リサイクルプロセス等といった個々の部分だけではなく，製品・製品群等の一連のライフサイクルの流れから検討していくことが必要であろう。リコーでは，「製品のライフサイクル全体（資源の採取，仕入先企業での部品の製造，製品の製造，輸送，販売，お客様の使用，リサイクルの全て）の統合環境影響」6)に注目している。そこで以下では，環境会計とライフサイクル・コスティングにおける環境コストについて検討してみよう。

---

5)　前掲報告書, 33・34ページ。
6)　前掲報告書, 35ページ。

第3節　環境会計とライフサイクル・コスティングにおける環境コスト

　ライフサイクル・コスティングは，研究開発から廃棄・撤退までの製品または製品群ないしは事業の全コストをライフサイクルの各段階において，どこまで回収できるのかを把握する。特に近年，ライフサイクル・コスティング研究をみると，環境意識の高まりを反映した時代的要請から，ライフサイクル・コストに環境コストを含むものへとコストの拡張傾向をみせている[7]。これに対して環境会計は，環境問題を反映して環境に関わる財務会計の領域に限定して展開されている。環境コストの取り扱い方の相違について，要約的に以下にみてみよう。

① 環境会計でいう環境コストは財務会計の発想に基づく。したがって，財務会計の固定資産に相当する環境投資額は，減価償却費として各期間に配分されている。

② ライフサイクル・コスティングは，財務会計のいう事業年度に連動するのではなく，製品または製品群ないしは事業のライフサイクル全般に渡る予測環境コストの現在価値を把握する。この時，割引計算を用いる。

③ このようにライフサイクル・コスティングは，前もって予測する将来計算であるから，環境コストという場合にも確率に基づくコストが多く算入されてくる。一方，環境会計では発生確率に基づく計算は，効果の測定に用いられているにすぎない。

④ ライフサイクル・コスティングは，戦略的コスト・マネジメントの一環として位置づけられ，回収計算といえども予定回収計算である。したがって，製品等のライフサイクルの進行とともに，常にフィードバック機能を働かせ，変更が加えられていくものである。公表を目的としてはいない。一方，環境会計は環境報告書として環境保全活動の記述的説明とともに公

7） 岡野〔1999 a〕, 107-118ページ。

表される。

⑤　環境会計は，環境保全に対する企業の努力，すなわちコストと環境保全活動の効果を他企業と比較可能なレベルで測定し，ユーザーに理解できる形で公表するものである。これに対してライフサイクル・コスティングは，長期的な展望の下に製品等の廃棄ないしは撤退を含めたライフサイクルに渡る全コストと売上高と対比し，意思決定のための情報を経営管理者層に提供し，適切な対応を求めるものである。

　基本的には，環境会計における環境コストは「環境保全活動のため」のコストが集計される。それは発生主義に基づくといえども，過去計算であり，そのコストに見合う効果（経済効果）と対比して判断される。つまり環境会計は，環境に関する費用対効果の考えが主流である。他方，ライフサイクル・コスティングにおける環境コストは，その環境コストの効果と直接対比されるわけではない。ライフサイクル・コスティングは，製品ごとの回収計算であるので，全コストと収益との対比が基本である。したがって，リコーの示す実質的効果に含まれる節約額は環境コストの効果ではなく，全コストの節約と考えられる。リコーのいう顧客サイドでの製品使用による経済的効果（社会的効果）は，メーカーがユーザーに示すことにより，マーケティング活動を促進するという根拠となるのである（この点については，ライフサイクル・コスティングの体系と関連があるので，後に少し敷衍する）。要は，ライフサイクル・コスティングは，製品ごとのコストの回収が可能かどうかを製品の開発段階で意思決定し，またその後の市場展開により，どの時点で当該製品から撤退すれば合理的であるのか，製品ごとに判断していこうというものである。

　環境会計の研究者では，環境会計を展開するためにライフサイクル・コスティングが有力な武器になると主張しているが，ライフサイクル・コスティング研究者にとっては，環境会計は財務会計の一特殊分野であり，ライフサイクル・コスティングに取り入れるべきメリットは，それほどない。ただ，環境コストの経済効果の測定という点は注目すべきであり，これはマーケティングの促進に十分役立つものであろう。ライフサイクル・コスティングにとって，も

う1つの注目すべき点は，環境会計が環境保全活動のコストを直接対象としているので，環境コストの範囲が明確に示されている点である。ライフサイクル・コスティングは，環境コストのみを対象としているのではないので，含めるべきコストの範囲に関する示唆が得られるであろう。もっとも環境コストは，時間的・空間的広がりが大きいので，その測定および評価は著しく困難ではある。

第4節　ライフサイクル・コスティングにおける環境コストの位置づけ

　製品または製品群ないしは事業のライフサイクル・コストを把握するためには，まずそれらのライフサイクル（期間）を想定しなければならない。ライフサイクルは，当該製品等が企業に対して実質的または経済的に貢献して収益を生み出す期間，言い換えれば当該製品が市場の要求・必要性を満たす期間である「経済的寿命」として捉えられる。すなわち，市場が製品ライフサイクルを決定する。そこには，環境等の社会的な要素が当然入ってくる。どの製品ライフサイクルにおいても，特に現在では環境に与える影響を考えなければならないといわれている。

　環境との関わりから，製品ライフサイクルが短縮されたり，延長されたりするということが生ずる。たとえばライフサイクル終了前であっても，環境に与える影響が重大で放置できないと市場が判断すれば，その製品はすぐに退去を命じられるであろう。製品等ライフサイクルの決定因は，市場と環境である。

　このようにして決定されるライフサイクルトータルな計算として，ライフサイクル・コスティングがある。この場合，メーカー視点によるライフサイクルとユーザー視点のライフサイクルを区別しておかなければならないであろう。両者ではライフサイクルが異なるからである。環境会計では，環境コストの環境保全効果として，経済主体の異なるユーザー側の効果（社会的効果）とメーカー側の効果（経済的効果＋みなし効果＋偶発的効果）を混在させているところがある。

第4章　ライフサイクル・コストの拡大(1)

　メーカー固有の視点が，上記の製品視点（メーカー視点＋ユーザー視点）と大きく異なる点は，ユーザー側のコストを考慮しない点である。ユーザー側で望む使用コストの軽減・廃棄コストの削減は，研究開発コストの中で解決されることが前提となっている。メーカー固有の視点からみれば，ライフサイクルの終点は，製品生産からの撤退またはサービスの終了が一応ライフサイクルの「終り」となる。しかし，製品生産から撤退するとしても，土壌汚染・健康被害といった環境問題が残るとすれば，ライフサイクルの終点は，それらの問題を解決した時点になる。これらの環境コストを含めたライフサイクル・コストを企業が回収できないならば，企業は存続が危うくなるであろう。つまり，利益と環境を同時に達成しようという試みであり，図表4－3で示す環境損失，たとえば製造設備の撤去や除去した跡地の環境浄化という環境コストを広く取り入れていこうとしている。このようにライフサイクル・コスティングを考えるにあたっては，企業は，どこまでを環境コストとしてライフサイクル・コストの中で負担するかの一定の枠組みを定める必要がある。「環境コストをライフサイクル・コスティングのなかで貨幣価値で測定する実践的手法は，まだ提示されていない」[8]といわれているが，リコーのいう偶発的効果の算出式（基準金額×発生係数×影響係数）は，偶発的環境コストの貨幣的測定に1つの示唆を与えるものであろう。

　また，ライフサイクル・コスティングは財務会計の発想ではないので，期間配分は直接必要がないが，それでもあらかじめ発生の確率およびその時期[9]は一応考慮しなければならないであろう。そうしないならば，環境コストを現在価値に換算して集計する作業ができないからである。

---

8) 浅田・田川〔1996〕, 27ページ。しかしシャカッター（S. Schaltegger）によれば，製品視点からみたライフサイクル・コスティングは，SOLE（Society of Logistics Engineers）によって，企業内部・外部の貨幣価値を考慮して発展してきたという（S. Schaltegger, Kaspar Muller and H. Hindrichsen〔1996〕, p.56.）。
9) エプステイン（M. J. Epstein）は，環境規制に違反したコストを違反時期および製品の製造時期に跡付けるかについて，時間軸の観点から検討している（M. J. Epstein〔1996〕, pp.147－149.）。

図表4－3　環境を重視したライフサイクル・コスティングシステム

【メーカー固有の視点】

研究・開発 → 設計・企画 → 製造・販売 → 販売後 → 撤退 → 採算 → 評価

（吹き出し：リサイクルされた素材の市場開拓，資源有効利用評価）

環境対策コスト	汚染物質の放出による修復，補償，廃棄物の収集費用，処理費用，リサイクル・コスト，PL関連コスト，将来の規制違反による罰金・科料	環境損失
環境に配慮した開発，リサイクル可能な開発・設計，環境負荷を考慮した製品設計，環境汚染の防止，再生資源・再生不能資源の保護のためのコスト，環境にやさしい原材料，製品の選択		廃棄物管理，在庫処分，巨大な生産設備の撤去，除去した跡地の環境の浄化，ユーザーが使用し終えた製品のリサイクルもしくは処分に対する責任

【製品視点(メーカー視点＋ユーザー視点)】

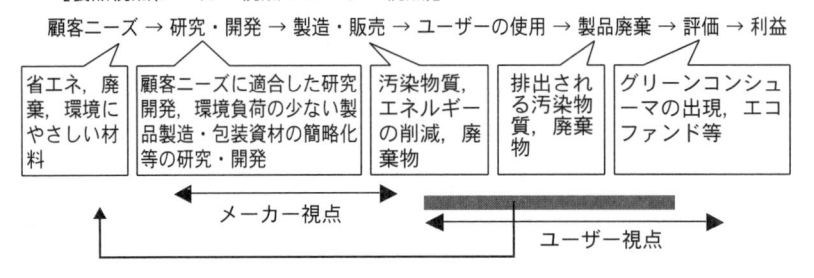

顧客ニーズ → 研究・開発 → 製造・販売 → ユーザーの使用 → 製品廃棄 → 評価 → 利益

| 省エネ，廃棄，環境にやさしい材料 | 顧客ニーズに適した研究開発，環境負荷の少ない製品製造・包装資材の簡略化等の研究・開発 | 汚染物質，エネルギーの削減，廃棄物 | 排出される汚染物質，廃棄物 | グリーンコンシューマの出現，エコファンド等 |

← メーカー視点 →　　← ユーザー視点 →

（本章は，江頭幸代「環境会計とライフサイクル・コスティング－営利企業の環境対応－」『非営利法人研究学会誌』第8号，2006年7月，97－110ページを加筆・修正したものである。）

第5章 ライフサイクル・コストの拡大(2)
－撤退・撤去コストの導入－

第1節　海外進出・撤退企業の分析と問題提起

　ライフサイクル・コスティングは,「経営理念あるいは環境問題を企業内に内在化する具体的な技法であり,製品またはシステム,製品グループ等のコストを,開発から完全撤退（サービス終了）までの全期間に渡って計算し,開発,価格決定,コスト管理に資する手法」と考えているが,本書は,このライフサイクル・コスティングの考え方を製品に限定せず,支店閉鎖・海外事業撤退[1],非営利組織にまでにも拡張していこうと考える。本章の前半では,まずライフサイクル・コスティングの考え方を海外事業に焦点をあて,撤退コストを含めたライフサイクル・コスティングの展開を試みる。また後半では,ダムを例に挙げ,ライフサイクル・コスティングの非営利組織への取組みについて論ずる。近年,日本企業の海外直接投資・海外進出は増加傾向にある反面,海外撤退も急激に増加している。海外事業の巨額な撤退損失リスクは,経済のグローバル化に伴い,対応すべき重要な問題であろう。本章前半では以下の3点から論じている。

(1)　日本の企業は基本的に撤退するという認識が少ないため,撤退基準がない。不良債権等の多くは,適正な投資基準・撤退基準が存在しなかったために発生したものであろう。それは,保有する事業・資産の価値が急落する前に撤

---

1) 海外事業からの「撤退」という概念のもとに含まれる企業行動には,現地法人の株式売却,会社清算,収用または国有化,合併,休眠などがある（洞口〔1992〕,107ページ。）。

退・売却をしなかったという時期的な遅れでもあり，これは，撤退基準が明確でないことを示す。最近の海外事業撤退数を見れば，何らかの撤退基準が必要なことは言を待たない。そこで海外事業の撤退にライフサイクル・コスティングの視点を導入し，海外進出を計画した時点において前もって将来撤退することを計画的に組み入れ，予測することが重要となってくる。そのためにはまず損失である撤退コストの認識・把握・分析が必要であり，また企業がどの位の期間で撤退するのかといった撤退サイクルを求めなければならない。

(2) 撤退コストは，文字通り企業が撤退する際に要するコストであるが，それは設備・施設の撤去費用，労働者への補償，たとえば従業員退職金の割増部分，契約解除の違約金，能力維持コスト等の直接・間接費用が考えられる。またライフサイクル・コストという場合，土壌改良費用等の現在・将来の見積も含めて検討することが必要である。そこでライフサイクル・コストとして撤退コストを見積って組み入れるためには，撤退コストの過去の例が必要となる。

(3) では，会計学は撤退コストについてどのように取り扱ってきたのであろうか。外部報告では，特別損失の中に撤退損失として示されていることが多い。しかしライフサイクル・コスティングの観点からみれば，前もって全てをコストとして組み込んでいるのであれば，それ以外のコストは見積りとの差額であり，巨額の撤退損失は，ライフサイクル・コストとして原価に取り入れてこなかったことを示すものと考えることができる。このような視点から，アメリカの財務会計基準書（FASB）の表示，日本の上場企業における海外撤退損失の実態と表示，日本の問題点についてもいま一度検討する。

ライフサイクル・コスティングは，当初から撤退の可能性を示唆する発想であると同時に，それを撤退コストとしてあらかじめ把握しようとするものである。そして前もって損失を認識し，そのためにも撤退の前段階までにおいて，収益を上げるようなシステム・体制の構築を提言するものである。以上の3点から，ライフサイクル・コスティングの海外事業の撤退への拡張について検討

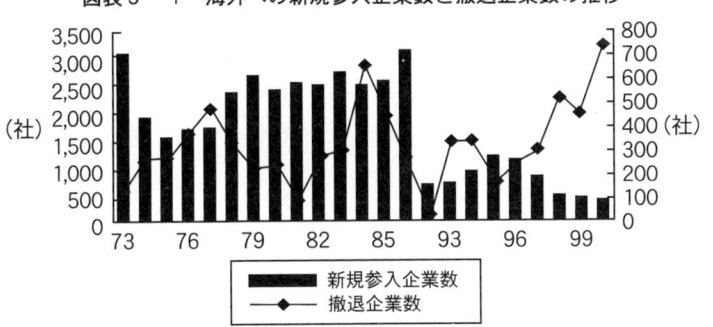

図表5－1　海外への新規参入企業数と撤退企業数の推移

（出所）　新規参入企業数については，大蔵省国際金融局編〔1973－2002〕。撤退企業数については，洞口〔1992〕，108ページと経済産業省経済産業政策局調査統計部企業統計室貿易経済協力局貿易振興課〔1993－2002〕を参考にした。

する。

　日本企業の海外直接投資・海外進出は，1989年頃までコスト削減，海外市場開拓・拡大，労働力・原材料の確保，生産拠点の分散によるリスクヘッジ，新規事業を興すため等の目的で増加している[2]。しかし海外進出の一方，海外撤退数もここ数年急激に増加している[3]（図表5－1参照）。

　日本経済のバブル崩壊後，コア事業に資金を集中し，海外事業を含めてそれ以外の事業からの撤退が加速化した。海外撤退の理由には様々なものがあるが，需要の見誤りが一番多く，競争激化，為替変動，日本側人員制約，現地パートナーとの対立，拠点統廃合，日本本社の戦略変更・経営悪化，優秀な現地人材確保の失敗，原材料・部品調達の困難，コスト上昇，優遇措置の廃止，規制・

2）「ジェトロ白書〔投資編〕」1993年によれば，87年以降は，第三波の海外直接投資ブームであった。その理由は，85年のプラザ合意による円の急騰により，企業買収がより安価にできたことと，経常黒字による貿易摩擦を回避しようとしたことである。

3）1998年は，銀行（大和銀行，三井信託銀行，富士銀行，さくら銀行等）や証券（野村證券，日興證券等）の海外撤退が加速し，2000年度の海外事業活動基本調査によると，撤退数は過去最高で，撤退が進出を上回った。

課税の変化,現地の政情・経済不安等が挙げられる[4]。最近では中国の元の切り上げと税制上の問題による撤退が考えられる。当然のことながら,企業は海外進出時の動機や優位性が喪失すると,その国から撤退をする。海外進出をする企業にとって,当該進出企業の継続性・永続性の保障はどこにもない。特に海外においては,文化的・政治的・社会的要因といった国内よりも複雑な要因が絡むことになり,海外事業の撤退問題は深刻であるし,国内よりも明らかに回収不能なコストが多い。現在の日本企業の低迷の要因となっている不良資産や不良債権の原因のいったんは,保有する事業・会社を価値が急落する前に,あるいは業績が悪化する前に売却・撤退をしなかったことにある。日本企業が構造的に赤字であっても財務業績以外の要因を重視して,なかなか事業撤退に踏み出せないのは,海外撤退するための明確な総合かつ具体的な基準を持っていないことに基因するだろう。そこでまず,ライフサイクル・コスティングの観点から,その撤退基準値(どのような状況で撤退するか)の必要性について検討する必要があろう。

　2001年の「野村総合研究所の調査」によれば,投資案件を検討する際に撤退の意思決定までのガイドラインが設定されている企業は21.0%しかなく,「事業撤退という概念がない,あてはまらない」と考えている企業すら存在する。現在の企業環境において大企業の倒産が相次ぐ中,投資に関する意思決定は,撤退の可能性までも考慮すべきである。つまり,前もって該当事業が進出してから撤退するまでの収益とそれにかかる費用をあらかじめ検討し,明確に見積って規定しておくことの重要性を示唆している。株主価値の極大化が企業の究極の目的なのであれば,回収が不能になった投資からの撤退は迅速にすべきである。これまでのあいまいな意思決定ではなく,株主価値の視点に立った撤退の考え方,つまりライフサイクル・コスティングの考え方を導入すべきである。このような海外事業の撤退損失の課題は,経済のグローバル化に伴い,企

---

[4] 経済産業省経済産業政策局調査統計部企業統計室貿易経済協力局貿易振興課〔2002〕,10ページを参照。

業の生き残りをかけて対応すべき重要な問題であろう。

第2節　撤退コストと撤退サイクルの把握

撤退の中には，経営環境の悪化等の理由で撤退を決定するアドホック（adhoc）撤退と，近年グローバル企業において，計画的に撤退を行う戦略的撤退がある[5]。後者は，全社的総合利益の観点から，個々の投資拠点が採算を得ているかどうかを撤退の判断基準としない。1970年代のアメリカにおける撤退は，グローバルな企業グループ全体としての損失回避，合理化という視点からみて経営計画に組み込むという戦略性の高い撤退がされている[6]という。このような戦略的撤退を実行するとすれば，当然ライフサイクル・コストを見積る必要性が生じるであろう。しかし，ライフサイクル・コスティングは全体として戦略的撤退に資するために，個々の海外事業のライフサイクル・コストを見積ることになる。要は，進出に先だって，全社的総合利益に立った個々の採算性を考慮することが重要である。そこで状況が悪化してから撤退をするアドホック撤退は，ライフサイクル・コスティングの失敗と考えるべきであろう。そこで何年目に利益が出るのか，どのような状況になったら撤退をするのか（たとえばある一定の基準値よりも利益が下がった時，もしも3年目に利益がでなければ，撤退すると考える等の）撤退基準の設定，つまり撤退の自動化が重要である。

このような撤退基準の設定に関して，ＧＥの前会長ジャック・ウェルチ氏が打ち出した「ナンバーワン・ナンバーツー戦略」がある。これはＧＥが構成する何百という事業を世界市場において，それぞれの事業のナンバーワンかナンバーツーになれるかどうかという基準で見直し，その基準をクリアできない事業に関しては，閉鎖もしくは売却を行って，会社全体の競争力の強化を図ろう

5）　亀井〔2002〕，13ページ参照。また，Tornedenによれば，戦略的撤退とは，子会社の設立（あるいは買収）当初，あるいはその活動の過程において，企業グループ全体の立場から長期的視点に立って，当該子会社の長所・短所を分析し，評価づけ，その撤退を計画的に行う撤退であるという（R.L.Torneden〔1975〕，亀井〔1985〕）。
6）　竹田〔1987〕，126ページ。

としたものである。この戦略はとりわけ海外進出に特化した基準ではないが，海外進出に対するGEの戦略性の高さを知ることができる。もちろん新たな国で投資を行う際も充分にこれらの検討を重ねており，このようなGEの戦略は，ライフサイクル・コスティングの発想を考える上で大変有用である。

さて，ライフサイクル・コストとしてコストの内容・範囲を知るために過去の撤退コストの例をみてみよう。図表5－2は各年度の財務諸表等や「在外日系企業の撤退に関する調査研究報告書」における撤退要因の個別説明[7]からライフサイクル・コストに組み込むことが最低限可能な要因及びコストについてピックアップしてみた。

図表5－2　ライフサイクル・コストの範囲（海外進出時）

初期投資コスト	海外進出後コスト	撤退時コスト
市場調査コスト，生産拠点設立コスト（工場設計費，工業用地購入費），事務所設立コスト（事務所保証金），会社設立登記コスト（登録免許税，登録費用），現地職員（工場長，管理部長，エンジニア，本社事務員，製造現場労働者）採用コスト，駐在員住宅・教育関連コスト（住宅保証金，入学金・授業料），その他進出準備コスト（ビザ取得費等），契約に関する法律関連コスト	品質管理コスト（不良率の高さ，生産段階での有害な成分の混入，製品設計の違い等による補償金の支払い），教育・訓練コスト，政情・社会不安による回収不能の引当金，公害に対する補償金，環境規制強化への対応コスト，人種差別（反日感情）・セクハラ防止コスト，法律対策コスト，為替変動によるコスト，能力維持コスト，現地トラブル対策コスト	設備・施設の撤去コスト，労働者への補償コスト，従業員退職金の割増部分コスト，契約解除の違約金，土壌改良コスト（化学工場等で汚染された土地），為替差損，ライバルの出現コスト（合併企業からの撤退）

次に，日本企業の過去の事例からライフサイクル・コストを考える際に，企業がどの位の期間で撤退するのかといった撤退サイクルを求める必要がある。撤退サイクルを求めるために，新規参入企業数と撤退企業数との関係（図表5－4），アンケートによる撤退比率と平均撤退サイクル（図表5－5）を示した。図表5－4では，図表5－1で用いたデータを用いている。この表から1998年

---

7)　財団法人機械振興協会経済研究所〔1979〕，54－67ページ参照。

の段階で撤退企業数が新規参入企業数を上回っているのが分かる。ここでの撤退比率は，撤退企業数／新規参入企業数で求めた。したがって，1998年以降の撤退比率は100パーセントを超えることになった。

次に図表5－5では，撤退比率を経済産業省の算出方法による撤退企業数／回収現地法人数で求め，平均撤退サイクルおよび標準偏差については，図表5－3のように考えた。図表5－5の標準偏差から，明らかに悪化傾向であることが分かる。そこで2002～06年の5年もしくは10年後までの撤退する確率を推定した（図表5－6）。推定するにあたり，次の式を用いた（ただし，計算式の基礎データが余りにも不足していると言わざるを得ない）。

撤退比率＝－963.53＋0.4835×西暦
　　　　　(－3.915*)　(3.926*)　　　（　）内は t 値

重相関係数R＝0.869，重決定係数R^2＝0.755，重相関係数自由度修正済決定係数補正R^2＝0.706の説明力，また西暦の t 値は有意水準5％で有意であることを意味し，この値から比較的良い結果が得られたため，当該式を採用することにした（R^2の値で推定式としては不満が残る）。

これは単なる目安にすぎないが，図表5－6から進出10年後の確率が高いことが読み取れ，また進出する時期によって，撤退する確率が異なる。概ね早く進出した方が得であり，遅く進出した時は，年ごとによって確率は変動するとみられる。そこで海外事業というのは，有限であるからライフサイクル・コス

図表5－3　撤退サイクルの求め方

1年目で撤退する確率はP
2年目までに撤退する確率はp（1－P）
3年目までに撤退する確率はp（1－P）^{2}
4年目までに撤退する確率はp（1－P）^{3}
したがってn年目で撤退する確率はp（1－P）$^{n-1}$と表すことができる。
以上のことから，n年目で撤退する確率P（n）はp（1－P）$^{n-1}$の幾何分布（撤退サイクルの確率分布）に従うものと考えられる。
このことから，撤退サイクル（平均撤退年数）　$P(n)=\sum_{n=1}^{\infty} nP(1-P)^{n-1}$
$=\frac{1}{P}$で示すことができ，標準偏差SD（n）$=\sqrt{\frac{1-P}{P^2}}$で示される。

ティングを適用することができ、そして少なくとも10年位で撤退することを年頭に入れて計算すべきということが判明した。

図表5－4　新規参入企業数と撤退企業数

	新規参入企業数	撤退企業数	撤退比率(%)	撤退サイクル(年)
1992	640	23	3.59	27.8
1993	674	334	49.55	2.0
1994	930	336	36.13	2.8
1995	1,200	157	13.08	7.6
1996	952	248	26.05	3.8
1997	823	294	35.72	2.8
1998	477	515	107.97	0.9
1999	409	449	109.78	0.9
2000	367	737	200.82	0.5

図表5－5　アンケートによる撤退比率と平均撤退サイクル

	撤退企業数	回収現地法人数	アンケート回収率	撤退比率(%)	平均撤退サイクル(年)	標準偏差
1995	106	10,416	60.4%	1.02	98.03	97.53
1996	212	12,657	59.1%	1.7	58.82	58.32
1997	249	13,166	63.4%	1.9	52.63	52.12
1998	416	13,017	56.0%	3.2	31.25	30.74
1999	384	13,939	63.4%	2.8	35.71	35.21
2000	696	14,991	62.9%	4.6	21.73	21.23
2001	431	12,476	62.1%	3.45	30.30	29.79

（注）　撤退企業数は、経済産業省貿易振興課よりデータを頂いた。1992年以前の正確な撤退企業数はないとのことである。また回収現地法人数については、アンケート調査を実施し、その回収から算出しているため、必ずしも正確な数値とはいえない。撤退比率の計算根拠は、撤退企業数／回収現地法人数×100である（経済産業省の算出方法による）。ただし、撤退年度が撤退計画決定年度か、または撤退完了年度かは不明である。

図表5-6　将来5年間の5年後（10年後）までの撤退する確率

	撤退比率 (％)	平均撤退サイクル (年)	5年後までの 撤退する確率	10年後までの 撤退する確率
2002	4.58	21.83	20.8	37.4
2003	5.06	19.75	22.9	40.5
2004	5.55	18.03	24.8	43.5
2005	6.03	16.58	26.7	46.3
2006	6.51	15.35	28.6	49.0

5年後までの撤退する確率
$= P + (1-P) \cdot P + (1-P)^2 \cdot P + (1-P)^3 \cdot P + (1-P)^4 \cdot P$
$= \sum_{5}^{} (1-P)^{n-1} \cdot P$

第3節　FASB・日本における事業撤退損失の扱い

　FASBによれば，撤退に関する基準として「撤退または処分活動に関連する費用の会計処理（Accounting for Costs Associated with Exit or Disposal Activities：FAS 146号），2002年7月30日発行」[8]がある。FAS 146号により，発生問題専門委員会（EITF）第94-3号「事業撤退に伴う退職給付およびその他の費用（事業再構築により生じる費用も含む）に関する負債の認識（Liability Recognition for Certain Employee Termination Benefits and Other Costs to Exit an Activity (including Certain Costs Incurred on a Restructuring))」は無効になった。当基準が対象とする費用の例は，リストラクチャリング，非継続事業，プラント閉鎖，あるいは事業撤退・除去活動に関連して生ずるリース契約の解約料あるいは従業員の退職費用である。まずこれらはライフサイクル・コストの範囲であることが指摘できる。
　FAS 146号とEITF 94-3号の相違点は，撤退または処分活動に関連する費

---

[8] Financial Accounting Standards Board, Statement of Financial Accounting Standards No. 146, June 2002.

用に係る負債の認識基準である。EITF 94－3号では，事業体は撤退計画を確約した日をもって，撤退費用に係る負債と認識していた。一方，FAS 146号は，事業撤退または処分関連費用（事業廃止に関連する他の費用，たとえば設備閉鎖に関する費用・事業撤退に伴う追加直接費用）は負債を発生時点で認識することを要求している。FAS 146号では，撤退計画の意思決定そのものは，他の当事者に対する義務をその時点で生じさせないため，負債の認識基準に合致していないと考えている。しかしライフサイクル・コストは見積りであるので，この点は重要視されない。ただし「FAS 146号が，負債の当初測定に公正価値を用いることが客観的であることを明確にしている」点は注目すべきであり，公正価値を用いることがライフサイクル・コストを考える上で重要である。

また企業が保有する株式の評価損やリストラ費用は米国会計基準においては営業外費用に計上し，日本においては特別損失に計上されるという財務諸表表示上の相違点はあるものの，ライフサイクル・コストとして捉えるコストには違いない。外部報告がどうであろうと，ライフサイクル・コストを考慮する際には，関係はない。ライフサイクル・コスティングの観点から言えば，特別損失がでてくるのは，ライフサイクル・コスティングを実施していないからである。ライフサイクル・コスティングを実施していれば，特別損失がでることはなく，当然のことながら，全てが売上原価の項目に入ることになる。もしも特別損失の中に表示されるのであれば，それは見積りの誤差でしかない。

他方，現行の日本の商法および企業会計原則において，海外撤退損失の会計処理についての独立した規定はない。そこで海外撤退損失の会計処理について，財務諸表上，もしくは注記においてその会計処理が具体的にどのように開示されているかについて，上場企業の2002年度の有価証券報告書における開示を，金融庁のEDINET検索システム，もしくは日経テレコン検索等で調べてみた。EDINETは全企業を示しているわけではないが，図表5－7が示すように，日本の会計実務では，海外事業撤退損失について統一的な名前で処理されていない。子会社株式評価損，子会社整理損という表示で誰の責任か所在が分からないようにしている。しかし，海外事業の撤退における損失は重要な項目である

第5章 ライフサイクル・コストの拡大(2)

図表5-7 海外関連の特別損失

社　名	特別損失	内　容	勘定科目
石川島播磨重工業	110	ブラジルの造船合併会社への債権放棄	
熊谷組	90	米不動産関係会社の整理損	
ジャパンエナジー	100	米金融子会社への債権放棄	構造改革関連費用
セガ・エンタープライゼス	230	米持ち株子会社の整理損	子会社整理損
セッツ	212	米製造販売子会社の株式評価引当金	
東京急行電鉄	277	米リゾート子会社の株式評価損	子会社株式評価損
任天堂	260	欧州販売子会社の株式評価損	
日本ハム	63	米食肉加工品子会社の損失引当金	
ハザマ	70	米不動産子会社の整理損	
古河電機工業	87	オランダ持ち株子会社の整理損	
チノン	55	米販売子会社などの投資損失引当金	
三菱電機	50	北米家電事業の再編費用	
三菱自動車工業	431	米販売子会社の株式評価損	

注）　単位：億円，1997年以降の有価証券報告書による。

から，外部報告であっても海外事業撤退損として表示すべきであろう。

　撤退に関しては，多くの企業が「失敗」と考え，データを公表しない場合が多い。したがって，撤退に関する経済産業省等の国のデータも正確に把握できていないのが事実である（たとえば，撤退計画時点か撤退終了時点かの区分）。戦略的撤退を除けば，海外撤退は多くの場合，親企業に損失をもたらす場合が多いにも関わらず，撤退にいたることのないように海外子会社の設立ないしは，海外支店等の開設の段階からの損失の予防についても，ほとんど研究が行われていない[9]。

　本節までは，過去に撤退した企業の有価証券報告書から撤退コストの把握

---

9)　財団法人機械振興協会経済研究所〔1979〕，49ページ参照。

を行うとともに，今後海外進出する企業の成功のためにも前もって撤退コストを含めたライフサイクル・コスティングの拡張可能性を指摘した。ライフサイクル・コストを事前に定量的に行うことは，困難が伴う。しかし，企業は海外経営戦略を立てるにあたりリスクをあらかじめ織り込み，起こりうる全ての事象を想定して，前もって意思決定の準備もしくは代替案を用意しておくことは，その損失を未然に防ぐことができ，また損失額を最小限にとどめる効果があるだろう。日本の会計基準においては，事業撤退・処分のために要するリストラ関連費用の処理方法は定められていない。引当金の要件を満たす場合には債務及び費用の引当計上が行われているのみである。ライフサイクル・コスティングは外部的にみれば，税法の準備金でカバーできるはずであり，個々の企業の観点に立ってカバーすべきである。現状として，日本における海外撤退損失の会計処理は，各企業がその責任をあまり明確にしない方法で独自の会計処理を行っている。他方アメリカにおいても，計画決定時点における費用計上及び引当計上は原則として認められず，発生時に認識しなくてはならない。計上額の測定は将来の見積キャッシュ・フローに基づく予測現在価値を用いて，たとえ税法で費用計上が認められなくとも，税法上の自己否認を用いる等の対応は必要であろう。今後，撤退決定に至るまでの将来を見通した収益性の評価方式の確立，海外撤退のための検討項目，撤退可能性計測の方法についてさらなる検討が必要である。たとえば，海外事業への進出は，リスクの高い投融資になるため，株式等の価格低落または債権の貸し倒れによる損失に備えるべく，一定割合の準備金の積立と，これを所得の計算上損金に算入する海外投資等損失準備金をもっと組み込む必要があるだろう。

　日本の企業は，他国の企業に比べて意思決定が簡単でないため，撤退のタイミングが遅いということが指摘されていた[10]。進出の意思決定は早いが撤退の意思決定は遅い。日本の会計基準がグローバル・スタンダードに追いつくためには，早期の制度化（予想される損失の取り込みについての規定）が必要となろう。

---

10)　前掲報告書，5ページ。

さらにライフサイクル・コスティングを考慮するのであれば，初期にかかる運営・維持コストだけでなく，知的財産の保護等も多額な損失となり得るので考慮していくことが必要であろう。撤退に関する資料・報告書はないばかりか，今までの企業撤退に関する調査は，ライフサイクル・コストの観点から行われていないため様々な制約や偏りがある。したがってひとつの調査では充分ではなく，できる限り事例を活用し，発生する可能性のある損失科目を洗い出し，その発生確率を考えていく必要がある。

第4節　ライフサイクル・コスティングの非営利組織への取組み

　本節以降では，ライフサイクル・コストの拡大として，非営利組織に導入する必要性について検討する。その背景にあるのは，有明海の水門・有料道路の建設中止問題，ワールドカップ後のサッカー場の運営問題，ダム建設・撤去問題等である。これらは当初から環境・撤退コストを含めたライフサイクル・コスティングを実行していれば，それほど問題にはならなかったであろう。ライフサイクルの長い，かつ環境に多大な影響を及ぼす非営利組織の活動についても，積極的にライフサイクル・コスティングを導入していこうというのが本節以降の趣旨である。そこでまず，現存のダムにどれほどの運用・環境コストをかけているのかを鶴田ダムで考察し，また10年後に撤去を予定した荒瀬ダムで撤退コスト（ダムでは撤去コスト）の問題を取り上げることとする。営利組織であれ，非営利組織であれ，設備・事業の初期コストに対して，その後の運用コストが如何に大きい比率を占めるのか，その運用コストを最小にするための方策と同時に環境・撤退コストを検討しておかなければ，後顧の憂いはなくならないであろう。

　ライフサイクル・コスティングは，製品一生涯のコストの予測計算であり，管理手法である。これまでメーカーの立場からみて，ライフサイクルを市場と環境から決定し，主にメーカー固有の視点から「回収計算としてのライフサイクル・コスティング」，製品視点から「戦略的コスト・マネジメントとしての

ライフサイクル・コスティング」そして「環境問題に適合するライフサイクル・コスティング」を検討してきた。このライフサイクル・コスティングのプロセスに非営利組織（ここでは，国または地方公共団体）の事業を当てはめてみよう。たとえば，地方自治体の設置するゴミ焼却炉の場合は，購入価格＋維持・運用コスト＋撤去コスト＋環境コストというライフサイクル・コストを検討して，購入意思決定を行うことから，ユーザー視点に環境問題を含めたライフサイクルとなろう。さらに，ダイオキシン除去といった環境問題もクローズアップされているので，旧焼却炉の廃棄・更新という撤退コストもあらかじめコストに算入することが必要となる。環境コストまでを含めたライフサイクル・コストが，まさに自治体にも適用される事例である。

　一方で，メーカー固有の視点から回収計算としてのライフサイクル・コスティングを適用しなければならない非営利組織の事例は，学校・病院・ダム等がある。たとえば新しい学校を創設するとか，医療部門を創設するといった場合には，維持・運用から撤退・環境コストまでを企画段階で予測しておかなければならないであろう。

　以下で取り上げる鶴田・荒瀬ダムの事例は，(1)ダムのライフサイクルは，コンクリートの寿命から100年とされ，かつダム本体建設費に比べて運用・維持費が非常に多額となり，(2)広範囲な自然環境問題が発生するところから環境コストを取り込まなければならないので，ライフサイクル・コスティング導入の必要性を端的に示しているといえよう。しかしダムの場合，ライフサクルのうち，上記いずれのライフサイクル・コスティングを適用していけばよいかという問題も生ずる。国のダム建設は，基本的には国土交通省（以下，国交省と略す）等がダムの企画・設計を行う。そしてゼネコンおよび発電機メーカー等に発注して完成し，以後直営事業として電力供給，洪水調整サービス等の多目的なサービスを行っていく。荒瀬ダムのように水利権の問題から，完成後50年で撤去ということもあり得るであろう。どのメーカーの発電機を調達するかといった個々の設備から推測すると，製品視点のライフサイクルのプロセスが適用できるであろう。しかし，ダム全体を考慮する際には，いわば「ゆりかごから墓

場まで」のライフサイクル・コスティングを適用しなければならない。

第5節　運用コストと環境コスト（事例1）　－鶴田ダム－

　ライフサイクル・コスティングでは，ともかく具体的に計算ができなければ，実践問題の解決にはほとんど意味をもち得ない。もっとも環境コストを組み込んだライフサイクル・コスティングを実施したとしても，それは単なる数字上の問題にすぎないともいえるが，この数字に基づき組織が意思決定していくというメカニズムに意義が認められる。本節で取り上げるダムの事例では，膨大な運用コストとともに，河川水辺への環境対応等周辺整備コストを含めた包括的な環境コスト概念を考慮しなければならないという点に特色がある。

　鶴田ダムは，国交省九州整備局の管轄する7つのダム（竜門ダム，耶馬渓ダム，厳木ダム，緑川ダム，鶴田ダム，松原ダム，下筌ダム）の代表的な多目的ダムである。川内川は，シラス台地を流れる日本でも一，二を争う急峻な氾濫川であり，過去1200年間に1,900回程の洪水が記録されているという。『鹿児島県災異誌』を見ても，その被害は毎年，億単位に達している。鶴田ダムはこの多発する洪水を防ぐために，7年の歳月を掛けて1965年に完成した重力式コンクリートダム（総貯水容量123,000,000㎥）であり，総事業費は約135億円であった。鶴田ダムに限らず，一般にダムは初期コスト（総事業費）が多額であり，耐用年数（100年を仮定）が長く，かつダム完成後の運用・環境コストも多額になるという特徴がある。また，流水を止めることによって生ずる自然環境に与える影響，下流における塩水遡上による影響等，環境コストは多方面にわたる。ダムのライフサイクル・コストに，ダム撤去コストまでも含めると，ライフサイクル・コストは，建設費(総事業費)＋一般管理費・維持補修費(直轄堰堤維持費)＋環境コスト(周辺環境整備事業費)＋環境損失(塩水遡上等)＋撤去コストの合計であると考えられる。

　総事業費は，施行年度1958年から完成年度までの7年間に掛かったコスト，すなわち建設費，工事事務費，事務費，本省経費，転用機器等評価額の合計で

ある。もちろん総事業費の中には，ダム建設に当たっての用地買収・ダム設計コスト等が含まれている。一般管理費は各設備の管理・操作，水質・たい砂・生物の生育状況等の観測がその主たるものである。維持補修費とは，各施設を適正に維持するための修繕，補修を行うためのコストである。過去5年間の一般管理費・維持補修費（直轄堰堤維持費）は，図表5－8のごとく巨額なものとなる。

図表5－8　鶴田ダム直轄堰堤維持費実施表　　（単位：千円）

	1998年	1999年	2000年	2001年	2002年＊
一般管理費	277,300	277,330	282,600	281,743	276,130
維持補修費	597,170	712,220	717,940	787,619	552,640
計	874,470	989,550	1,000,540	1,069,362	828,770

（出所）　行政文書：1998～2002年度直轄堰堤維持費実施計画変更調書のうち費目別総括表
＊　2002年度については計画値で示している。長期の過去データに基づきライフサイクル・コスティングのモデルを形成したいと考えるが，直轄堰堤維持費に関しては1998年以前の資料は既に廃棄されている。

　鶴田ダムの5年間の平均は，1年当たり一般管理費は2億7,000万円，維持補修費は6億7,000万円である。緑川ダム（1970年完成），耶馬渓ダム（1984年完成），厳木ダム（1986年完成），竜門ダム（2001年完成）等と同様に，一般管理費はダムの規模に比例した予算額となる。ライフサイクル・コスティングでは，企画段階に撤退までの運用コストの現在価値を計算することになるが，ダムのように長期に渡り，かつ物価変動を考慮するならば，毎年均等的な予算措置であったとしてもやむを得ないことである。要は，企画段階でその運用コストの予算措置を考えるということが肝要である。
　環境コストについて，国交省の考える環境コストには多様なものが含まれている。その主たるものは，周辺住民対策としての導入道路の整備，公園等のいわば住民対策（ダム湖活用環境整備事業）からダム貯水池・ダム下流河川の水質保全事業，ダム周辺生物（魚類・鳥類等）への影響調査である。環境保全事業は，以下の4つに要約されている。

- ダム湖活用環境整備事業…公園等ダム周辺の環境整備のために掛かるコスト（建設後長い年月のダムは，多額となる）。
- ダム貯水池水質保全事業…水質汚濁が生じているため，浄化対策と保全整備のために掛かるコスト。このうち，特に「ダム貯水池環境保全帯整備事業」として樹林（植林）等を行うためのコスト（近年，建設されたダムは多額の費用を掛けている）。
- クリーンアップレイク事業…水質保全を目的として，ダム湖内の噴水等で水の循環を良くし，水質を良くするために掛かるコスト。
- ダム水環境改善事業…ダム貯水池及びダム下流の水環境対策を目的として，放流施設と魚道を建設するためのコスト（松原ダムは魚道を設置）。

図表5-9でみるように，周辺環境コストは，1999年～2002年までの4年間平均で1億5,400万円である。周辺環境コストはダム建設の初期段階で多く発生するので，新しい他のダムに比して多くはないが，鶴田ダムは地元鶴田町の観光スポットとして活用されているほどダム湖活用環境整備事業に傾注してきた。周辺環境へのコストは，一般にダム建設後5年間位が充てられている。

図表5-9　ダム湖活用環境整備事業

	1999年	2000年	2001年	2002年
工事費	124,300,000	47,600,000	154,000,000	184,000,000
測量及び試験費	0	3,800,000	80,000,000	10,000,000
工事諸費	1,700,000	1,600,000	6,000,000	6,000,000

時の経過とともに，環境保全への要請は多方面に渡っていくのも事実である。集中豪雨以外の期間における川内川河口の流水量の減少により海水遡上問題が発生し，その結果，少なくとも下流での上水・農業・工業用水の取水口の変更が必要となってくる。この事業は環境損失の一例であろう。また，この遡上問題が進めば，河口堰の問題にも発展する。河口堰は赤潮発生に繋がるという。このような将来発生するかもしれない環境コストについては，建設時には当然考えつかないこともあるので，これらをライフサイクル・コスティングで予測

するとすれば，環境アセスメントに確率と金額表示を求めていくしか方法がないであろう。

第6節　撤去コスト（事例2）　－荒瀬ダム－

　ライフサイクルの最終コストである撤去コストについて，熊本県営荒瀬ダムの事例にみることができる。荒瀬ダムは，2003年3月末で水利権使用免許が期限切れとなる。その水利権更新問題を巡って，熊本県は日本初の「ダム撤去」を10年後に実施することを決めた。荒瀬ダムは，50年間の水利権を取得して1953年に着工され，翌年12月に球磨川初のダムとして運転を開始した。

　荒瀬ダムの撤去決定に至る理由としては，まず第1に水利権の期限切れが契機であることはいうまでもない。ライフサイクル・コスティングでは，当初から水利権の期限を年頭に置くべきであっただろう。第2には，鶴田ダムが治水目的ダムであるのに対し，荒瀬ダムは発電目的ダムであるので，発電事業の変化による影響が大きいことである。荒瀬ダムの現状は，熊本県内の電力需要が，建設当時の約20倍（99億kwh）になっており，荒瀬ダムの需要に対する割合は，現在では0.7％となっている[11]。苓北火力発電所の第2号機が2003年に運転開始すれば，九州の9割はカバー可能となり，また電力自由化や電気料金引下げで売電価格は低下している。荒瀬ダムの収支状況は，電力を九州電力へ販売（販売価格：9.35円/kwh）しており，収入は7億4,000万円，利益が7,900万円（2001年度）である[12]。県からの固定資産税と水力発電施設周辺地域交付金が2,400万円である[13]。このような中で，水力発電がCO_2を排出せず，火力や原子力と比して地球温暖化や資源枯渇の観点から意義が大きいことと，県企業局の所有する8ヶ所の発電所の中では，最大規模で電気事業収益の約3分の1を占めていることからダム継続を求める声もある。しかし，ダムを撤去せずに継

---

11)　熊本日日新聞，2002年10月30日朝刊掲載。
12)　熊本日日新聞，2002年10月30日朝刊掲載。
13)　熊本日日新聞，2002年11月4日朝刊掲載。

続するためには，環境対策コストとして5年間で約13億円が必要となる。この主たる内容は，砂利104万t，ダム湖内に堆積しているダム湖の泥土4万tの除去（たい砂を毎年約20,000㎥，泥土を5,000㎥）のための年間9,000万円である[14]。砂利と泥土堆積の従来の対策が不十分で問題が先送りされてきた結末であろう。

次に環境対策の強化費が必要となってくる。国道・県道の護岸補修に年間1億円，流木除去に年間240万円，さらに環境改善として，水の入れ替えのため年3回（各3日間）流入量を超える水10トン/秒の放流コストが必要である。また赤潮の胞子除去のため底質改良材や木炭の投入に500万円，水質調査に年間170万円，下流へ土砂補給として発電機会損失がある。さらにはゲートの巻き上げ機（1億/機）4機，発電機（20億/機）2機等の更新が必要となる[15]。これらを考慮したダム撤去に関するメリットは，確実なものとして13億円の環境対策コストが不必要なことと，不確実ではあるが荒瀬ダムが球磨川下りを含めた観光地として復活すること，将来的に河川漁業振興に繋がるといわれている[16]。

しかし，ダムを撤去する場合の課題として以下の3点がある。①熊本県内8つのダムの減価償却費として約44億円の内部留保があり[17]，これと毎年度の電気事業収益の積立てから捻出予定であるが，ダムの撤去費用（ダム本体だけでなく，護岸の補修含めて）が数10億円と多額になる見込みであること，②ダムの完全撤去は日本で例がないため，水位を下げることによる道路や護岸への影響，たい砂の流出による下流地域や八代海の生態系や環境への影響，既存施設を除去する場合，詳細な調査や分析が必要であること，③瀬戸石ダム（約9キロ上流）を運営する電源開発は，今まで流量の調整役を担う荒瀬ダムが撤去されれば，現在の運転パターンであるピーク供給力方式から発電の運転パターンを変更する必要がある。

荒瀬ダムの撤去問題は，撤去を決めた時点で初めて撤去コストを認識したこ

---

14) 熊本日日新聞，2002年10月27日朝刊掲載。
15) 熊本日日新聞，2002年11月5日朝刊掲載。
16) 熊本日日新聞，2002年11月6日朝刊掲載。
17) 熊本日日新聞，2002年11月30日朝刊掲載。

とを示している。ライフサイクル・コスティングの本来の目的は，撤去コストを企画設計段階で考慮し，コスト計算に組み込むことにある。このダムの事例は，今後ライフサイクル・コスティングを導入するに当たって考慮しなければならない撤去コストの事例を示す有力な指針である。なお，荒瀬ダムを建設した建設会社は，技術的には可能だが前例がないため工法や費用，工期などは不明との見解を示している[18]。欧米では約15年前からダムが撤去されており，今後，欧米の撤去コストの事例を研究することが必要である。

　ライフサイクル・コスティングは，元来アメリカの国防総省という行政から生成されたものであり，近年では，日本の防衛省や国交省でもようやくライフサイクル・コスティングの重要性を認識し，それを活用し始めている。ライフサイクル・コスティングの視点，手法を幅広く非営利組織の活動に応用することは可能であろう。もちろん非営利組織と一概にいっても幅が広い。行政機関，狭義のＮＰＯとでは，運営方法に違いがみられるため，それぞれに適した形・方法で導入することが望ましい。わが国においても，非営利組織の活動領域，活動規模は今後ますます拡大するものと予想される。と同時に，環境保全への積極的な取組みもまた期待されるだろう。ライフサイクル・コスティングは非営利組織のこうした取組みにも貢献すべきであり，そのためにも会計手法・技術としてより弾力的な応用が可能となるよう，さらなる研究への期待が今後ますます高まるであろう。

　環境問題に関していえば，企業だけの問題ではなく，地球上に存在する全てのものに当てはまるものであり，国・地方自治体等の非営利組織とて例外ではない。特に，国・地方自治体は税の有効利用と市民への責任という観点から，その重要性は企業よりも重視しなければならない問題であることを強調したい。

（本章は，江頭幸代「環境コストと撤去コスト－ダムのライフサイクル・コスティングを中心として－」『公益法人研究学会誌』第5号，2003年7月，38－48ページ，および「ライフサイクル・コスティングの海外事業への拡張」『會計』第166巻第1号，2004年7月，81－95ページを加筆・修正したものである。）

18）　熊本日日新聞，2002年11月6日朝刊掲載。

第6章 ライフサイクル・コスティングと原価企画・品質原価

第1節 戦略的コスト・マネジメント

　欧米諸国において1980年代頃から，グローバルな競争環境の下で，伝統的な従来の原価管理や利益管理を見直そうという機運が高まってき，その1つとして，戦略的コスト・マネジメントという用語が提唱された。しかし戦略的コスト・マネジメントにも，一般的に妥当とされている定義はない。小林（哲）は，戦略的コスト・マネジメント論を展開するためのキー・コンセプトについて，①持続的な競争優位の獲得，②価値連鎖（value chain）の2つを指摘している[1]。そして彼は，戦略的コスト・マネジメントを位置づけるために，代替的にポーター（M.E.Porter）のいう価値連鎖概念やシャンクら（J.K.Shank and V.Govindarajan）の見解をレビューすることにより，アプローチしていく方法をとっている。

　ここで「戦略的コスト・マネジメント」[2]に関する項は，簡潔に説明されているので，少し長くはなるが，以下に引用させていただくことにした。「戦略的コスト・マネジメントとは，シャンクとゴビンダラジャンによれば，戦略的要素がますます意識され，明確化され，公式化された広い意味でのコスト分析であり，競争優位を高めるようなより良い戦略を立案するためにコストデータを活用する方法である。それは次の3つのテーマを重視している。

　①　価値連鎖分析……一企業の枠を超えて原材料から最終顧客に至るまでの価

---

[1] 小林（哲）〔1993〕，101-123ページ。
[2] 平岡秀福「戦略的コストマネジメント」櫻井編〔2002〕，147・148ページ。

値創造活動の連鎖全体を観察し，そのセグメントのどこでコストが低減でき，どこで顧客にとっての価値を高めることが可能かを発見する。
② 戦略的ポジショニング分析…ポーターのいう基本戦略であるコストリーダーシップと差別化のいずれを採択するかで，コスト分析の役割も異なるので，それを明らかにする。
③ コスト・ドライバー分析…コストの発生に影響を与える諸要因間，諸活動間の相互分析をする。」

この引用の中にある「一企業の枠を超えて原材料から最終顧客に至るまでの価値創造活動」という下りに注目しなければならない。これは，顧客の要求を企業内の活動に取り入れるものである。また価値連鎖は，企業内部だけの問題としてではなく，企業外部に及ぶ全ての関与者が利益を享受できるような考え方であり，メーカー側においてユーザーコストを検討しようというライフサイクル・コスティングの試みに一致するであろう。

図表 6－1 価値連鎖の基本的な考え方

支援活動	全般管理（インフラストラクチュア）					マージン
	人事・労務管理					
	技術活動					
	調達活動					
	購買物流	製造	出荷物流	販売・マーケティング	サービス	

主活動

（出所） M.E.Porter〔1985〕, p.37. 土岐ほか〔1985〕, 49ページ。
「価値連鎖」は，価値の全てをあらわすものであって，価値をつくる活動とマージンからなる。価値連鎖の基本的な考え方は，価値活動を主活動と支援活動の2つに分け，その相互関係を探求することにより，競争優位を獲得しようというものである（土岐ほか〔1985〕, 37-77ページ。）。

第6章　ライフサイクル・コスティングと原価企画・品質原価

　また古田は，シャンクとゴビンダラジャンの戦略的見解は，方法論上，戦略的コスト・マネジメントのツールとして管理会計や原価計算システムを捉えるところに特徴があるが，戦略的コスト・マネジメントとこれを支援する管理会計や原価計算システムと結びつけることに意味がある[3]という。そこで近年発展してきた原価管理の手法であるＡＢＣ，品質原価計算，原価企画，ライフサイクル・コスティング等が今のところ，戦略的コスト・マネジメントを構成する要件を満たしていると考えられているので，以下ではそれらとの関係について述べることにより，戦略的コスト・マネジメントの一般的理解とすることにしたい[4]。

　まずＡＢＣについては，それが現代の複雑な経営環境を反映する諸活動に焦点を当てていること，コスト・ドライバーとなるもののなかに経営の戦略的な選択要因を理解しようとしていること，また活動分析を通じて戦略的に重要な意味をもつと考えられる価値連鎖概念を原価計算システムのなかに取り入れていることなどにおいて，ＡＢＣが戦略的コスト・マネジメントのツールとなりうることを示唆している[5]。

　次いで品質原価計算については，伊藤(嘉)の指摘する以下の「戦略的」要件の複数を満たしているので，品質原価計算がこれらの要件を充足する数少ない例とされている[6]。

---

3) 古田〔1997〕，266ページ。
4) 古田によれば，戦略的コスト・マネジメントの一般的理解に達する方法としては，具体的に戦略的コスト・マネジメントの構成要素にはどのようなものがあるか，逆に伝統的コスト分析はどのような原価データを欠くことで戦略的コスト・マネジメントのツールとしての会計システムとはいえないのか，あるいは，戦略的コスト・マネジメントに役立つための原価データを作り上げるためにはどのような変更がなされる必要があるかといった点を考えなければならないという（古田〔1997〕，267ページ。）。小林(哲)〔1993〕，102ページ，あるいはJ. K. Shank and V. Govindarajan〔1989〕, pp. 53−54. にも同様の見解がある。
5) 小林(哲)〔1993〕，121ページ。山本（浩）〔1993 a〕にも詳しい。
6) 伊藤(嘉)〔2001〕，31ページ参照。彼は，4つの要件の複数を満たしているものが，「戦略的」に相当すると考えているが，全ての用件を満たす必要があるように思われる。

135

① アプローチが斬新であること
② 実践ないし適用したことによる効果が大きいこと
③ 効果の影響が多元的な意味をもつこと
④ 効果が一過性に終わらず，長期間持続すること

また原価企画についても，以下の点から戦略的コスト・マネジメントに位置づけられるのにふさわしいとされている[7]。

① 原価企画は，顧客ニーズに適合する品質・価格・信頼性・納期等の目標を設定し，それを実現するマネジメントであるが，どのような製品を企画・開発していくかは，競争優位を生み出そうとする経営の市場戦略に密接に関係しており，「どこにどれだけのコストをかけるのか」といった判断も，市場戦略の視点から検討されるべきである。

② 製品の開発・設計プロセスでは，戦略的な意味をもった製品コンセプトを組織のすみずみまで強力に吹き込んでいく必要があるが，それは，いいかえれば，設定された戦略的目標を実現していくプロセスであって，「コストの作りこみ」もまたその一部となる。

③ 原価企画は，組織内の活動にとどまらないで，組織外部とのネットワークを構築しながら展開される。原価企画活動は，原料や部品の提供者から最終消費者までの全てに渡る価値創造活動の連鎖のなかで進められる。

ライフサイクル・コスティングに関していえば，原価企画では強調されていない撤退の目標を設定して，効果の大きさ，長期的なコスト回収可能性，環境適応性，多様性，持続性，製品コンセプト作りに関連していることから，戦略的といえるだろう。また，ライフサイクル・コスティングは，ユーザー側のライフサイクルにおけるコストの低減を考慮することによって，顧客のニーズに応えることができ，競争優位になると考えられる[8]。戦略的コスト・マネジメ

---

7) 日本会計研究学会編〔1996〕，26-27ページ参照。
8) シャンクとゴビンダラジャンは，顧客の購入後のコストを削減するように設計された製品は，競争優位を確保するための大きな武器になると述べている（種本訳〔1996〕,12ページ。）。J.K.Shank and V.Govindarajan〔1993〕

第6章 ライフサイクル・コスティングと原価企画・品質原価

ントの考え方は，従来企業内部だけの利益を考慮していたものが，サプライヤーとの関係や顧客との接点を設計・開発の段階から取り組むことによって，ライフサイクル・コスティングとの接点が大きくなっている。

フォービスら（L.J.Forbis and N.T.Mehta）は，価値連鎖における顧客との関係をライフサイクル・コストからみることによって，企業利益の増大する可能性を明らかにした[9]。それは，戦略的コスト・マネジメントにおける戦略的ポジショニング分析の効果と考えられている。つまり，顧客が購入した後のコストに注目することによって，より効果的なマーケットセグメンテーション（市場を同質のニーズがもついくつかの集団に分けること）や製品ポジショニング（競合製品と比較して，消費者の意識の中で自社製品が認識されているポジションのこと）が可能になるからである。ライフサイクル・コスティングは，戦略的コスト・マネジメントの有力な1つである。そしてホーングレン（C.T.Horrngren）がライフサイクル・コスティングを「製品価格の決定など，意思決定のためには，製造原価のみを製品コストとするのではなく，企業経営の全プロセスを通じて，研究開発費，設計費，製造原価，マーケティング費，流通費，アフターサービス費を含めたトータル・コストとして製品コストを把握していく必要があろう」[10]といっているのは，戦略的コスト・マネジメントの中に位置づけている証拠である。ただ，この定義で環境コストと撤退コストに言及していないのは，残念なところである。

第2節　原価企画と品質原価

原　価　企　画

原価の約80％以上が，原価の実際発生前の初期（設計・開発）段階までに決定されてしまい，それ以降はほとんど変更不可能であるといわれている。このことは，1つはメーカーが計画したどおりに製造するから，製造開始後では，コ

---

9) L.J.Forbis and N.T.Mehta〔1981〕, pp.32－42.
10) C.T.Horngren, G.Foster and S.M.Datar〔1997〕, p.43.

スト削減ができないということを意味し，もう1つは研究開発段階においてコストが非常に多額となるので，それに比して製造コストが安いという意味があろう。しかしどちらの場合においても，コスト低減のためには，製造段階よりも前の段階でコスト削減・管理を行うべきという考え方が，現在の管理会計においては主流であろう。特に原価企画はその特徴をなすものである。

原価企画は当初，製造以前の段階でのコスト低減を目的として採用された[11]という。その後原価企画は「原価発生の源流に遡って，VEなどの手法をとりまじえて，設計，開発，さらには商品企画の段階で原価を作り込む活動」[12]という考え方へと変化し，最近の原価企画は，原価低減と同時に機能・品質・信頼性・納期・その他の顧客満足を達成する製品開発マネジメントへと発展してきた。原価企画の変遷は，他の原価計算と同様に，顧客ニーズ等の企業環境に応えるため，製品コンセプト作りを含めた製品企画段階での原価管理・利益管理を重視する方向へと移行してきた。つまり原価企画は，①原価低減→原価の作りこみ，②製品開発→利益の作りこみの2つを同時に達成するものと考えることができる。この2つの領域から，ライフサイクル・コスティングも考えていかなければならない。

品質原価

品質原価は，品質という定量的なものを貨幣に換算して検討しようという試みであり，品質管理や品質保証業務に関連して発生するコストと品質管理の不完全さのために，メーカーが負担する損失の総称であるという。このような意味から品質原価は，品質適合コスト（製品の品質を品質規格に一致させるために発生するコスト）と，品質不適合コスト（実際の製品と品質規格および不一致から発生するコスト）に分類される。

品質原価の分類に関しては，1960年代のファイゲンバウム（Feigenbaum）に

---

11) 加登〔1993〕，59ページ。
12) 上掲書，17ページ。

よって，品質原価のうちの適合品質（quality of conformance）[13]を予防・評価・失敗原価（Prevention-Appraisal-Failure cost：ＰＡＦ原価）に分類したものが有力である。ファイゲンバウムは，適合品質に関する品質原価を，製造過程で製品やサービスに欠陥が生ずることを防ぐための予防原価（prevention cost），品質の評価を正しく行い，品質水準を維持するための評価原価（appraisal cost），製品の出荷前に生ずる欠陥や品質不良の処理等の内部失敗原価（internal failure cost），製品出荷後に発見された欠陥や品質不良によって生ずる外部失敗原価（external failure cost）の４つに分類した。製品品質の競争が激化している場合は，外部失敗原価が重要であり，製造効率のためには内部失敗原価が，また積極的な品質管理活動の管理には，予防原価や評価原価がその指標となると考えられる[14]。

第３節　ライフサイクル・コスティングと原価企画の関係

本節では，まずライフサイクル・コスティングと原価企画について検討していきたい。これら両者間には，類似した傾向が多いといい，先行研究がある[15]。ライフサイクル・コスティングと原価企画の特徴は，業種，製品の種類や形態，顧客ターゲット層，戦略的位置づけ，重点に置く目標等によって，基本的概念は同じであるものの，その様態が変化するという点であろう。また，ライフサイクル・コスティングは計算する際に原価企画と同じ段階（時期）に実施するのが，より有効であろうと考えた。

そこで本書では，これまでライフサイクル・コスティングを市場と環境の関連から大きく２つの体系（メーカー固有の視点と製品視点）に区分して考えてきたが，原価企画を含めたとしても一貫して，これらのライフサイクルごとに区分して考えることから論を進める。つまり本節では，コスト管理の側面に焦点を

---

13) 適合品質は，製品が仕様書にどれだけ適合したものになっているかを示すもので，基本的な製造工程，検査と試験，欠陥予防，品質失敗，品質保証などに関するものである。
14) J. Thomas, Edmonds, Y. Bor, Tsay and Wen, Wei Lin〔1989〕, pp. 28−29.
15) 小林（哲）〔1996 a〕，崎〔2002〕，西村〔1995〕などがある。

あてて,「メーカー固有の視点」と「製品視点」のライフサイクルの2つから,ライフサイクル・コスティングと原価企画との関係について検討する。そして原価企画の中に,ライフサイクル・コストを組み込むことが可能であるか,組み込めるとすれば,どのようにしてライフサイクル・コストを扱うべきかについて,原価,利益,品質,環境問題の4つの作りこみという点から検討していく。

まずは,ライフサイクル・コスティングと原価企画の関係についての様々な見解を見てみよう。概して2つに区分されよう。1つは「原価企画の対象としてライフサイクル・コストを検討すべき」であり,もう1つは「ライフサイクル・コスティングと原価企画は別のものとして考えるべき」という。このような両極端の見解があるのは,ライフサイクル・コスト範囲の捉え方,特にメーカーの直接負担し得ないユーザーコストを原価企画の対象とするか否かという点にあろう。そのため本書では,一貫してライフサイクルの混同を避けるため,区分して考えていくことに焦点を置きたい。まず多くの論者の支持する前者の見解について,以下にみてみよう。

伊藤(嘉)[16] - 原価企画における目標原価も,トータルなライフサイクル・コストの削減を目指すものになる。

田中(雅) - 原価企画の対象とされるコストは,製品販売後に顧客の側で発生するユーザーコストや廃棄コストを含むトータルなライフサイクル・コスト(フォールライフ・コスト)である[17]。原価企画で管理対象とする原価は理想的にはライフサイクル・コストのすべてであり,これらの原価を性能目標や開発日程目標と同等のウェートを持った目標(すなわち原価目標)として位置づけ,これを開発設計者に与え,彼らの自己統制指針や評価尺度とする[18]。

日本会計研究学会特別委員会[19] - ライフサイクル・コストの本格的な実施は,

---

16) 伊藤(嘉)〔1991b〕,73ページ。
17) 田中(雅)〔1992b〕,1-19ページ。
18) 田中(雅)〔1992a〕,63ページ参照。
19) 日本会計研究学会特別委員会〔1992〕【中間報告書】,7-8ページ。

第6章　ライフサイクル・コスティングと原価企画・品質原価

今後，開発・設計段階で製品の品質とコストを作り込んでいく原価企画を充実させることである。

一方，後者の見解に対して，小林(哲)は，わが国における原価企画は，アメリカ等におけるライフサイクル・コスティングや品質原価の把握方法とは本質的に区別されるべきだ[20]という。彼が，ライフサイクル・コスティングと原価企画は，一応区別した方がよいという理由は，以下にある[21]。国防総省を中心としたライフサイクル・コスティングは，ユーザーである国防総省の直接的な指導や要請によって，メーカー側が使用コストや廃棄コストを含めたライフサイクル・コストの低減を行う。それに対して，わが国の原価企画活動は，そのようなユーザー側の直接的な要請を受けた活動は例外的である。これは，本書の冒頭でも述べたように，アメリカの生成期のライフサイクル・コスティングの考え方が，現在の企業環境に適合できるのかという問いと本質的には同じものといえよう。確かに，国防総省で実施されたライフサイクル・コスティングは，ユーザーである国防総省とメーカーとが一体となって当該製品のライフサイクル期間中の使用コスト等の低減に開発から取り組んでおり，メーカーと共同（国防総省が設計のみ関わったのか，商品企画まで携わったのかは明確ではないが）で製品の品質・信頼性・納期・価格等を検討している。

しかし現在のライフサイクル・コスティングを考える際に，原価企画は重要な存在であるし，この考えを取り入れなくては，現代的ライフサイクル・コスティングは確立し得ないものでもある。したがってそれを確立するための方法として，本書の主旨でもあるように，ライフサイクル・コスティングを2つの視点（①メーカー固有の視点からの原価企画と②製品視点からの原価企画）から検討していくことが必要であろう。

まずは，2つのライフサイクルの視点（メーカー固有の視点，製品視点）において，原価企画を実施することの共通点を述べ，その後，相違点とどのように取り組むべきかについてみていこう。共通点については，以下が考えられよう。

---

20) 小林(哲)〔1993〕, 174ページ。
21) 小林(哲)〔1993〕, 200ページ参照。

① 現在では，企画・設計段階で実際に発生するコストの約80％が決定されているといわれているから，どちらの視点に立ったとしても，この初期段階で考えなくては，ライフサイクル・コスティングを効果的に実施できない。
② ①のことから，初期段階ではコストだけでなく，利益・品質・環境の全てのコストを含んで検討するのが有効である。
③ ②を達成するためには，従来のコストよりも拡大したコストの把握が必要である。
④ つまりコストを拡大して検討することにより，製造原価が増大することになるが，他社との競争戦略や採算という面から，利益の獲得あるいは利益が獲得できるようなシステムができる。

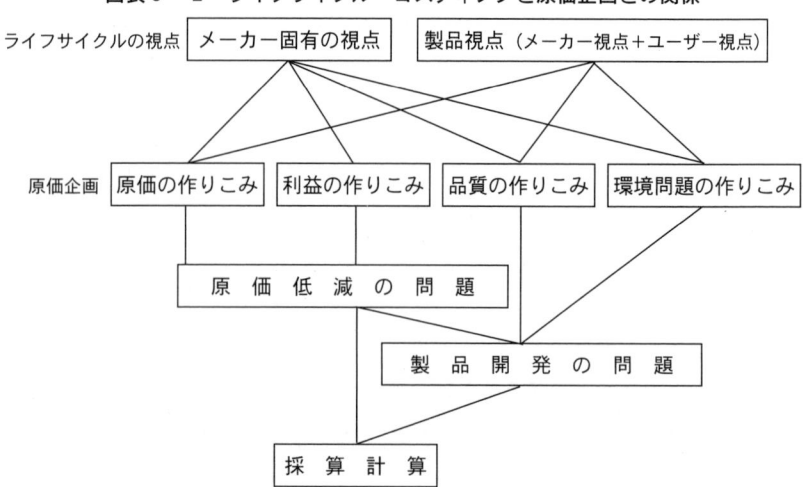

図表6－2　ライフサイクル・コスティングと原価企画との関係

以下では，図表6－2に従い，ライフサイクル・コスティングと原価企画の関係について，特に重要と思われる部分について検討していこう。

第6章　ライフサイクル・コスティングと原価企画・品質原価

メーカー固有の視点　－原価・利益の作りこみ－

　メーカー固有の視点とは，これまでにも繰り返し述べてきたように，メーカーのみが負担するコストを把握し，採算計算を基礎に置くものである。「原価を作りこむ」とは，清水(信)によれば「製品やサービスなどのアウトプットの価格とそれを生産するための原材料，設備，労働力などのインプットのコストとの関係を原価構造と呼ぶが，この原価構造を最適化することによる原価低減と，さらに新たな技術革新によって，効率的なアウトプットの価格とインプットのコストとの関係を最適化して原価低減を図ることの両者を含むものである」[22]という。このことは，メーカー固有の視点だけでなく，製品視点にも，もちろん当てはまることである。原価低減は，製造技術革新に伴って，ますます低減され，最近ではこれ以上原価を下げることができない状態までに至っているという。それでもまだ企業は許容原価に近づけるまで，さらなる努力を続けなければならない。また，市場によって規定された原価目標に出発点をおく原価企画活動は，マーケットイン思考・プル方式をその基底におき，市場の要求に応ずることのできるレベルまでコストを引き下げることを基本的な目的としている[23]。しかし，原価低減を考えるには，どこまでのコストを対象にするかが問題となる。

　加登は「原価企画の対象となる原価を狭く定めている企業で，血のにじむような努力をして原価低減に取り組んでいるにもかかわらず，期間原価額の低減に結びつかないのは，原価企画の対象外のコスト管理が徹底していないためである」[24]と指摘している。この見解は，今まで検討されていなかったコスト，つまり撤退コストやリコール費等をあらかじめ原価企画に取り込み，メーカーとしての一環した流れでのコストを把握しないならば，利益に結びつかないという，本書の主旨を裏付けるものであろう。つまりメーカーとして発生する可

---

22)　清水(信)〔1995〕, 39ページ。
23)　近藤〔1989〕, 1－25ページ。
24)　加登〔1993〕, 74－75ページ。

能性のあるコストを全て考慮し，製品の回収計算を実施すれば，利益獲得に結びつくのではないかという考えに帰着するのである。原価企画が，原価低減を中心に考えていた時には，無理であった問題が，原価企画のコストが時代とともに拡大するにつれて，ライフサイクル・コストで検討すべきという主張が正当化されるのである。つまり原価企画のコストを作りこむ段階で，研究・開発・設計・企画コスト，総原価に加えて，製品販売停止後の設備・人材・在庫・部品保存コスト，担当者の維持，リコール費等を検討することが必要である。

　結論を言えば，メーカー固有の視点からのライフサイクル・コスティングは，顧客の要求にコスト面から応ずるために「原価の作りこみ」において製造原価をできるだけ低く抑え，また「利益の作りこみ」という点から，製品販売停止後の企業の撤退コストを企画・開発段階でコストを前もって計算するため，より正確な利益が計算できるといえよう。

メーカー固有の視点　－品質への作りこみ－

　現在の競争戦略に勝つためには，顧客のニーズを満たすように，品質等のコストをその発生源泉に遡って作りこみ，同時に品質保証費，ＰＬ関連コストを原価企画の対象として取り組むことも必要である。ＰＬ法の制定によって，製品販売後の製品の欠陥がメーカーの責任を問われる昨今，既に販売終了した製品についても何らかの不具合に備えて，企業は前もって予防すべきである。それは，製品の安全対策として設計・研究開発時に安全装置を取り付け，顧客の分かりやすいラベル・取扱説明書の作成等までをも考慮しなくてはならないことを意味する。

　すなわち品質において，原価企画の中で取り組むライフサイクル・コストは，原価低減の目的のためではなく，顧客満足を獲得するような戦略を実施する際のツールとして重要なのである。製品の品質が向上することによって，顧客からのクレームが減少し，余分な部品，在庫削減につながるのであれば，当該製品群のライフサイクル・コストはトータルとして最少になり，利益獲得につながるであろう。品質を向上させることで損失が減少するのなら，他の条件が一

第6章 ライフサイクル・コスティングと原価企画・品質原価

定であれば，損失と同額分の利益の増大となろう。品質の問題を利益という財務的なものに結びつける役目として品質原価があるのだろう。

品質原価は，設計仕様と実際の品質を検討する適合品質から，顧客の要求品質の一致に変化してきたところに原価企画を検討する根拠が求められる。原価企画は，「原価」と同時に「品質」の作りこみを行うものである。ユーザーが期待する製品の使用期間をライフサイクルと考え，「使用者のニーズを満たす製品の安全性・品質」をその使用期間以上に渡って確保できるような製品設計をすることが重要であろう（環境問題については，前章で触れたのでここでは省略した）。

製品視点　－利益の作りこみ－

多くの論者の指摘する「原価企画の対象としてライフサイクル・コストを実施すべき」というのは，総合的利益管理の一環として考えているものが多い。「ユーザー側で使用コストを節減する余地はきわめて少ない」[25] あるいは「総ライフサイクル・コストが確実に最低になるように，生産時点より以前に発生する諸活動に焦点を当てる」[26] という指摘にもみられる。たとえば，ユーザーが電気代を節約しようとして，こまめに電気を消すという行為はできるとしても，設計上の消費電力を変更することはできないし，ユーザーに渡ってからの設計上の不具合に起因する故障も，事後的にしか対処できないといった具合である。

これまでメーカーは，使用コストや社会的コストを，顧客や社会に転嫁してきたのは事実であろう。そこで顧客満足と全体の経済性を考慮する上で，コストを部分ではなく，使用コストや廃棄コストを考慮して全体的に鳥瞰し，新製品開発の際に検討しなければ，戦略的に優位に立つことは難しくなってきたというのが，一般的な見解である。設計段階で考慮すべき内容として，ブロッシャー（B. J. Edward）[27] らは以下を挙げている。

---

25) 牧戸孝郎「ライフサイクル・コスティング」岡本ほか〔1988〕，98ページに所収。
26) C. Berliner and J. A. Brimson〔1988〕
27) B. J. Edward, H. Chen Kung and W. Lin Thomas〔1999〕, p. 147.

① 製品開発から製品市場化までの時間の短縮
② 簡単な設計と交換の可能な部品などによる顧客サービス・コストの縮小
③ 製造の容易な設計による製造コストの削減
④ 高度製造技術・技法の利用による弾力的な製造プロセス

彼のいう①②は開発短縮，③④は製造コストの削減を意味している。企画・開発段階では，製品の仕様，生産方法，生産設備，生産工程等の生産条件が決定されるのだから，ユーザーの求める機能（製品の使いやすさ，メンテナンスの容易さ）・デザイン・品質（耐久性・故障の少なさ・廃棄の容易さ）を考慮して，製品開発をし，顧客満足を得，利益へと結びつくようにする必要がある。

従来までの原価企画のコスト範囲は，素材費・買入部品費・直接加工費等の直接製造原価，次いで間接加工費や新規設備の減価償却費に限定されており，開発費，試作費，物流費に関する取り組みの程度はかなり低く，また品質保証費，ＰＬ関連コスト，廃棄コスト，あるいはユーザー側で発生する使用コストを原価企画の対象としているケースは少ない[28]。直接費ばかりが原価企画の対象コストとして取り上げられるのは，間接費の把握の困難さにあるのだが，間接費を含めた包括的な原価を考慮しなければ，採算は分からないであろう[29]。

ライフサイクル・コストのうち，ユーザー側が負担する使用・維持・廃棄コストを削減し，そして資源の利用率を高めることを重視し，メーカーは前もって製品開発によってそのような製品を作るように考えることは重要である。そして「消費者が購入から廃棄までの全期間を通じた総支出の最小化を考慮する傾向が存在するならば，メーカーは製品のライフサイクル・コストを対象にした原価企画を実施しやすい」[30] といえよう。ここに原価企画においてライフサ

---

28) 神戸大学管理会計研究会〔1992〕，吉川〔1992〕，75ページ。，田中(雅)〔1992ａ〕，63ページ参照。
29) 山本（浩）は，ＡＢＣによる製品原価を，原価企画活動における目標原価として位置づけ，従来の原価企画活動の中心であった直接費だけでなく，間接費を含めて対象にすることが，戦略的コスト・マネジメント手法として有効であると指摘している(山本（浩）〔1993ｂ〕)。
30) 加登〔1994〕，76ページ。

イクル・コストを考えることの必要性を見出すことができる。確かに製品開発からは，ユーザーの要望に沿った使用・社会コストの小さいものを考えるのは，メーカーでしかあり得ない。そしてメーカーが戦略的に優位に立つためには，検討すべき重要事項でもある。ユーザーコストの把握，つまり製品視点のライフサイクルからみたライフサイクル・コストを原価企画活動で実施し，また宣伝することは，製品開発の問題からのみ有効なのである。

つまり原価企画のもう1つの要素である原価低減という面からは，メーカー以外のコストが入り込むので，かなり困難な問題であると言わざるを得ない。日本会計研究学会編〔1996〕においても，使用者側で発生するコストを軽減する目的でメーカー自らが支出するコストを原価企画の対象とする場合と，メーカーが負担するか否かに関係なく全ライフサイクル・コストを対象として原価企画活動を行うという2つの区分したモデルが必要であることを述べている[31]。これについては，以下の原価の作りこみという点から検討してみよう。

製品視点　－原価の作りこみ－

原価の作りこみの点からは，ユーザー側のコストを原価企画の原価対象とするのではなく，メーカーが支出するコストのみを対象にすることが重要である。原価企画に，ユーザー側で負担するコストまでを含むというのなら，許容原価には使用・廃棄コストは含まれないので，その許容原価は原価企画活動の対象となる目標原価とは原価構成範囲が異なり，許容原価と原価企画における目標原価とは概念構成上，異質であると考えるのが妥当なのである[32]。つまり，企業外部で発生する，企業の負担しないコストは，目標原価とはなり得ない。西村は「原価企画は，製品の生産者の観点からのコスト削減のための戦略的原価管理活動であるので，ライフサイクル・コストを狭義に解している」[33]といい，ユーザー側のコストを考慮せずに，原価企画の原価低減という側面を強調して

---

31) 日本会計研究学会編〔1996〕，53ページ参照。
32) 小林(哲)〔1993〕，199ページ参照。田中（雅）〔1992 a〕，60－61ページ。
33) 西村〔1995〕，39ページ。

いる。

　以下，日本会計研究学会編〔1996〕を参考に説明していこう。「ユーザー側のライフサイクル・コストは製品企画の段階で使われるのに対して，企業内で発生するコストを作り込む段階（目標原価の設定を含めて）では，開発を行う企業自らが負担するコストを直接の原価企画対象とするモデルを使用すべきだ」[34]という。つまり，メーカーが原価作り込みのために目標原価を設定する段階においては，ユーザー側で発生するコストをメーカーの原価目標に組み込むことは，メーカー固有の原価計算とはならないため避けるべきというのである。製品視点といえども，あくまでもメーカーが原価企画を実施していることに変わりはないのだから，原価企画の目標原価に，直接費と同列にユーザーコストを検討することには問題があろう。目標原価の算定公式である予定売価－目標利益＝目標原価を用いる場合，目標原価に含められる原価の範囲は，その売価によって補償される原価に限定されなくてはならないのである（この意味では，メーカー固有の視点において，目標原価に製品販売停止後のコスト，あるいは環境コストを含めて売価を設定することは妥当であるように思う）。

　したがって，ユーザー側で発生するコストは，目標原価として含めることはできない。もちろん，製品企画の段階に顧客のニーズに基づいて，ユーザー側のコストが軽減されるように，製品の機能・品質・信頼性等の条件が設定された場合に，それらの条件を満たすためにメーカーが負担するコストについては，目標原価に含められる[35]。それらは外部コストではなく，メーカーの負担すべきコストであるという理由からのみ正当化される。たとえば，製造しやすさを考えた製品の設計は，加工時間や段取時間を節約し，品質を維持しやすい設計は品質検査や仕損の再加工を減少させ，また適切な工程設計は，マテハン費の低減をもたらす[36]。そこで，ユーザー側で発生する使用・維持・廃棄コスト等を含めて原価企画活動を展開するには，製品企画段階での取り組みを強化する

---

34)　日本会計研究学会編〔1996〕，53ページ参照。
35)　上掲書，53-54ページ。
36)　山本（浩）〔1995〕，147-148ページ。

第6章　ライフサイクル・コスティングと原価企画・品質原価

ことによってのみ実施すべきであろう。すなわち，製品企画では，原価目標の設定に先立って，開発される製品に対するニーズや要求条件が包括的に考慮されるからである。そうすることによって，使用コストや廃棄コストあるいは環境への配慮等が行われる余地も生まれる[37]。つまり，原価企画の上位概念としての製品企画に用いられるべきであり，これに関してはそれに取り組もうとする企業の姿勢が重要となろう。これに関して，小林(哲)も「使用コスト・廃棄コストは直接的な原価低減の対象というよりも，むしろ製品の機能や品質とともに企画・開発される製品の商品性を構成する要素として取り上げられることが多い」[38]と述べている。

　上記でみた日本会計研究学会の見解は，目標原価をライフサイクル・コストとする場合，目標原価は利益計画と一環して行われているものだから，ユーザーコストを含めるのはどうかという，本書の主旨に一致する根本的な意味をなすものである。このようなメーカーとユーザーという負担者の違いから，本書では大きく2つの視点に区分して検討してきたのである。つまり，メーカー固有の視点と製品視点の根本的な相違点は，ユーザーコストの把握をどのようにするかという点にある。これまでのライフサイクル・コスティング研究は，この負担者の明確な区分がされていなかったのである。ライフサイクル・コスティングを原価企画との関係を論ずることによって，この点がさらに明確になったことは，本書において貢献できたことの1つであろう。

　ここで，「原価企画の対象としてライフサイクル・コストを実施すべき」か「ライフサイクル・コスティングと原価企画は別のものとして考えるべき」かを再考すると，一言で解決すべき問題でないことがわかる。前者の多くは，原価企画の対象コストとして，安易にライフサイクル・コストであると説明されているが，ユーザー側のコストについては，対象コストに組み入れないことが妥当なのである。また後者の見解は，ライフサイクル・コスティングの方法として，アメリカにおいてデザイン・ツー・コスト（Design to cost）が採用された

---

[37] 手島〔1993〕，232-233ページ参照。
[38] 小林(哲)〔1993〕，162ページ。

ことを鑑みれば，ライフサイクル・コスティングを原価企画の中で実施する方策を考えないならば，ライフサイクル・コスティングはシステムとして企業の中で位置づけられることが困難なものとなる。

　図表6－3では，ライフサイクル・コスティングと原価企画の統合モデルを示しており，これに基づいて以下説明する。まず，経営戦略では市場における製品のライフサイクルを含めて，製品コンセプトが作られる。その次の商品企画の中で，顧客ニーズを満足させるような品質・機能等，そしてユーザーコストの低い製品企画や，製造しやすさを考えた製品の設計を考慮する。予定販売数量・予定売価から目標利益を算定し，製品販売停止後のリコール費を含めたメーカー固有の，メーカーのみが負担するコストに基づいて目標原価を設定する。設定された目標原価は，機能別・部品別に展開され，原価改善が実施されるのである。そして最後に経営戦略へとフィード・バックする。原価企画にお

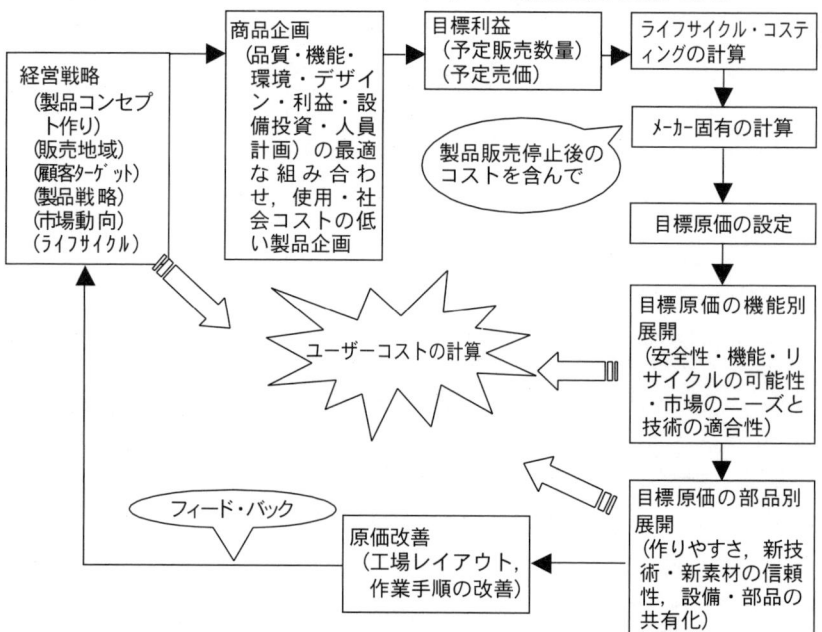

図表6－3　ライフサイクル・コスティングと原価企画の統合モデル

ける目標原価は，各製品がどれだけの利益を生むことが期待されているかを明らかにするプロセスから算出する[39]というのであるから，そこに環境や撤退コストを考慮すること，あるいは製品ライフサイクルの期間（どの期間・どの製品が市場に存在し，収益を生むか）を定めることが重要となろう。ライフサイクル・コスティングにおいてもフィード・バックという概念は，日々行うべき重要事項である。

原価企画のプロセスに基づき，原価低減を実施することは，ライフサイクル・コスティングを実施する上でも有効である。ただし，ライフサイクル・コスティングの場合は，コストを低減させることと同時に，環境・撤退などで新たなコストの追加がある。最後に，原価企画の中でライフサイクル・コストを考えることの意義について以下にみてみよう。

① 製品の源流段階（企画・開発・設計段階）でそのコストの大部分が決定してしまうので，ライフサイクル・コストにおいても，原価企画においての取り組みが必要である。
② 企業が，製品の源流段階において，自社の製品の差別化と顧客ニーズを考慮することは，競争戦略となり得る。
③ ライフサイクル・コストへの取り組みは，原価企画が戦略的コスト・マネジメントとして展開される場合の1つの説明要素となる[40]。
④ ユーザー側の負担する使用・維持・廃棄コストは，製品企画段階で構想される製品の機能・品質・信頼性・顧客ターゲット・価格と関連している。
⑤ 原価企画の中で原価目標として扱われるべきコストは，ユーザーコストは含まず，メーカーで発生するコストのみであり，これは開発段階で実施される。
⑥ 原価企画の段階でライフサイクル・コストを実施することは，開発期間の短縮，すなわちライフサイクルの短縮化につながる。
⑦ 企業の海外進出への採算計算として利用することが可能である。

---

39) 加登〔1994〕, 60ページ。
40) 日本会計研究学会特別委員会報告草案（1994）が参考になる。

⑧　地球環境問題の観点から，資源の配分が適正化でき，ムダな資源の消費を減少することができる。

⑨　原価企画が製品のコンセプト作りに寄与していることから，経営理念・経営戦略としてのライフサイクル・コスティングの一貫性を貫くことができる。

第4節　ライフサイクル・コスティングと品質原価の関係

　ライフサイクル・コスティングで取り上げる品質コストは，事前計算であるとしても，従来の原価計算で取り上げられているコストが多く含まれ，何をライフサイクルの中で品質コストとして認識し，把握するかを考えていかなくてはならない。そこで品質コスト[41]の範囲をみるために，品質コストの様々な分類の中から範囲を洗い出したい。

　図表6－4は，品質原価の構成項目と会計上の費目の関係を示したものであり，ここで示す予防原価，評価原価，内部失敗原価は，いわば従来の原価を品質に視点を当てて把握した分類方法である。したがって従来の原価概念の範囲内にある。ただし，外部失敗原価である品質不良等によるブランドイメージの失墜，リコール等は，従来の原価概念には含まれないが，ライフサイクル・コストとして新たに取り入れなければならない原価要素である[42]。一般に品質原価でいうところの外部失敗原価は，売上高のマイナス項目や特別損失，またコストして認識されないものから成り，これらは通常発生すれば製品に跡付けられないため期間原価として処理される。しかしライフサイクル・コスティングは，これらを期間ではなく，製品ごとに把握しようという積極的な取り組みで

---

41)　品質コストと品質原価という時，製品との関連から取り上げられていることが多く，製品原価性の問題と切り離して考えるため，品質コストと片仮名書きにしているが，本書では，品質原価と用いた方が自然であると思われる時は，品質原価という言葉を使用している。

42)　品質原価計算についてもライフサイクル・コスティングとの関連性を論じている先行研究がある（岡野〔1998 f〕〔1999 a〕〔2000〕）。

第6章 ライフサイクル・コスティングと原価企画・品質原価

図表6-4 品質原価の構成項目と会計上の費目の関係

原価項目	製造原価	一般管理費	その他
予防原価	高品質材料への切替に要する材料費の差額（直接材料費），品質技術，設計技術，品質訓練，品質計画，品質監査等に関連する支出（以上，製造間接費）	試作設計，市場調査，アフターサービス，クレーム処理，サプライヤーの評価等に関連する費用	品質改善のための更新設備の資金調達に要する金利負担（支払利息）
評価原価	材料受入検査（直接材料費），製品試験，包装検査等に関連する支出（以上，製造間接費）		
内部失敗原価	製品の補修および再作業に関連する支出（直接材料費，加工費，製造間接費），再検査費（製造間接費），設計変更に関連する支出（製造間接費）		スクラップ（営業外費用）
外部失敗原価	仕損費	予算額を超える苦情処理・顧客対応に関連する支出	品質不良による売上値引（売上高のマイナス項目），製品リコール，製造物責任法に関連する支出（特別損失），過剰品質に関連する機会損失，品質不良による売上の低下・市場参入の遅れによる顧客の喪失・ブランドイメージの失墜などの機会損失（通常はコストおよび損失として認識されない）

（出所） 伊藤（嘉）〔1999〕，48-49ページ。

ある。

　品質原価には多くの分類があるが，総品質原価を直接品質原価と間接品質原価に大別し，前者を操業品質原価と設備品質原価に区分し，後者を顧客側に生じた品質原価，顧客の不満による品質原価および評判の低下による損失に区分することもある[43]。直接品質原価は，通常の原価計算に属する場合と同じであるが，間接品質原価は，ライフサイクル・コストでも重要な要素となり得るから，以下簡単に項目だけを挙げておく。ただし，ライフサイクル・コストの要素と考える時は，必ずしも支出済みのコストであるとは限らないことを強調しておきたい。ライフサイクル・コストは，将来の予測を含めた原価を考慮するという意味で重要である。ただし機会原価は，客観的な評価がないため計算として取り入れることには困難性が伴う。

　間接品質原価（顧客発生品質原価・顧客不満足品質原価）は顧客側，つまり製品が社外に出てからの問題を考慮しているが，企業の負担すべきコストである。これらは，ライフサイクル・コスト要素として，適切な意思決定のために利用することができるだろう。また評判損失原価は，どの製品が評判を落とし，どの製品が評判を上げたかを知るためには，製品ごとの分類が必要となろう。ライフサイクル・コストの場合は，何も支出原価に限ったわけではないから，これらを製品ごとに把握して，ライフサイクル・コスティングの中に組み込むことは可能かもしれない。

　1960年代から品質原価計算で実施されていたＰＡＦ分類は，企業の品質管理部門が，メーカー側で発生する費用や損失のみを問題として取り上げ，経済的な最低コストを把握することができるという点においては，重要であった。つまり，ライフサイクル・コスティングでいうメーカー固有の視点に組み込むべき観点である。その後，時代の変化やアメリカのボルドリッジ賞における品質改善の成果を示す顧客満足によって，さらに品質コストは拡大される。ここでは外部失敗原価が顧客不満足の指標となり，またそれ以外に出荷全製品数量に

43）　村田ほか〔1995〕，142−147ページ参照。

対する顧客に引き渡された欠陥品数量，顧客の苦情数，超過顧客反応時間，製品納期に関する調査が重要である[44]という。製品がユーザーの手に渡った後に発生し，ユーザーが支払う品質コスト，つまり製品視点のライフサイクルからみた品質にも目が向けられるようになった。

また，消費者救済の立場から，製品の欠陥による自己の責任を広範囲にメーカーに負担させることを義務づける制度であるＰＬ法が制定された[45]。企業はＰＬ法によって，製品の安全確保への先行投資と訴訟・損害賠償に備えるための多額のＰＬ保険料が必要となる[46]。それは，確実にメーカー側のコストの範囲が拡大することを意味する。しかし算定方法は，ＰＬ保険料以外のコストは，困難な側面が多いのも事実である[47]。リコールや自主回収によって，企業は多くのコスト負担を負うことになるため，あらかじめライフサイクル・コストとして何らかの確率をもって組み込むことが必要であろう。

図表6－5は，ＰＬコストの体系と主な構成項目を示した。ライフサイクル・コストとの関係をみるならば，製品開発・設計・生産段階で発生するものは，通常の原価計算として実施される。しかし，顧客引渡後に発生するコスト，ＰＬ訴訟対策費およびＰＬ損失については，メーカー固有の視点といえ，ライフサイクル・コストの一部として，前もってコストを見積るべきものである。

ＰＬ損失は，製品販売後に発生するため，市場のライフサイクル終了後に，メーカー側の失敗によって発生し，そしてメーカーがコストを負担するものであるから，ライフサイクル・コストに組み込むのは妥当であろう。またＰＬ対策費は戦略的な先行投資ともいえるが，ライフサイクル・コスティングを見積原価計算と考えるのであれば，どの製品にどういうリスクがあるのか，またリスクがあった場合に被るかもしれない損失額 (機会原価) を算定しておくことは

---

44) C.T.Horngren, G.Foster〔1994〕, p.804.
45) 伊藤（嘉）〔1991ｂ〕, 54ページ参照。
46) ＰＬ法は，アメリカでは1960年代前半から立法化されており，「メーカーにとって，もっともコストがかかるもの」といわれるように，そのコストが莫大にかかるだけでなく，企業の信用度の低下にも関わる問題である。
47) A.G.Macgregor and C.Millidge〔1986〕, pp.107-111.

図表6-5　PLコストの体系と主な構成項目

製品の設計段階で発生するもの	安全対策に対する危険分析のためのコスト，安全設計に関わるエンジニアコスト，内部統制の強化費
製品の生産段階で発生するもの	安全仕様部品費*，工程管理費，中間および最終製品検査費，修理・保全費など
製品の顧客への引渡後に発生するもの	顧客からの苦情処理やアフターサービスに関わるコスト
各段階を通じて総合的に発生するもの	PL関連事故予防担当部門の人件費・管理費（ラベル・取扱説明書の作成）など
PL訴訟対策費	リコール対策費，製品回収費，記録保全費，PL保険料**，弁護士や保険会社へのコンサルタント・フィー，訴訟費用，補償金
PL損失	懲罰賠償金（PL保険上免責扱い），休業損失，企業イメージの失墜などに伴う逸失利益（機会原価），工場閉鎖費用，生産ライン停止の費用

（出所）　伊藤（嘉）〔1991b〕，66ページを参考に加筆している。
　　＊　追加的な安全装置や部品に要するコスト（製品原価の一部）
　＊＊　被害者への賠償金の支払いを求める判決が出た場合の損失補塡

重要である。基本的には，ユーザー引渡後に発生するコストは，過去のデータや他社の実情を基に検討すること，PL訴訟対策費は，あらかじめ製品ごとに跡づけること，またPL損失は，負債性引当金として設定することが可能であろう。一方，PL対策によるベネフィットは，PL事故に対する賠償金の回避などのPL損失という機械原価が主で，それによる売上高の増大，ブランドイメージやロイヤリティの増大に限られるが，前もって検討しておくこと，そして原価企画の中の目標原価として考えることは重要であろう。

　どれだけ品質をよくしたとしても，外部失敗原価である欠陥品，悪品質なものは必ず発生するのであるから，それらに関してはライフサイクル・コストとして前もって見積りを行うべきである。今までの原価計算においても，仕損や減損については，適当な配分によって計算を実施していたことからも，その考えを外部失敗原価に利用することは可能であろう。品質原価では，外部失敗原価を期間原価として把握しているが，これを製品ごとに把握しようというとこ

第6章　ライフサイクル・コスティングと原価企画・品質原価

ろに，ライフサイクル・コスティングの意義はある。先にも触れたように，製品品質の競争が激化していることから，外部失敗原価が顧客不満足の指標となり得る現在の企業環境においては，その把握と見積りは重要な意義をもつことになるであろう。

　品質原価の概念は，徐々に経営管理者の意思決定を強く意識したものとなり，コストの範囲が，適合品質→設計品質→間接品質原価へと拡大していることから，その拡大した部分にユーザー側のライフサイクル・コストを考えることができる。これは，品質原価が製品の企画・開発から廃棄に至るまでの品質確保・管理を視野において，顧客の期待する安全水準や，環境保全に対する適合性を考慮しているという点から，品質原価をライフサイクル・コストの一部として捉えようというものである。このように，品質原価が顧客や社会を意識したコストへと拡大していることを勘案すれば，ライフサイクル・コストの中にそれを含んで考えることは妥当であろう。このような意味において，ライフサイクル・コストは，従来の品質原価と重複しており，品質原価はライフサイクル・コストに包接されていると考えることができる[48]。ただし品質原価計算では，購買活動や製造活動の中で実施している予防・評価活動を品質に関するコストと切り離して考えることは容易ではないが，ライフサイクル・コスティングにおいては可能であろう。

　ライフサイクル・コストを利用する立場から，品質コストについてその負担者を基礎として考えるならば，悪品質のためにユーザー側の負担コストが大きい，つまり顧客不満足品質原価が多額であれば，その製品の販売力は低下する。メーカーが直接負担するコストではないにしても，ユーザー側で負担すべきコストを無視しては，現在の企業間競争に勝つことができないのはこれまでに繰り返し述べてきた。このことは，品質原価にも当てはまる。さらに，デイル＝

---

[48]　櫻井は，ライフサイクル・コスティングの立場から，製品者品質原価，利用者品質原価に加え，社会的品質原価として廃棄ガスの環境破壊による社会負担を計算することにより，製造原価だけでなく，利用者や社会全体のコストを勘案した原価の計算が可能となると述べている（櫻井〔1991〕，165ページ。）。

プルーレット（Dale and Plunkett）が，「品質原価は製品単位当たりの最小コストという側面から分析するだけでなく，製品ライフサイクル中に製品を所有するトータルコストの最小化の観点から分析することが必要である」[49]と指摘するように，品質の良いものを製造すれば，部品在庫の費用を削減できるという製品ライフサイクル全体から考えることが重要である。これらユーザー側のコストを最小化にするのは，メーカーの製品開発と販売政策の問題である。ただし購買価格によって補償される金額は含めることが可能であろう。

また，企業の社会的責任の増大により，社会的品質コストは，メーカーないしはユーザーの負担になる傾向が強い。これら両者は，メーカー固有の視点からのライフサイクル・コストとして考えるのではなく，製品視点のライフサイクル・コストの一部として捉え，企業の研究開発，設計企画の中で考慮する際の重要な指針とすることができよう。またそれは事後的に発生するものであるから，フィードバックさせて，次の製品の設計企画へ生かすことも重要である。いずれにしても品質原価は，ライフサイクル・コストの一部を構成するものであり，その効果は，短期的には得られないので，長期的視野から活用するという配慮が必要である。

前もってライフサイクル・コスティングの一部として品質原価を見積る作業は，安易なものではない。しかし，タグチメソッドはそれに有効な手法であろう。タグチメソッドは，実際の損失がいくらであったかを測定する手法ではなく，あくまでも事前にこれを予測して当該損失を低減させる設計を行うことを目的としている[50]。つまりタグチメソッドは，従来は購入後に顧客が支払う品質コストを予測することは困難とされてきたが，損失関数を用いることにより，たとえば顧客が品質レベルの維持・回復等の目的で支出する品質コストを，事

---

49) B.G. Dale and J.J. Plunkett, [1991], pp.235-248. クレーム処理費用をゼロ化あるいは最小化するためには，原価企画対象比例費や専用固定費がある程度までは現在より増加してもよいという考え方が有効である場合がある（加登〔1993〕，74ページ。）。

50) 田中・小林〔1995〕，56ページ。

前に見積ることが可能である[51]という。これに関して田中(隆)らも「製品やその構成部品のライフサイクル・コストのすべてを把握するわけではないが，従来の分析では知り得なかったコストに焦点をあてることから，ライフサイクル・コストの明確化に一歩近づくことができる」[52]という。上述した品質原価をライフサイクル・コスティングとして把握するコストは多数存在するが，あえて列挙するならば，品質不良による売上値引，製品リコール対策費，製造物責任に関連する支出，過剰品質に関連する機会損失，品質不良による売上の低下，ブランドイメージの失墜などの機会損失，市場調査費（顧客の要望する品質），製品販売後に発生する顧客のクレーム処理費，修繕にかかる運送コスト，保証期間後の修繕コスト，製品回収費，ＰＬ保険料，弁護士や保険会社へのコンサルタント・フィー，懲罰賠償金（ＰＬ保険上の免責扱い）等である。もちろん，これ以外にも考えられるであろうが，これらを含めてライフサイクル・コスティングは，回収計算を実施することが望ましい。

　今までの会計システムでは，品質コストの大部分が，発生源泉たる製造過程や製品には跡付けされていなかったが，ライフサイクル・コストとして品質コストを含めることは，どの製品もしくはどの部分に問題があるのかを把握でき，削減することが可能となり，製品収益の総合的な分析を行う上で重要になろう。つまり品質コストを考慮しないと，製品原価や価格決定を過少に行うことになりかねないのである。

---

51) 伊藤（嘉）〔1995〕，123ページ。また，タグチメソッドは，損失の低減にむけてどのようなアクションをとるべきかを製品の設計者に示唆することができる（伊藤（嘉）〔1994ｂ〕，94ページ。）。
52) 田中・小林〔1995〕，56ページ。

第7章
ライフサイクル・コスティングの構造
　－回収計算の観点から－

第1節　ライフサイクル・コスティングの構造からの原価計算適用

　本章では，本書の主旨でもあるメーカー固有の視点からみたライフサイクル・コスティングの構造について，回収計算の観点から検討していく。回収計算の具体的解決策として，ABCを利用した段階的貢献差益法，段階的固定費回収計算法を考えてみたい。

　今日，新設備・機械導入等による投資規模が増大するとともに，部門の多角化が進んでいる。投資規模が大きくなれば，金額も多額になるので，それをいつ回収できるかという採算性の問題は，これまでよりも一層重要となる。一方で，企業は顧客ニーズの多様化により，新製品の開発を余儀なくされ，製品ライフサイクルが短縮することから，投資コストを短期間に回収しなくてはならないという事情もでてくる。こういったことから経営管理者は，短期間内に多額の費用を回収するといった経営内部の管理構築が求められる。その際，新製品の開発に当たっては，前もって当該製品に跡付けて製品の採算を見積り，採算ベースにのるという少しでも多くの，そして正確な合意がライフサイクル・コスティング計算で得られて始めて，製品を市場へ出すことが，企業の生き残りの道である。したがって，前章までに述べた環境・品質コストを含めて，メーカー固有の視点から，ライフサイクル・コストという広い概念を用いて回収計算を遂行し，製品ごとの採算分析を実施することには意義があろう。一製品の採算性また，それに環境・品質コスト，さらに製品が市場から撤退した際の撤退コストまでを含めて採算を計算することは，現在の企業環境において有用で

ある。

　ただし一企業として考えた場合，製品の組み合わせ（プロダクト・ミックス）が重要となるかもしれない。つまり，他の製品を販売するという目的で，損失（犠牲）を払ってでも当該製品を販売し続けるということも，一企業として考えた場合には，戦略となり得るのである。これがライフサイクル・コスティングの限界でもあるが，このような状況においては，戦略的に柔軟に意思決定をすることが求められるだろう。他社との熾烈な競争戦略に勝つためには，一層の経営戦略を練ることが寛容であり，戦略のための情報や技法，そして総合的な判断が必要となる。

　本章の目的の1つでもあるライフサイクル・コスティングの回収計算としての利用検討のために，以下の3つの点を検討事項として挙げておこう。

①　回収計算としての全部原価計算

　　回収計算という時，それはある部分のみを回収するのでは意味がなく，当該コストの全てをできる限り網羅しなくてはならない。ライフサイクル・コスティングにおいて，メーカー固有の視点からは，メーカーの負担すべき撤退および環境コストを含めた全て，つまり製品の一生涯のコストを計算しなくてはならない。そこで，ペイトン＝リトルトンのいう原価の同質性の観点から，全部原価の補償を達成する方法として，全部原価計算の拡張したものをライフサイクル・コスティングと捉えていく。

②　原価と利益との関係を解明するための直接原価計算（貢献差益法）の利用

　　貢献差益法は，固定費の回収と利益の獲得に対するセグメントの貢献額である[1]と定義されており，事業部別や製品別といった計算目的を，そのセグメントに応じたコストに帰属させて回収計算を試みるものである。そのことから，製品別の貢献差益法の応用（拡張）として，ライフサイクル・コスティングを検討していく。

1）　谷武幸，神戸大学会計学研究室編〔2001〕，428ページ。

③　正確な製造原価算定のために，活動を基準としたＡＢＣの利用

　　ＡＢＣは，伝統的原価計算において原価の配賦基準に，生産量関連の直接作業時間や機械運転時間しか用いられないことを批判して，活動別にコストを把握しようとする。つまり，固定費の正確な跡付けや配賦の問題は，ＡＢＣを利用することが有用であろう[2]。

以下では，上記で示した3つの同時達成（結合）がライフサイクル・コスティングの構造をなし得るものとして，その方法について模索していこう。

第2節　貢献差益法

そもそも直接原価計算の導入時点において，貢献差益は損益計算書上に示される1会計期間に対して，1つの貢献差益が表示されていた。その後，直接原価計算は種々に展開を遂げ，貢献差益計算書として独立的に作成利用するまでに至っている。当該利益の獲得に対する貢献額という意味から，貢献差益法といわれるのだが，その特徴は目的に応じたセグメント設定の可能性にあり，貢献差益は明らかに収益からのコスト回収に焦点を当てている。

コストは操業度を基礎として，変動費と固定費に固変分解し，操業度の変動に対して，収益性がどのように変動するかを把握するのであるが，目的にそぐわない固定費については，除去可能性，帰属可能性[3]の観点から，固定費除外の法をとる。貢献差益法は，固定費がその発生源泉によって，個々の固定費費目のビヘイビアーが異なるという認識があるため，体系的にコストを回収することができるという。この際，完全に固定費を除外するよりは，固定費をさらに展開した形，つまり製品別や事業部別等のセグメント別に区分したものとして捉えた方が，意思決定にはより有用である。そういった意味から，固定費を

---

2) 門田〔1997〕では，ＡＢＣと貢献利益法を「ＡＢＣ貢献利益法」（ABC Contribution Approach）として紹介している。

3) 帰属可能性とは，給付（経営活動の成果）に対して発生原則に従って負担させることを意味する。

段階的に区分するという段階的貢献差益法がでてきたのである。段階的に区分するという貢献差益法の長所は，貢献する活動（原因）と利益（結果）間の因果関係が，情報源に従って明確に分析することができ，問題を解決するための意思決定ツールとして有用なことである。また，分析対象の貢献性と関連性の観点から，目的適合性と管理可能性の領域にコストビヘイビアを拡張し，経営管理者に短期意思決定のための関連情報を提供することを可能にする。

　経営者の意思決定において，ライフサイクル・コスティングを考える上では，何を基準にするか，何の目的で実施するのか，製造原価のみの利益を重視するのか，あるいはライフサイクル・コストの中に撤退コストまでを含めるのか，環境・品質コストを含めるにしてもどこまでを含めるのか，といったことを検討することは重要である。そしてその問題を解決する上でも，段階的に区分することによって，どの範囲までを意思決定の対象とするか，といった段階的に明示される貢献差益法は有用であろう。それが本章において貢献差益法を検討する理由である。現在の企業環境が，不確実なものであることは第1章でも述べたが，このような状況下において，企業は，存続・発展のために長期的戦略に立つ必要がある。それらに対応するための長期的戦略として，貢献差益法をライフサイクル・コスティングの中に導入していこうというのは，意義深いことであろう。

第3節　活動基準原価計算（ＡＢＣ）利用の理由

　前節で述べた貢献差益法とは意を異にして，ＡＢＣは，アメリカで従来の配賦基準で原価を計算した場合不具合が生じるため，正確な製品原価を算定する目的で生成されたというのが一般的な見解である。たとえば少量生産品に比べて，大量生産品には間接費が多く負担させられ，経営実態と反したものになってしまうことである。市場における製品ライフサイクルからみると，成熟期（大量生産）では，コストが過小評価されてしまい，成長期（少量生産）においては，本来市場調査費など多くのコストがかかるにも関わらず過大評価し，収益

第7章　ライフサイクル・コスティングの構造

が上がっているような意思決定の誤りを招いてしまうのである。そこで回収計算を考える時，より正確な製品原価算定のため，会計情報システムの設計が容易になったことを背景に，ＡＢＣを利用していこうというのである。

伝統的原価計算では，間接費の配賦が恣意的になるといわれているが，ＡＢＣは活動を用いることによって，4つの原価階層に区分し，異なった段階の貢献差益を順次計算していくことを可能にする[4]という。クーパーは，間接費と支援の原価との階層を4つ，①単位レベル（単位数レベル）活動，②バッチレベル活動，③製品維持（種類）(product-sustaining)レベル活動，④設備能力維持（工場）レベル活動に区分している。これらについて，以下に説明を加えておこう[5]。

① 単位レベル活動は，1単位の製品が製造されるごとに遂行される活動である。短期変動費である直接労務費・直接材料費・直接経費を，直接作業時間，機械時間等によって集計するものである。単位レベルでは，生産量が10％増えるならば，機械時間と労働時間をその分10％多く消費することになるから，単位レベルコストは，生産された製品数に比例して消費される資源の費用を測定することによって知ることができる。この原価は，伝統的原価計算でいう「操業度との関連で認識された変動費」に一致する[6]。

② バッチレベル活動は，1バッチの製品が製造されるごとに遂行される活動である。これは，マテハン，段取回数，注文処理数，品質管理と関係がある。このコストは，これまでバッチ内の全ての製品に対する共通費または固定費として考えられてきたが，バッチ処理の回数によって変化するものである。たとえば購入注文書ごとに資源は消費されるから，1万と10の品目のために書く購入注文書は，同じコストとはいえない。

③ 製品維持レベル活動は，種類の異なる製品が製造または販売されるごとに遂行される活動である。したがって，製品および部品の種類数と関係が

---

4) R.Cooper〔1990〕, p. 6.
5) Ibid, p. 4 -14. 櫻井〔2000 a〕, 79ページ参照。
6) 門田〔1997〕, 6ページ。

ある。最近，製品種類の多様性と顧客の多様化のために急増している活動である。たとえば作業順序の変更，技術変更および製品設計は，生産ラインに別の製品を追加するか，生産ライン中の製品を維持するかに依存するのである。このコストは製品に跡付けることは可能だが，①でいう生産量や②のバッチ処理回数とは関係がない。

④　設備能力維持レベル活動は，工場全体の生産工程を維持するもので，工場の生産設備や管理に関する活動である。工場長の仕事，建物の保守，工場の安全対策，工場経理などの活動がある。このコストは，様々な製品に共通であるため，活動を特定の製品に跡付けることが最も困難なものである。

クーパー（R.Cooper）は，ＡＢＣを利用するシステム手続きの利点について「多くの固定費が，現実にバッチレベルおよび製品レベル活動に応じて変化するという事実を捉えることにより，伝統的に報告された製品原価の歪みを縮小する」[7] という。従来の直接原価計算では，操業度との関連から工場の間接費を変動費と固定費に分類してきた。つまり，単位レベルコスト以外は，主に固定費として処理されてきたのである。しかし上記のようなＡＢＣシステムを導入するならば，②③は個々の製品に直接起因するものとして跡付け，適切なコストドライバーを用いることによって，変動費として製品に割り当てることが可能となる。これは，固定費の金額が従来変化しないとされ，一括処理していたものが，各種のコストドライバーが変われば，変動することを意味する。また，従来の直接原価計算・貢献差益法はあまり有用ではなく，また恣意的な配賦を行う全部原価計算も役には立たないことから，貢献差益法の新しいアプローチとしてＡＢＣを提唱する[8] という。

これについて，ボウア（B.Böer）は，上段から下段に原価を配賦せずに，下段から上段へコストを集計していくと説明している（図表７−１）。まずは収益から全ての単位レベルコストを差し引くことで，個々の製品の単位レベル利益

7）　Ibid, p.10.
8）　B. Böer, Germain〔1990〕, pp.15−21. 高橋〔2000〕, 195−212ページ。

第7章 ライフサイクル・コスティングの構造

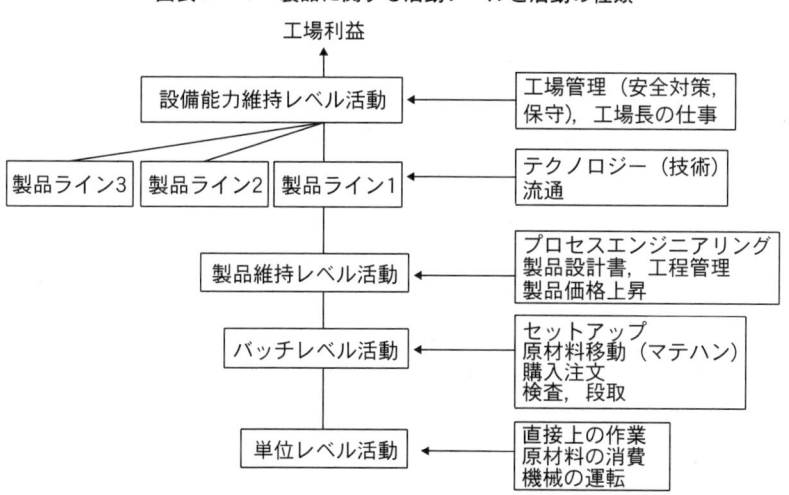

図表7-1 製品に関する活動レベルと活動の種類

```
                    工場利益
                      ↑
            ┌─────────────────┐      ┌──────────────────────┐
            │設備能力維持レベル活動│ ←── │工場管理（安全対策，    │
            └─────────────────┘      │保守），工場長の仕事    │
              ╱      │      ╲        └──────────────────────┘
    ┌──────┐ ┌──────┐ ┌──────┐      ┌──────────────────────┐
    │製品ライン3│ │製品ライン2│ │製品ライン1│ ←── │テクノロジー（技術）  │
    └──────┘ └──────┘ └──────┘      │流通                  │
                      ↑              └──────────────────────┘
            ┌─────────────────┐      ┌──────────────────────┐
            │製品維持レベル活動  │ ←── │プロセスエンジニアリング│
            └─────────────────┘      │製品設計書，工程管理    │
                      ↑              │製品価格上昇            │
                                     └──────────────────────┘
            ┌─────────────────┐      ┌──────────────────────┐
            │バッチレベル活動   │ ←── │セットアップ            │
            └─────────────────┘      │原材料移動（マテハン）  │
                      ↑              │購入注文                │
                                     │検査，段取              │
                                     └──────────────────────┘
            ┌─────────────────┐      ┌──────────────────────┐
            │単位レベル活動     │ ←── │直接上の作業            │
            └─────────────────┘      │原材料の消費            │
                                     │機械の運転              │
                                     └──────────────────────┘
```

（出所） B. Böer, Germain〔1990〕, p. 8・12. および櫻井〔2000a〕, 80ページを参考に作成している。

が計算される。そしてこの単位レベル利益から，バッチレベルコストと製品維持コストを差し引くと，製品段階の利益が計算される。この製品段階利益の計算までは，製品に直接跡付けが可能であるため，配賦の必要がない。この下段から上段へコストを積み上げていくアプローチでは，コストがバッチ処理，生産実行，購入注文数，異なる製品数および範囲に応じて変動するため，これまで固定費として捉えられていたものが変動費のように捉えられるのが特徴である。これらのコストは，任意の配賦なしに個々の製品に割り当てることができる。そこで経営管理者は，どの製品が利益を上げ，またどの製品が利益を上げていないか，というライフサイクル・コスティングの根本の問いに対して，費用の活動に基づいて理解できるのである。

また単位レベル・バッチレベル・設備能力維持コストは，製品単位数ではなく，バッチ数を減少することによってのみ減少するという。単位レベルコストやバッチレベルコストは製品単位で配賦しても，製品系列には影響を及ぼさないので，この方法は，単位原価よりも製品系列別にコストを集計するものと解

167

することができよう。結局，単位レベル活動以外は，直接原価計算でいう固定費をその発生源泉ごとに区分して識別しているに他ならないのである。

本章では，より正確なコスト把握のために，貢献差益法の中にＡＢＣを組み入れてライフサイクル・コスティングで活用したいと考えている。本節では，貢献差益法とＡＢＣの関係についてＡＢＣの４つの階層からみてきたが，クーパーは，伝統的原価計算では，原価配賦が恣意的になるため，それを回避するためにＡＢＣの原価階層を用いる[9]という。他方，カプラン（R.S.Kaplan）は，ＡＢＣは，より正確に全部単位原価を計算しようというのではなく，実は貢献差益法である[10]という。これらの見解を参考に，以下ではＡＢＣを利用した段階的貢献差益計算書をみてみよう。貢献差益法の中に，ＡＢＣの方法を取り入れようという試みは，固定費の正確な把握とともに，貢献差益法がどちらかというと短期的であるのに対して，ＡＢＣが長期的観点に立っているということもいえよう。そして，これら両者を結合させて考えれば，ライフサイクル・コスティングの回収計算方法として有効ではないかと考えたのである。

第４節　ＡＢＣを利用した段階的貢献差益計算書

ＡＢＣを利用した段階的貢献差益計算書は，クーパーが開発し，カプランが，活動基準原価対象を拡張することによって発展してきた[11]という。カプランは，企業の原価構造を検討しているうちに，階層があるいう事実を捉え，ＡＢＣにおける原価の階層計算と貢献差益法の段階的計算に，その類似性をみたという。ＡＢＣの思考である長期変動費でもっても，全ての原価を合理的に割り当てるためには，根拠が不十分であるという理由から，そこに原価階層の考え方を取り入れたのである。

9）　高橋〔2000〕，45ページ参照（クーパーは，貢献差益法を意識してこの原価階層を用いていたというよりも，原価配賦の改善に用いていた。）。

10）　R.S.Kaplan〔1992〕,p.59. しかしその後のＡＢＣの発展は，貢献差益法へと結びつくものはなく，ＡＢＭ（Activity Based Management）へと発展していく。

11）　G.Alfred and H.Roberts〔1997〕,p.31.

第7章　ライフサイクル・コスティングの構造

　ＡＢＣを利用した段階的貢献差益計算書の特徴は，変動費と利益との因果関係を目的に応じて段階的に解明することによって，責任を明確にすることであり，固定費についてはその発生源泉によって分類可能であるとし，最終的にはコスト予測および最適化が可能な点にある。貢献差益法では，製品設計・生産ライン・潜在的な顧客・流通経路が既に確立されている時に有用であるといわれているが，「各種の業務活動を細分して識別することについては，必ずしも十分とはいえなかった」[12]のである。そのため，ここに長期変動化の理論を用いて，従来間接費（固定費）として取り扱われていた原価をより適当な形で把握できるというＡＢＣを導入する根拠がある。その結果，前節で述べた４つの原価階層の業務活動を利用し，さらに源泉別に細分し，識別するならば，固定費の分類とその段階的な回収計算がさらに精緻化できるのである。ライフサイクル・コスティングを回収計算と位置づけた場合には，このＡＢＣを利用した段階的貢献差益計算書のもつ利点は，重要な意味をなすであろう。

　アリ（H.F.Ali）が指摘するように，段階的貢献差益計算書は，製品単位当たりのコストの歪みを避け，貢献差益モデルとしての価値を高めるものである[13]。その構造は，発生源泉や帰属可能性等にコストを原価の性質によって区分，認識し，収益への対応が異なっているものを段階的に示すものである。ここでのコストの発生源泉は，そのコスト項目を発生させるような原因であり，それは，ＡＢＣでいうところのコストドライバー，すなわち原価作用因である。単位レベル以外での固定費については，発生原因別の分類に従って，これを段階的に回収していこうとする。このように段階的貢献差益計算書は，固定費項目の変動に影響を与える各種の意思決定を行うことができ，利益にどのような結果が生じるかを明確にできよう。中・長期戦略的決定における貢献差益法の意義は，ＡＢＣと結合することによってさらに可能となる。

　以下は，アリの示す貢献段階に，固定費を活動基準に従って跡付けた製品段階，製品群段階，営業段階，設備段階という４つの段階毎の貢献差益について

---

12)　門田〔1997〕，6ページ。
13)　H.F.Ali〔1994〕, p.46.

みてみよう。この特徴は，まずコストを製品段階において，クーパーのいう「単位レベル，バッチレベル，製品維持レベル，設備能力維持レベル」の4つの階層に区分することから検討していることである。さらに製品群段階では，製品群，ブランドに細分し，営業段階では，顧客，流通チャネルという区分を導入し，設備段階では，製造設備，市場設備，一般管理設備に区分して説明している。以下では図表7－2の貢献段階の関係を示す順序に従い，それぞれの各段階の示す利益について説明しよう。

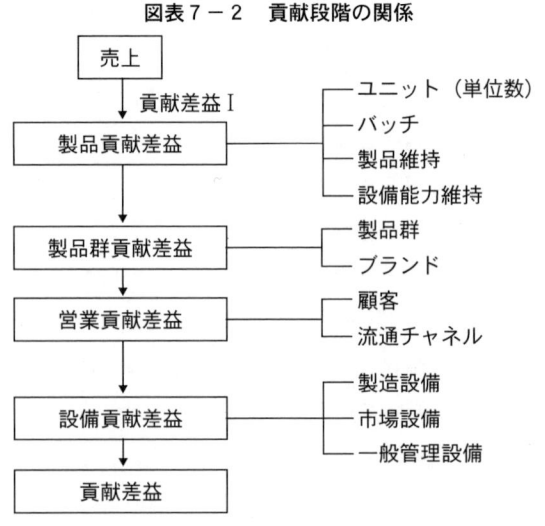

図表7－2　貢献段階の関係

```
売上
 ↓ 貢献差益Ⅰ
製品貢献差益 ── ユニット（単位数）
 ↓            ── バッチ
              ── 製品維持
              ── 設備能力維持
製品群貢献差益 ── 製品群
 ↓            ── ブランド
営業貢献差益 ── 顧客
 ↓          ── 流通チャネル
設備貢献差益 ── 製造設備
 ↓          ── 市場設備
            ── 一般管理設備
貢献差益
```

（出所）　H.F.Ali〔1994〕,p.47.を参考に作成している。

(1)　**貢献差益Ⅰ**（Incremental contribution margin）

　貢献差益Ⅰは，伝統的な貢献差益（製品単位レベルの利益）であり，総売上高から製品段階における単位レベルコスト（変動製造原価，変動販売費，変動一般管理費…変動費）を控除したものである。この利益は，固定費の変化を伴わない売上高の増加分から生ずる利益の変動を見積るのに役立つ。たとえば追加注文を受注するか否かの判断の際に，追加注文による貢献差益の増減評価，販売量の貢献差益を知ることができ，短期的意思決定に有用である。

第7章 ライフサイクル・コスティングの構造

(2) 製品貢献差益 (product contribution margin)

　製品貢献差益は，貢献差益Ⅰから活動基準を用いて単位・バッチ・製品維持・設備能力維持コストを控除することによって算定したものである。貢献差益Ⅰでは変動費のみを控除するが，貢献差益Ⅰ以下のコストは全て固定費と考えることができよう。これら固定費をＡＢＣの考え方に基づいて，対応する活動に跡付けて細分化するのである。つまり製品貢献差益は，貢献差益Ⅰからバッチレベル（購入注文，受入検査，機械のセット・アップ，品質保証，製造スケジュール，運搬コスト，販売注文等）と製品維持レベル（製品設計，製造プロセス設計，技術の変更，広告等）と設備能力維持レベルコストを控除して算出する。製品貢献差益は，製品に関するものとして，品種選択，セールスミックス，プロダクト・ミックス等に有用であろう。

(3) 製品群貢献差益 (product lines contribution margin)

　製品群貢献差益は，製品群（製品種類）がどの程度，企業の利益に貢献するかを意味するもので，製品でなく，製品群コストを回収するものである。製品群貢献差益は，製品貢献差益からブランドに関するコスト（ブランドを維持・開発するための研究開発，特定のブランドの技術開発，広告，促進等），製品群に関するコスト（製品群に関連する研究開発，製品群の市場調査・技術開発等），その他のキャパシティ・コスト（季節的な需要の変動等）の製品ラインの維持に関するコストを控除して算出する。

(4) 営業貢献差益 (operations contribution margin)

　営業貢献差益は，直接的に個々の製品には関係しないもので，企業（事務所）のキャパシティに貢献する利益である。営業貢献差益は，製品群貢献差益から顧客に関する活動コスト（顧客維持，顧客情報システムの維持等），流通チャネルに関する活動コスト（広告，販売促進等）を控除して算出する。

(5) **設備貢献差益** (facilities contribution margin)

　設備貢献差益(企業単位,事業所単位の貢献差益)は,営業貢献差益から製造設備コスト(工場マネジメント,人事,工場全体の機能のための維持,水光熱費等),市場設備コスト(販売とマーケティングの維持),一般管理設備コスト(製品製造,売上とは無関係な管理活動,機能管理,公的関係,法的部門に関するもの等)を控除して算出する。設備維持活動は,企業体そのものを維持するためのものであるから,製品,バッチ,製品群とは関係していない。図表7－3では,段階的貢献差益計算書の例を示している。

図表7－3　段階的貢献差益計算書の例

	製品群（1）			製品群（2）			合計
	製品A	製品B	総計	製品C	製品D	総計	
総売上高(製品収益)	650,000	400,000	1,050,000	850,000	600,000	1,450,000	2,500,0000
(－)ユニットレベルの変動費	200,000	135,000	335,000	200,000	265,000	465,000	800,000
貢献差益Ⅰ（増分貢献差益）	450,000	265,000	715,000	650,000	335,000	985,000	1,700,0000
(－)単位・バッチ・製品維持コスト	160,000	62,000	222,000	140,000	80,000	220,000	442,000
(－)設備能力維持コスト	20,000	3,000	23,000	10,000	20,000	30,000	53,000
製品貢献差益	270,000	200,000	470,000	500,000	235,000	735,000	1,205,0000
(－)ブランドに関するコスト			55,000			175,000	230,000
ブランド貢献差益			415,000			560,000	975,000
(－)製品群に関するコスト			25,000			130,000	155,000
(－)その他のキャパシティ・コスト			5,000			10,000	15,000
製品群貢献差益			385,000			420,000	805,000
(－)顧客・流通チャネルに関するコスト							370,000
営業貢献差益							435,000
(－)製造・市場・一般管理設備に関するコスト							200,000
(－)その他のキャパシティ・コスト							55,000
設備貢献差益							180,000

(出所)　H. F. Ali〔1994〕, p. 54. を参考にしている。

　また,門田はABCと貢献差益法との接合を示した構造について,図表7－4のように示しているのでここで紹介しておこう。門田は,「貢献利益法で示すキャパシティ・コストは,業務活動を細分して識別することには十分ではな

第7章　ライフサイクル・コスティングの構造

図表7－4　ＡＢＣ貢献利益法のスキーム

貢献利益法による段階的固定費回収計算

	合計	製品系列Ⅰ			製品系列Ⅱ		
		合計	製品A	製品B	合計	製品C	製品D
売　上　高	5,000	3,200	1,700	1,500	1,800	1,100	700
△変　動　費①	3,200	2,200	1,300	900	1,000	650	350
製品別の貢献利益	1,800	1,000	400	600	800	450	350
△製品別の随意固定費②③	450	300	170	130	150	80	70
製品別の管理可能利益	1,350	700	230	470	650	370	280
△製品系列の随意固定費④	450	300			150		
製品系列の管理可能利益	900	400			500		
△製品系列の拘束固定費⑤	200	100			100		
製品系列の貢献利益	700	300			400		
△共通固定費⑥	450						
営　業　利　益	250						

活動基準原価計算から見た活動とコストの分類

① 製品単位数レベルの活動，つまり生産量の決定によるコスト（直接材料費，直接労務費，変動製造間接費等）
② バッチレベルの活動によるコスト（段取り換え費，発注費，マテハン費等）
③ 製品種類レベルの活動によるコスト（新製品の開発設計費，工程設計費等）
④ 製品系列の研究活動費・マーケティング活動によるコスト（研究費，宣伝費，流通費，輸送費）
⑤ 製品系列の過去に投下された設備関連コスト
⑥ 工場レベル又は本社レベルの活動によるコスト（工場管理，データ管理，人事管理等のコスト）

＊　上記で示す貢献利益法による段階的固定費回収計算の表の中の①～⑥と活動基準原価計算から見た活動とコストの分類で示す①～⑥には関連性がある。門田〔1997〕は，貢献利益法と記されているが，本書でいう貢献差益法と同じと考えてさしつかえないだろう。

（出所）　門田〔1997〕，11ページ参照。

い。ＡＢＣの活動という概念を用いることによって，バッチレベルコストと製品種類（維持）コストの業務活動が識別可能となるのである。ここに，貢献利益法とＡＢＣを接合することの意義がある」と指摘しており，前述したように

ABCと貢献差益法を同時に考えることの有用性について述べている。

　本節では，固定費を活動基準に跡付けて，関連する貢献段階に製品，製品群，営業，設備に到達する複数の貢献を検討してきた。段階的貢献差益計算書にABCの概念を導入することは，コストの配賦計算の歪みを避け（そのため配賦計算をしないで控除していき），そこに経営管理者の注意を向けることができ，貢献差益法の価値を高めることができる。またこの計算書は，複数の貢献差益を用いるため，図表7－3で示したように様々な目的に応じて利益（製品，製品群，顧客，流通チャネル，オペレーション，設備の利益）が示される。このフレキシブルな考え方をライフサイクル・コスティングに生かすなら，固定費を様々な観点に応じて分類し，どの原価がどの意思決定に影響されるかということを，区分された形で認識することが可能となるであろう。そして様々な観点からみた情報は，様々な場面の意思決定に関する情報を提供することができ，経営管理者があらゆる角度から分析することを可能にするであろう。参考までに紹介するが，これについてボウアは，製品セグメント別とマーケットセグメント別とに区分したセグメントの種類を示している[14]。

14）B. Böer, Germain〔1990〕, p. 25.

製品セグメントに関するコスト

セグメントの種類	直接費	間接費
製品単位	製品当たりの変動費	他の全てのコスト
系列ごとの製品	上記＋製品に関する固定費	他の全てのコスト
製品系列	上記＋系列に関する固定費	他の全てのコスト
工　　場	上記＋工場に関する固定費	他の全てのコスト
事 業 部	上記＋事業部に関する固定費	他の全てのコスト
企業全体	全てのコスト	なし

マーケットセグメントに関するコスト

セグメントの種類	直接費	間接費
売　　上	製品当たりの変動費	他の全てのコスト
顧　　客	上記＋顧客に関する固定費	他の全てのコスト
営業マン	上記＋営業マンに関する固定費	他の全てのコスト
売上区域	上記＋売上区域に関する固定費	他の全てのコスト
売上地域	上記＋売上地域に関する固定費	他の全てのコスト
企業全体	全てのコスト	なし

第7章　ライフサイクル・コスティングの構造

第5節　段階的固定費回収計算の概念と構造

　さて前節までは，アメリカの貢献差益法について主に論じてきた。本節では，主にドイツの段階的固定費回収計算についてみていくことにしよう。直接原価計算は，原価計算目的や機能，それらの重点の移行に伴って発展してきている。段階的固定費回収計算は，直接原価計算にその生成をみることができるので，まず直接原価計算の系譜をみてみよう[15]。

- 総括的固定費処理＝旧来の単純ディレクト・コスティング（例：アメリカの直接原価計算，プラウトの限界計画原価計算）
- 段階的固定費回収計算＝区分化された固定費処理（例：アクテ，メレロヴィッツ，ザイヒト，シュバルツ）
- リーベルの相対的直接原価計算（例：リーベル）

　従来の直接原価計算は，固定費を期間原価とするため，各製品単位に配賦することはない。そのため，河野(二)は以下のような問題が生じることを指摘する[16]。

① 各製品に対する投下固定資本の利用状態およびその回収状態が判明しない

② 固定費除外の計算を行うため，価格計算において変動費を価格下限とするならば，長期的な回収の将来的展望がなければならない

③ 経営能力に隘路があれば適切な処理ができない

　固定費回収計算は，直接原価計算の批判からアクテ（Agthe），シュバルツ（Schwarz），リーベル（Riebel），メレロヴィッツ，ザイヒト（Seicht），モオウス（Moews），キルガー（Kilger）らによって展開された原価計算システムである[17]。固定費は，一定の製品数量の生産を行う経営構造にその発生原因があるので，

---

15)　河野(二)〔2000〕，13-14ページ参照。
16)　河野(二)〔1988 a〕，203ページ参照。
17)　河野(二)〔1988 a〕，205ページ参照。

175

固定費は経営戦略の全体に対してのみ関連性を有し，そのためそれを個々の製品単位に関係づけることができず，個々の製品に対しては，限界利益のみが妥当性を有するという主張が直接原価計算における固変分解の基礎をなすものである。段階的固定費回収計算においては，固定費はその拘束期間や除去可能性，支出作用性などに従って分類することも可能であり，これらを段階的に控除することによって様々な特性をもつ補償貢献額が算定される[18]。

企業は，長期的には製品に投下した全部原価を回収することによって真の利益を得ることができるのだが，従来の直接原価計算では，「弾力的価格政策を可能にするために，固定費除外の方法を主張し，最終的にも製品への固定費配賦を行わないため，原価計算の本来の原理である原価転嫁の原理や原価通算の原理に背反している」[19] ことが指摘されている。また直接原価計算は，不況時の設備の余剰がある際に発展したものであるから，短期的なものであり，長期的に固定費の全てを回収する思想と方法が欠落している。しかし，ドイツの段階的固定費回収計算は，固定費を一括処理するのではなく，固定費を限界利益から段階的に順次控除することによって，発生原因原則別に段階的に回収することを意図している。段階的固定費回収計算は，特定の製品種類又は製品群などに対する帰属可能性によって固定費を把握し，区分して段階的に回収する計算方法をとる。そのため全体の固定費群に分割し，個々の製品又は製品種類の補償貢献額から発生原因原則によって段階的に回収するのである。

段階的固定費回収計算の提唱者であるアクテ等も，原則として給付単位への固定費配賦を否定し，帰属可能性による固定費補償を主張している[20]。段階的固定費回収計算は，メレロヴィッツの指摘する総括的変動原価計算[21] のような

---

18) 阪口要，神戸大学会計学研究室編〔2001〕，859ページ。
19) 河野㈠〔1988b〕，262ページ参照。
20) 河野㈠〔2000〕，27ページ。
21) 総括的変動原価計算とは，固定費を1ブロックとして把握し，個々の製品種類あるいは製品群に割り当てないものである。その理由として，固定費は時間依存的なため，製品単位に正しく帰属させることは不可能である。また，固定費は全製品に共通的に消費されるため，固定費を製品単位に帰属させることは不必要であるとしている（中田〔1997〕，133ページ参照。）。

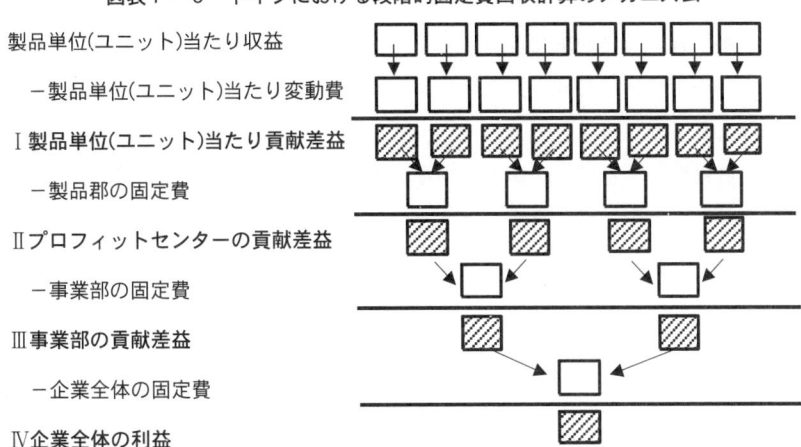

第7章　ライフサイクル・コスティングの構造

図表7－5　ドイツにおける段階的固定費回収計算のメカニズム

製品単位(ユニット)当たり収益
　－製品単位(ユニット)当たり変動費
Ⅰ製品単位(ユニット)当たり貢献差益
　－製品郡の固定費
Ⅱプロフィットセンターの貢献差益
　－事業部の固定費
Ⅲ事業部の貢献差益
　－企業全体の固定費
Ⅳ企業全体の利益

（出所）　G. Alfred and H. Roberts〔1997〕, p. 34.

計算の正確性を重視しているのではなく，実務適用性と情報の有用性から正当化される。

　次に，段階的固定費回収計算システムの構造をみてみよう[22]。固定費は，直接費とみなすことが可能な段階，たとえば，製品，製品群，事業部，顧客，流通／マーケティングエリアで決定され，固定費が段階的に累積されていくのである。段階的固定費回収計算のメカニズムについて，図表7－5は以下のように説明している[23]。

① 　製品単位当たり収益から変動費を差し引き，貢献差益を算出する。この段階で考慮されるコストは，製品に跡付けられるものである。これは，前節までのABCを用いた段階的貢献差益計算書におけるクーパーが区分した4つの原価階層とさほどの差はない。

② 　固定費の配賦については，製品群，事業部，企業全体の段階で行われる。固定費は，第1段階の製品群で帰属されないならば，それらは実際に帰属

---

22)　一般に，段階的固定費回収計算システムの構造は，製品，売上，顧客，市場構造等に区分されて分析される。G. Alfred and H. Roberts〔1997〕, p. 35.
23)　Ibid, pp. 35－36.

することができるまで次の段階へと下方へ移動する。
　③　本社費などの固定費は，企業全体段階でのみ帰属される。
　段階的固定費回収計算の利点を，総括的固定費処理と比較してみると，以下が挙げられよう。
　①　直接原価計算では，減価償却費のように原因と生産量に因果関係が認められないものは配賦せず，因果関係のあるものだけを配賦対象とする。つまり，変動費のみが個々の製品に直接に発生するとみなし，固定費は生産のための前提であり，個々の給付に配賦しない。しかし固定費がなければ製品は製造できないので論理的には，適合しないという指摘もある。つまり期間原価を期間単位に計算するとはいえ，期間原価と製品給付との関係を無視することはできない。そこで，期間は期間原価に対応する限界利益の関係において分類されるべきであり，この場合の固定費分類の基準として帰属可能性と除去可能性が用いられる[24]。これは，ドイツの段階的固定費回収計算の方向性が示されるもので，アメリカの貢献差益法においても同様のことがいえる。
　②　原価管理として，原価が発生する部門を細かく把握できる。
　③　固定費を細分化することによって，価格政策などの意思決定を弾力的にできる。
　④　異なった段階ごとに固定費がコントロールできる。
　⑤　様々な管理エリアで段階をリンクさせるという弾力性があり，それは既にアクテによって述べられているところである。その一般性に加えて，多くの目的に採用され，容易に拡張することが可能である。たとえば，その貢献差益に基づいて責任会計で示されるように，責任に割り当てるという管理的な目的に利用でき，その結果，管理的なモチベーションや行動を確立することができる。それはアリが主張する利益分析と共に，責任会計におけるアメリカのセグメント報告と軌を同じくする[25]。

24)　河野(二)〔2000〕,20-21ページ参照。
25)　G. Alfred and H. Roberts〔1997〕, p. 36.

第7章　ライフサイクル・コスティングの構造

以下では，段階的固定費回収計算をライフサイクル・コスティングへ適用する方法について模索していこう。

第6節　ライフサイクル・コスティングと段階的固定費回収計算の統合

本節では，段階的固定費回収計算の着想とライフサイクル・コスティングの統合を検討してみたい[26]。ライフサイクル・コスティングを回収計算という時，期間を超えるものだから，長期的視点に立ったものである。段階的固定費回収計算においても，それは固定費を帰属させる段階において捉えるという意味から，長期的に捉えることができ，ここに回収計算としてのライフサイクル・コスティングと段階的固定費回収計算の発想が一致するものとみている。

図表7－6は，段階的固定費回収計算のフレームワークの中にライフサイクルの要素を採用し得る可能性を示している。これは，過去期における貢献損益を統合することと，次期以降にこれらの結果のバランスを保たせるという考えを示したもので，以下のことがいえる。

① 現在の期で総売上高から各々の製品とロジスティクスの直接変動費を差し引く。ここで導かれた貢献差益Ⅰは，最初の基礎として残りのコスト（マーケティングコスト，維持コスト，販売後コスト，研究開発コスト等）を回収するためと利益の獲得に対する貢献額である。

② 貢献差益Ⅰから，市場導入の際の製品群コストと常時発生するマーケティング支出（広告費，定期的なマーケティングサービスのようなコスト）を差し引くと，貢献差益Ⅱが算出される。これは，各々の主要製品あるいは製品群がどれほど貢献しているかを示すキーとして役に立つ。

③ 貢献差益Ⅱから維持コストと販売後のサービスコストを差し引くと，貢献差益Ⅲが算出される。これは累積された製品群のために配賦しなければならない長期的展望という意味でのコストカテゴリーである。

---

26) ドイツの段階的固定費回収計算が，ライフサイクル・コスティングに類似しているという (Ibid, p. 23.)。

図表7-6　段階的固定費回収計算とライフサイクル・コスティングの統合的なデザイン

期間損益計算	製品1 期間1	製品2 期間2	製品n 期間n
総売上高	□	□	□
－製品とロジスティクスの直接変動費	□	□	□
貢献差益Ⅰ	▨	▨	▨
－マーケティングの現在コスト	□	□	□
貢献差益Ⅱ	▨	▨	▨
－維持コストと販売後の現在コスト	□	□	□
貢献差益Ⅲ	▨	▨	▨
－研究開発コストの現在コスト	□	□	□
貢献差益Ⅳ	▦	▦	▦
－一般的な企業コスト	□	□	□
－他期間で配賦されなかったコスト	□	□	□
全体期間損益	▩	▩	▩

（出所）　G. Alfred and H. Roberts〔1997〕, p. 37.

④　貢献差益Ⅲから現在の研究開発コストを差し引くと，貢献差益Ⅳが算出される。

⑤　最後に貢献差益Ⅳから一般管理費，販売管理費，他期では配賦されなかったコストを差し引いて算出された全体期間損益は，全期間の営業損益と等しくなる。

これは，期間損益計算よりも一歩踏み込んだ内容となっているが，まだ期間との結びつきが強調されすぎているという感がある。そこで以下では，期間横断的なライフサイクル・コスティングのあり方をみてみよう。図表7-7は，ライフサイクル段階ごとにそれぞれの段階情報を提供することによって，各々の段階がどの程度の原価補償を全体の収益に貢献させることができるかを示すものである。この構造は，コストが製品単位に対する直接費のみに関連し，固定費を決定する場所において認識するという考えに従ったものである。この図

第 7 章　ライフサイクル・コスティングの構造

図表 7 - 7　多期間ライフサイクル・コスト概念の設計 I

期間損益計算	期間 1	期間 n
総売上高	□□□□	
－研究開発費の直接変動費	□□□	
貢献差益 I	▨▨▨▨	
－マーケティングの直接変動費	□□□	
貢献差益 II	▨▨▨▨	
－製品の直接変動費	□□□	
貢献差益 III	▨▨▨▨	
－売上後の直接変動費	□□□	
貢献差益 IV	▩▩▩▩	
－事業部の調査費	□□	
貢献差益 V	▩▩	
－事業部のマーケティングコスト	□□	
貢献差益 VI	▩▩	
－事業部の製品（投資）のためのコスト	□□	
貢献差益 VII	▩▩	
－事業部の販売後コスト	□□	
貢献差益 VIII	▩▩▩▩	
－全企業の固定費	□	
全体の利益	▩▩▩▩▩▩▩▩▩▩▩▩	

（出所）　G. Alfred and H. Roberts〔1997〕, p. 39.

表は，ライフサイクル・コスティングと段階的固定費回収計算の間における基本的な関係であるといえよう。特にこの図表では，固定費を帰属可能な段階的に把握しただけでなく，期間 1 から期間 n というように多期間に及んでいることから，期間損益計算ではなく，ライフサイクル・コスティングの思考に一歩近づくものであろう。貢献差益法においては短期志向のものであったが，図表 7 - 7 が示すのは，多期間に渡る期間結果の結合をみていることから，長期的戦略を視野に入れたものとなる。

アルフレッド＝ロバートは「段階的固定費回収計算とライフサイクル・コスティングという2つのアプローチの結合は，リーベルによって開発された相対的直接原価計算に見出すことができる」[27]という。リーベルの相対的直接原価計算は，同一性原則に基づいた部分原価計算であり，意思決定問題に適合した原価計算システムとして理解されている[28]。リーベルの特徴は，2つある。1つは，価値志向的なコストではなく，現金支出志向を念頭に置いたものであるため，期間損益として1期間に注目するのではなく，次期へ続いているという時間的なつながりを強調するものである。もう1つは，これまで述べてきたのと同様に，段階的に固定費を控除していくのであるが，小部門であれば間接費として捉えられるものも，大部門では直接費として捉えられるということに着目して，直接費として把握しようとしたのである。リーベルの多期間に注目しているという視点は，時間基準と認識基準の両方に基づいて，ライフサイクル・コスティングへの思考と結びつけられるかもしれない。

　図表7－8は，ライフサイクル・コスティング概念の多期間コスト配分に注目し，段階別貢献差益システムが，時間的に一致することに焦点を当てたものである。初期段階において現在のコストを考慮している点が特徴として挙げられるが，ライフサイクル・コスティングを時間軸に従って考えることが有用であるのなら，過去のコストからという順番を取るべきである。しかしライフサイクル・コスティングを見積計算とするのなら，全てが将来発生するコストの予測となり，長期に及ぶものであるから，現在価値に割り引くことも忘れてはならない。図表7－8に従ってみると，まず貢献差益Ⅰからライフサイクル・コストとして考えられる現在の川上（研究開発費）と川下（販売後）のコストを総計し，その結果として現在の期間貢献差益を算出する。次に現在の貢献差益Ⅱからライフサイクル・コストとして考えられる現在の期ではない川上と川下のコストを差し引く。最後に貢献差益Ⅲで，多期間ライフサイクル・コストを考えるのである。このように定期的な2つの認識基準とライフサイクル段階か

---

27)　G. Alfred and H. Roberts〔1997〕, p. 23.
28)　河野（二）〔2000〕, 20ページ参照。

第7章 ライフサイクル・コスティングの構造

図表7-8　多期間ライフサイクル・コスト概念の設計Ⅱ

期間損益計算	期間1	期間2	期間3
全製品の収益	☐☐☐☐☐	☐☐☐☐☐	☐☐☐☐☐
－製品のコスト	☐☐☐☐☐	☐☐☐☐☐	☐☐☐☐☐
貢献差益Ⅰ	▨▨▨▨▨	▨▨▨▨▨	▨▨▨▨▨
－現在の研究開発コスト，マーケティング，販売後のライフサイクルコスト	☐☐	☐	☐☐
現在の貢献差益Ⅱ	▦▦	▦▦	▦▦
－期間1,2の研究開発コスト，マーケティング，販売後のライフサイクルコスト	☐	☐	☐
貢献差益Ⅲ	▨▨▨▨▨▨▨▨▨▨▨▨▨▨▨		
－期間1,2,3のライフサイクルコスト	☐☐☐	☐☐☐	☐☐☐
貢献差益Ⅳ	▦▦▦▦▦▦▦▦▦▦▦▦▦▦▦▦▦▦▦▦▦		

（出所）　G. Alfred and H. Roberts〔1997〕, p. 40.

ら，多期間に及ぶ多期間会計システムを考えることが可能になったのである。つまり多期間貢献差益は，時間を超えた一貫性を持つものである。

　リーベルは，対象段階の観点からコストと貢献差益を考慮すること，製品・活動・会計期間などを相互に関連づけるということを主張した。そして，基本的な原価計算データから出発して，原価計算に新しい側面を開花させ，それから会計期間や収益のようなそれぞれのデータに関して，貢献差益のような適切な結果を決定するための参考変数の段階を定義づけたのである[29]。

　最も重要な特徴は，価値志向的にコストを定義する代わりに，現金支出志向を念頭においてコストを定義しており，コストと利益の源としての決定要因を概念化し，それ故に固定費や変動費を活動段階ではなくて，特別な決定段階において考えるということである[30]。この結果，唯一のコストドライバーは，マネジメント決定となり，また，決定時間範囲が前期の比較対応コストに関連していることを主張しているのである[31]。

---

29)　G. Alfred and H. Roberts〔1997〕, p. 40.
30)　Ibid, p. 40.
31)　Ibid, p. 40.

日本におけるライフサイクル・コスティングの研究は，設備投資の経済計算から意思決定に役立つものとして発展してきている。現在では戦略的な経営管理手法に役立てようとの多くの試みがなされ，その１つがライフサイクル・コストの範囲の変化あるいは拡大である。しかしライフサイクル・コスティングは，コスト計算に焦点がおかれ，あまりコストと利益との関連性は考慮されてこなかった。ライフサイクル・コスティングは，１会計期間を超えて多期間に及ぶ個々の製品の費用と収益との関係に着目することが重要なのだから，収益から費用を回収するという観点は無視できない。ましてや現代のように考慮しなければならないコストの拡大とともに，企業の収益性が重視されれば，製品毎の採算計算が求められるのは必須である。この採算性の問題は，短期的だけではなく，長期的視点からも検討することが必要であることから，旧来の貢献差益法を敷衍し，なおかつ段階的固定費回収計算した結果発生する貢献差益，つまり段階的貢献差益計算に解決する糸口を求めてきたのである。

　ＡＢＣを利用した段階的貢献差益法，あるいは段階的固定費回収計算からライフサイクル・コスティングの可能性を探るならば，以下の６点を挙げることができよう。

①　ライフサイクル・コスティングの回収計算の方法の１つとして，貢献差益法の利用を検討した。リーベルの見解と一致するものであるが，単一の貢献差益ではなく，段階的に間接費を把握するため，直接費になるところで捉えることから多期間に及ぶ。そのためライフサイクル・コストを期間的に捉えるのではなく，製品別に捉えることを可能にする。つまり，ＡＢＣを利用した段階的貢献差益法は，ある小部門で捉えれば間接費であるものを，大部門で捉えれば直接費となることから，期間把握でなく，製品もしくは製品群の把握が可能となる。

②　さらにＡＢＣの原価階層では，短期的にみれば固定費であるものを長期的にみれば変動費であるという考え方が，貢献差益法の除去可能性・帰属可能性に類似していることから，コストの把握という点において重要な示唆を与えてくれた。また，コストの精緻化という点において，ＡＢＣが固

定費の分類とその段階的な回収計算を可能にしている。
③　価格計算においては，原価のどの部分を回収し得なくなった時に，その製品の生産販売を中止すべきか，という価格の最下限は，生産しなければ生じない変動費を回収できる価格に求めてきた。これはその最下限の価格で，当該製品の販売の際，他の製品群の販売を促進できるか，その製品が主力製品でない場合，あるいは景気変動において，将来固定費を回収できる時点まで，価格が回復するであろうということが予測される等々という場合には，妥当な価格最下限である。しかし，世界的に価格競争が激化し，かつ製品ライフサイクルが短縮化する傾向がある現状においては，いたずらに赤字を累積することになりがちである。いまや回収計算は，環境コスト，製品販売終了後における公害防止コストまで範囲を広げて回収しなければならないというのが原則になりつつある。速やかに，全コストが回収できなくなることが予測されれば，撤退を早めることが，企業存続の要件となりつつある時，全生涯コストにおける採算性を表示する段階的貢献差益の計算は，これを長期的な視野として，ライフサイクル・コスティングに取り入れることは極めて重要なことであろう。
④　投資は，経営戦略を推進するから，企業の長期的な安定成長の確保のためには，不可欠である。今日における企業環境の変化の下，ＦＡ化に伴い直接労務費が減少し，その反面産業用ロボットの導入，設備投資に伴う減価償却費や固定資本の増大，ソフトウェアの増大，巨額な研究開発費，人件費などの固定費が増大し，固定費管理は重要な戦略となっている。また，設備投資の増強によって，それを維持するためのキャパシティ・コストも増大している。これらのコストはいったん設備投資をすると，その後低減させることは難しい。また企業が存続・発展するためにも，これら全ての固定費は長期的に回収することが必須となる。つまり，短期的部分補償ではなく，長期的に固定費を回収するのであれば，当然のこととしてライフサイクル・コスティングが全部原価計算の方法を用いているといわなければならない。

⑤　個々の製品に対しては，売上代金から割り当てられたライフサイクル・コスト全部を回収することが望ましいが，製品の種類によっては，先に述べたように，個々の製品に対しては企業の戦略がある。たとえば，将来の主力製品に育てたいといった場合には，現在どの段階の固定費までを回収しているのかを正確に把握することは当然である。したがって単一の貢献差益ではなく，複数の貢献差益との関連で個々の製品の回収レベルを判断し，意思決定に役立てることが重要である。ここに，ライフサイクル・コスティングと段階的貢献差益法の結合が必要なことは，論をまたない。以上のように，ライフサイクル・コスティングは全部原価計算，直接原価計算（発展段階のものを含めて）の利点を導入しつつ，発展途上にある。

第8章 ライフサイクル・コスティングにおける予算編成

第1節　ライフサイクル・コスト予算

　最終章となるここでは，本書のまとめとしてライフサイクル・コスト予算，価格設定そして今後の展開について検討する。まず本節では，環境コストを含むライフサイクル・コスト予算の特徴についてみてみよう。トータルとしてのライフサイクル・コスト予算について，図表8－1のようにライフサイクル・コストの項目を分類し，横軸に年度別というマトリックスで示す。この予算の特徴は，縦軸では回収段階別に検討していき，最終的に全収益と比較し，その製品の回収達成度（利益達成度と言い換えてもよい）を評価する。また横軸は時系列的に細分化し，その時点での回収達成度の評価と戦略的コスト管理の実行状態を示して，一定時点の管理に役立てることができる。つまり，ライフサイクル・コスト予算の編成は，回収達成度を測定する評価手段であると同時に，戦略的コスト・マネジメントの一手段ともなるといえる。ライフサイクル・コスト予算は，コストの分類による縦断的な把握と時系列を考える横断的な把握といったクロスファンクション的な理解を可能にするのである。このことは，前章までに述べてきたライフサイクル・コスティングの現代的意義である回収計算と戦略的コスト・マネジメントを同時に解決する手段であろう。

　メーカー固有の視点からみたライフサイクル・コスティングは，製品の研究開発から製品の市場からの撤退に至るまでの期間に関する全てのコストを種類別，段階別，かつ時系列的に把握し，その全体コストと収益とを比較して戦略に役立てる手段である。したがってライフサイクル・コスティングは，何を目

的にするか,どこまでのコストを対象とするかをあらかじめ決定した上で,目的に合った適切なコスト管理と,製品の全期間を通じて全体のコストを累積した予算表現を常に行う必要がある。また,ライフサイクル期間における状況変化を常にフィード・バックした予算の変更も必要となってくる。その際,ライフサイクル・コストは将来の予測に関連するものであるから,景気の動向,物価変動(特にエネルギーコスト),技術水準の変化,顧客ニーズの変化といった将来変化の推測が重要となる。それに対応した売上高予測,ライフサイクル期間の決定,現在価値への割引率,資金調達の方法と資金コストを考慮した弾力的な予算編成が必要となる。また,環境コストを考慮すれば,ライフサイクル・コストの予算編成は,かなり恣意的になることを免れることはできないであろう。なぜなら,厳密な環境上の法規(たとえば大気汚染防止法およびスーパーファンド修正案)は,より厳しい環境基準を導入しており,予算に組み入れるには,測定困難な面が多すぎるからである。このような環境コストは,製品およびプロセス設計段階自体でしばしば決定されるが,環境上の負債を回避するために,企業はプロセスおよび製品のライフサイクル上の環境に与える影響を極小化する工夫を設計段階において把握しなければならない。そのため,上記諸変数を所与とするのではなく,必要に応じて変動させることによって,代替的予算案を作成する弾力的な予算編成システムを開発する必要がある。

　そして弾力的な複数の代替的予算を比較し,また段階的貢献差益の意味するところを検討することによって,その製品開発の意思決定,回収状況の段階的把握を行い,採用する予算案を決定する。その決定された予算に基づいて,当該製品の動向をモニターしていくことが企業経営にとって重要となろう。もし,変数の予測および実際額との乖離が確認されるなら,当然にフィード・バックして当該予算案の修正を行うか,又は経営政策に何らかの変更を加えていかなければならない。

　さて,これまでに述べてきたライフサイクル・コスト項目を発生の順序に従って,以下に列挙してみよう。研究開発コスト,市場調査コスト(顧客の要望する価格と品質を調査する費用),設計企画コスト,製造原価,広告宣伝費,製品

第8章 ライフサイクル・コスティングにおける予算編成

リコール対策費（たとえば，リコール可能性をモニタリングするコスト，弁護士や保険会社へのコンサルタント・フィー），荷造・荷役・保管・輸送費等の物流コスト，製造物責任に関連するコスト（ＰＬ保険料を含む），品質不良による売上値引，部品備蓄コスト，製品販売後に発生する顧客のクレーム処理・実際のリコール費，保証期間前・後の修繕コスト（運送コストを含む），製品使用後の製品回収費，リサイクルコスト（回収物流コストと再資源・再部品を用いた分のコスト増減分），環境保全コストと環境損失，そして製品販売停止後の廃棄コスト（在庫，設備，人材），過剰品質に関連する機会損失，ブランドイメージの失墜などの機会損失，懲罰賠償金などをライフサイクル・コストの一部として導入することが重要であろう。

しかしライフサイクル・コストの項目は，戦略的コスト・マネジメントの観点からも発生の順序ではなく，図表8－1のように，発生確率の高い順に段階的に表示するのが合理的であろう。なぜなら意思決定者は，発生可能性の高いコストに注目して，どの段階までコストを回収できている（換言すれば利益が発生している）のか知ることができれば，その予算案の実行可能性についても判断できるからである。そう考えるなら，発生可能性の低いコストについて，もし発生しないのならば利益と考えることもできよう。

ここでは，以下の貢献差益ⅠからⅥまでの6分類に，ライフサイクル・コストをグルーピングした予算案を提案してみたい。なお，これは伝統的な直接原価計算と段階的固定費回収計算の特質をライフサイクル・コスティングに導入した結果である。

・貢献差益Ⅰ（売上高から製造原価変動費分を控除した従来の貢献差益）
・貢献差益Ⅱ（研究開発・市場調査コスト等の確実に発生するコストを控除した利益）
・貢献差益Ⅲ（設備維持・部品備蓄コスト等のほぼ起こりうるコストを控除した利益）
・貢献差益Ⅳ（製品保証コスト等の起こらないかもしれないコストを控除した利益）
・貢献差益Ⅴ（あらかじめ見積っておくだけのコストを控除した利益）
・貢献差益Ⅵ（環境に関するコストを控除した利益）

環境コストについては，コストの内容により貢献差益ⅠからⅤまでに配分す

ることができるが，ライフサイクル・コスティングでは重要な項目であるので，貢献差益Ⅵの独立項目として取り上げた。この中には，研究開発コストに含まれるものもあり，また罰金・環境損失等は貢献差益ⅣないしはⅤに分類することもできよう。また，品質コストについては第6章で述べたように複合コストであり，貢献差益ⅠからⅤまでにそれぞれ配分されているので，別項目でグループ化することはしていない[1]。また品質コストについては，クレーム処理費やリコール費を売上高利益率で割ることによって計算することも可能である。さらに，環境保全に資する製品の開発コストと品質不良による売上値引，製品販売後に発生する顧客のクレーム処理費，保証期間後の修繕原価，製品リコール対策費とはトレード・オフの関係にあり，この関係を考慮しつつ，予算編成を行わなくてはならない。ライフサイクル・コスティングの予算編成は大変な作業となり，不正確であっても，今一歩，歩を進めることが，ライフサイクル・コスティングの予算体系化のために必要である。

　図表8－1に掲げた予算案は，メーカー固有の視点からみたライフサイクル・コスト予算である。予算編成と収益との比較を理解する上では，1つの事例となるであろう。

　当該予算は，設備投資に200,000円，研究開発費に100,000円を要する製品を市場へ投入すると考える。販売開始後5年目で最盛期（販売個数500個）を迎え，売上総利益率は40％になる。なお，全期間を通して固定費は減価償却費を除き42,000円の一定額であり，変動費は180円とする。現在価値への割引率は5％とする。収益からみると，9年間の売上高合計は1,500,000円となる。回収計算であるライフサイクル・コスティングでは，製品を市場へ投入する前（つまり，ここでは0年目とする）に製品の市場での期間（ここでは9年間）にどの段階までのコストが必要となり，何年目に損益分岐点がゼロとなるかを検討しなくてはならない。そのためには，9年間の売上高合計1,500,000円を現在価値に割

1）　品質管理活動の80％を製造原価としているという説明もある（園田〔1996〕，145ページ。）。

第8章　ライフサイクル・コスティングにおける予算編成

引いた1,135,763円から設備投資と研究開発費の合計300,000円を控除した835,763円を毎年の売上から回収するということになる。なお，減価償却費については投資額の回収として計上している。

　図表8－1の縦軸の年数からみると，貢献差益Ⅰ，つまり製造原価のみの計算（減価償却費を除く）あるいは貢献差益Ⅱまでは，9年経過しても利益が出る計算になる。これは従来の企業も考えてきた採算計算である。貢献差益Ⅲのコストを占める撤退コストが損益分岐点に大きく影響するように思われるが，この考察なくしては，ライフサイクル・コスティングの意味をなさないものとなろう。次に，横軸の段階別からみると，8年目に貢献差益Ⅲで赤字となる。この貢献差益Ⅲのコストを考慮するか，しないかの問題は経営者の意思決定によるが，ライフサイクル・コスティングを考える点で重要であろう。

　貢献差益の予算利益の区分は，どの貢献差益までを考えるのかという意思決定を，企業が経営戦略に従って明確にすることを可能にする。企業は最低限，貢献差益Ⅲを基準に意思決定を行う必要があろう。貢献差益Ⅳに至るグループのコストは，品質管理を厳格に実施していけばほとんど発生しないコスト項目でもある。この段階でコストが回収されないということは，研究開発・品質管理の不徹底さを示すことになろう。さらに，貢献差益Ⅴに至るグループのコストは，あらかじめコストを見積るとしても，現時点ではほぼ計算不可能に近い。予防的にあらかじめ一定額を計上しておく必要はあろう。たとえば，PL対策費用に，リスクを被るあるいは責任を問われる確率を乗ずることによって計算することなどが考えられる。以上の予算編成は，筆者の試案である。大方のご批判ないしはご教示を乞う次第である。

　2つのライフサイクル・コスティングを予算編成においても体系化づけるためには，1製品をユーザーに引渡し，廃棄に終わる製品のライフサイクル視点を図表8－1に付け加えておく予算案が最適であろう。いま，ユーザー視点からのライフサイクル・コスト予算の一例を文献から引用したものが，図表8－2である。要は，ユーザーの使用および維持コストが中心となろう。ユーザーの購入価格が，メーカー固有の視点の売上原価に相当する。ライフサイクル・

図表8-1　メーカー固有の視点か

	合　計	現在価値	1年目	2年目
売 上 数 量	1,500		0	60
売 上 高	1,500,000	1,135,763	0	60,000
設備投資額	200,000	200,000	200,000	
研究開発コスト（5％）	100,000	100,000	100,000	
製造原価（変動費のみ）	270,000	209,253	0	10,800
貢献差益Ⅰ	930,000	626,511	0	49,200
市場調査費	5,000	4,335	2,000	800
設計企画コスト	1,820	1,692	1,000	800
広告宣伝費	3,250	2,738	1,000	500
製品物流コスト	6,000	4,844	600	700
税金(固定資産税等)および資金調達コスト	476,000	370,604	0	19,680
貢献差益Ⅱ	497,930	351,821	−204,600	26,720
製造設備の修理・維持コスト	2,780	2,175	100	30
部品修繕コスト	24,500	19,309	1,000	2,000
撤退コスト（在庫処分・設備・人材）	208,000	167,551	40,000	15,000
ＰＬ予防コスト（ＰＬ保険料）	500	394	20	40
アフターサービス・コスト(保証期間内)	900	688	60	70
製品リコール対策費	10,700	8,617	600	700
リサイクルコスト	5,800	4,468	0	500
貢献差益Ⅲ	244,750	148,619	−246,380	8,380
特別な技術・訓練・監査コスト	4,600	3,409	500	300
製品保証コスト（保証期間経過後）	175	134	0	20
製品販売後のクレーム処理・リコール費	100	79	10	10
品質不良による売上値引	100	79	10	10
損害保険料	140	112	10	15
貢献差益Ⅳ	239,635	144,806	−246,910	8,025
実際のＰＬ損害（ＰＬ訴訟費）	8,100	6,266	600	700
機 会 損 失	760	543	10	20
懲戒賠償金	90	71	10	10
地域への危惧	230	166	10	10
貢献差益Ⅴ	230,455	137,761	−247,540	7,285
環境広告・環境報告書等作成費	180	157	100	10
地球環境保全コスト	90	71	10	10
資源循環コスト	90	71	10	10
環境管理活動コスト	90	71	10	10
材料・リサイクルシステム・省エネ製品開発，廃棄物減少開発コスト	1,840	1,681	1,000	500
公害防止コスト	580	403	10	10
環境修復コスト	580	403	10	10
環境保全関連業界分担金・寄付等	90	71	10	10
土壌汚染などの浄化コスト	250	197	10	20
罰　　　金	2,000	1,543	200	200
環 境 損 失	370	300	50	50
貢献差益Ⅵ	224,295	132,794	−248,960	6,445

第8章 ライフサイクル・コスティングにおける予算編成

らのライフサイクル・コスト予算

3年目	4年目	5年目	6年目	7年目	8年目	9年目
80	240	500	380	140	70	30
80,000	240,000	500,000	380,000	140,000	40,000	20,000
14,400	43,200	90,000	68,400	25,200	12,600	5,400
65,600	196,800	410,000	311,600	114,800	27,400	14,600
700	200	200	400	200	500	0
0	0	0	0	0	20	0
400	200	200	300	100	500	50
800	900	1,000	800	600	400	200
26,240	78,720	164,000	124,640	45,920	10,960	5,840
37,460	116,780	244,600	185,460	67,980	15,020	8,510
300	300	1,000	750	100	100	100
3,000	4,000	5,000	4,000	2,000	2,500	1,000
25,000	18,000	40,000	10,000	20,000	20,000	20,000
60	80	100	80	60	40	20
80	90	100	110	120	130	140
800	5,000	1,000	800	700	600	500
700	800	900	1,000	900	500	500
7,520	88,510	196,500	168,720	44,100	−8,850	−13,750
300	100	100	100	100	3,000	100
20	20	25	25	25	20	20
10	10	10	10	20	10	10
10	10	20	10	10	10	10
20	25	30	10	10	10	10
7,160	88,345	196,315	168,555	43,945	−11,900	−13,900
800	900	1,000	800	600	2,500	200
30	40	50	50	40	500	20
10	10	10	10	10	10	10
10	10	10	10	10	150	10
6,310	87,385	195,245	167,685	43,285	−15,060	−14,140
10	10	10	10	10	10	10
10	10	10	10	10	10	10
10	10	10	10	10	10	10
10	10	10	10	10	10	10
100	100	100	10	10	10	10
10	10	10	10	10	500	10
10	10	10	10	10	500	10
10	10	10	10	10	10	10
30	40	50	40	30	20	10
200	200	200	0	0	1,000	0
50	50	50	30	30	30	30
5,860	86,925	194,775	167,535	43,145	−17,170	−14,260

コスティングの別の体系であるユーザー視点は，他社の製品との比較に焦点がある。この部分を参考にして，販売政策および売上予測が行われるであろう。したがって，図表8－1の予算案にこのデータが付加されることが望ましいであろう。

　ライフサイクル・コスティングの予算利用目的は，利益管理の一環としての長期利益計画の策定と市場志向（マーケット・イン志向）にある。前者の中で重要なことは，固定費の回収計算である。たとえば，実質的資本維持の観点から減価償却が10年であれば，10年で固定費を回収できるような売上計画をするといったことである。後者については，間接的な効果である。ライフサイクル・コスティングの中で，貢献差益ⅣおよびⅤを縮小して，利益の回収を確保する必要を企業に理解させることができるであろう。したがって，これらに対する対策として研究開発を進めていけば，間接的には製品の品質の向上につながり，また顧客満足を高めることにもなる。後者の顧客満足を高めるには，ユーザー視点のライフサイクル・コスティング（図表8－2）をメーカー視点のそれと並列的に作っておく必要があろう。

　ライフサイクル・コスティングは，個別製品のライフサイクルに渡る採算計算であり，顧客にどのような製品を提供するべきかを，製品毎の収益と支出に

図表8－2　ユーザー視点からのライフサイクル・コスト予算

	A 車	B 車	C 車
購　入　価　格	9,143	10,857	11,170
売　　上　　税	5%	5%	5%
下取り価格（処分価値）	1,000	1,500	2,000
ライセンス料（年間）	24	24	24
マイル数／1ガロン当り	18	24	28
チューンアップ間隔（マイル数）	8,000	12,000	15,000
保険料	382	442	654

　（出所）　R. J. Brown, and R. P. Yanuck [1985], pp. 9－11, pp. 37－39, pp. 120－127.

第8章　ライフサイクル・コスティングにおける予算編成

ついてライフサイクルという時系列的で考えることが重要である。しかし製品といっても様々な形態や特徴があることは言をまたない。たとえば機能的な製品は需要が安定しているため予測しやすいが，ライフサイクルは長く，製品1個あたりの利益率は低いという特徴がある。他方，革新的な製品は需要が不安定で予測困難であるが，ライフサイクルは短く，製品1個あたりの利益率は高いという特徴を持っている。一製品別当たりのライフサイクル・コスティングは，当然，企業の所有する製品群の中で当該製品がどのような位置（ポジション）なのか等を企業全体のプロダクト・ミックスの中で，最終的に判断する必要がある。

　上記のことを勘案しても，ライフサイクル・コスティングを計算する上では，財務会計上の情報を始めとして，資産維持の記録，製造原価計算上で休止時間・段取り時間の情報等といった多方面に渡った情報が必要であるが，それは既にデータベースとして蓄積されていることが本書の前提となっている。つまり，ライフサイクル・コスティングのシステムの構築に，情報技術の進歩並びに情報システムの普及は不可欠な要素といえよう。これら情報システムを利用することで，意思決定の最終段階である代替案の評価プロセスだけでなく，問題の発見や代替案の探索活動を支援することが可能となるだろう。

　通常，メーカーはライフサイクル全般を見据えた上で製品計画を立案している。ライフサイクル・コスティングでは，その製品計画をライフサイクル全体のコストとして，初年度の早い段階で把握することが必要である。ライフサイクルに渡る市況の変動，売上高の予測は困難な点もあるが，製品計画にある需要予測に基づいて，市場投入から撤退までの期間に割り振ることができるであろう。非常に困難な作業ともいえるが，そもそもライフサイクル・コスティングは，予定計算であるので，それと実際の進捗段階における収益の実現とコストの発生の比較によって，ライフサイクル・コスト予算を修正したり，フィード・バックして予算管理の拠り所して活用すべきであろう。ライフサイクル・コスティングは，各製品ごとの収益およびコストを可視化でき，製品間でのコストの発生割合の違いを，ライフサイクルの初期段階で明らかにでき，コスト・

195

カテゴリー間の相互関連性を明らかにすることができる[2]。つまり，製品毎という採算計算を基に，それを加算することによって，全体としての企業の採算も計算できるのである。

ライフサイクル・コスト予算編成において重要なことは，製品の企画・設計段階における品質向上および原価低減努力が，どの程度製品の利益に貢献したのかについての一定の指標となり，その指標と実際コストの対比を測定，評価できる点にある。この予算案では，撤退・廃棄コストを考慮しているので，損切りも可能となってくる。そして図表8－3が示すように，予算指標との対比について，意思決定システムとして計画とモニタリングを実施する必要がある。テイラー（W.B.Taylor）も，改善するための計画およびモニタリングをする継続的な自己動機づけには，ライフサイクル・コスティングが必要不可欠である[3]という。ライフサイクル全ての局面におけるコストを理解して，実際にかかった費用と事象についてモニタリングし，目的への適合性，将来の設計のためにフィード・バックして，修正されたライフサイクル・コスト予算を作成しなくてはならない。この過程で，設計変更等によってコストを最少にしたり，回避する措置を適時に講じることができる。前もって設計・企画を遂行することと革新的でフレキシブルな設計を通じて，将来の要求に出来る限り答え，現在のアプローチを修正することが可能になろう[4]。

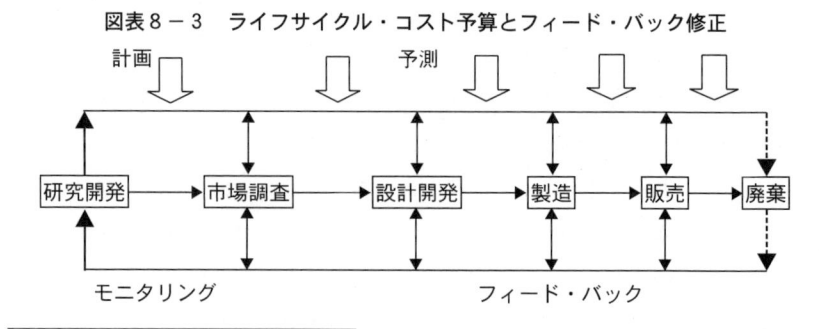

図表8－3　ライフサイクル・コスト予算とフィード・バック修正

計画　　　　　　　　　　予測

研究開発　市場調査　設計開発　製造　販売　廃棄

モニタリング　　　　　　フィード・バック

2）　廣本〔1997〕，399ページ参照。
3）　W.B.Taylor〔1981〕, p.34.
4）　J.K.Stephen and J. Alphouse, Dell' Isola〔1995〕, p. 2．

第2節　ライフサイクル・コスト予算実績報告書

　通常，財務諸表は外部に報告されるため，1ヶ月，四半期，1年単位で行われる。ライフサイクル・コスト予算実績報告書（以下，ライフサイクル・コスト報告書という）においても，ライフサイクル終了時点までその実施を引き延ばすわけではない。コストコントロール上，適切な期間に区切り，全ライフサイクル・コストを割り振っておく必要がある。この場合に，財務諸表の期間と併せて予算実績報告書を作成することは，ベターである。この点は，原価計算期間と同じ考え方であろう。ただ，ライフサイクルに渡る期間の細分という位置づけができるであろう。

　財務会計では，研究開発コストは発生した期間に費用として計上され，製品には配賦されないが，ライフサイクル・コスティングでは，研究開発コストを製品基準で，ライフサイクル期間に渡って配賦する必要がある。この時には，割引計算というよりは，複利計算でもって各期間に割り当てる必要がある。このことは，設備投資額を減価償却費としてライフサイクルに渡って配賦する時と同じ考え方である。この意味で，研究開発コストおよび減価償却を明確に識別したライフサイクル・コスティングは製品の収益性に関して，より優れた情報を提供し，計画活動の有効性に関する判断を行うことができる[5]。

　製品別に配賦されたコストは，ライフサイクル・コスト報告書の予算欄に原価データ別に記載される。そして同報告書において予算と実績を比較し，予算実績差異を計算する。基本的には前節で示す貢献差益Ⅲを実績が下回るようであれば，フィード・バックして，即座に貢献差益Ⅲ以前の予算コストの修正を行うか，当該製品（あるいは事業）から撤退するかを決定しなくてはならないであろう。なぜなら貢献差益Ⅲにおいて損失がでるということは，それ以後，すなわち貢献差益ⅣおよびⅤのコストに備えられないことを意味するからで，そ

---

5) C. Berliner and J. A. Brimson〔1988〕, p.32.

の結果企業の存続に関する重大な問題にまで発展する可能性がある。このようなことから，ライフサイクル・コスティングは見積計算としての機能だけでなく，コントロールの役目もある[6]。

またライフサイクル・コスト報告書は，製品系列，長期的収益性および企画設計段階において選択された諸代替案の経済的影響を識別する際に原価データを提供するのに利用できる[7]という。ライフサイクル・コストを計算する際に準備される見積額は，累計される実際原価と比較するために，原価データとして，製品別・原価要素別に当該製品・サービスが終了（市場からの撤退ではなく，部品保存等の最終的な終了）となるまで，記録を残しておき，次の製品開発へとフィード・バックすることが重要である。

現在の企業環境は，生産者のプロダクト・アウトからマーケット・インへの思考の転換，また顧客志向，顧客満足への軸足の転換によって多品種生産，新製品開発，個別生産への配慮と転換がみられる。また消費者ニーズの可変性の中で戦略を重視するためには，長い年月をかけて巨額な投資が投入される新製品開発は企業にとって，重要な経営戦略になる。この戦略を期間損益計算で把握するのではあまりにも無防備すぎる。ホーグレン（C. T. Horngren）は，ライフサイクル・コスト報告書は，以下の4つの点を提示することができる[8]という。

① 各製品に関連したコストと収益の関係が把握できる。製造原価については，ほとんどの原価データから把握できる。しかし，下流のエリア（たとえば顧客サービス）に関連したコストは，個々の製品に把握することが困難である。

② ライフサイクル中の初期段階において，製造原価の80％が決定すること

---

6) これに関して廣本も，ライフサイクル・コスティングを行う場合には，ライフサイクル報告書（1 life-cycle report, product-life-cycle cost report）が作成され，当該製品に帰すべき実際原価をその予算原価内にコントロールするため，ライフサイクル・コストの実績を計算することも必要であるという（廣本〔1997〕，399ページ。）。
7) C. Berliner and J. A. Brimson〔1988〕, pp. 88-89.
8) C. T. Horngren, G. Foster and Datar, S. M.〔1997〕, p. 449.

第8章　ライフサイクル・コスティングにおける予算編成

から，当該製品の収益の正確な予測のために，経営管理者ができるだけ早く開発することの重要性を示すことができる。

③　コスト・カテゴリー間の相互関係が強調される。たとえば，研究開発および製品設計コストが減少した企業は，次の年に顧客サービスコストの増加を経験するかもしれない。それは製品が品質遂行レベルではないための品質コストの発生である。ライフサイクル収益および原価報告書は，期間損益計算では隠され，コスト中に埋没してしまっている原因を知ることができる。つまりライフサイクル・コストは，期間損益計算では把握できないコスト，価格およびコストマネジメントにおけるＶＥや原価企画の重要性を示す。また長命サイクルの製品は，ライフサイクル・コストのわずかな部分のみが，コストとして現実に把握されことになる。

④　製品の企画設計段階における品質向上および原価低減努力が，どの程度利益に貢献したのかなどについても，一定の指標を導入することによって，製品の全ライフサイクルをコストという概念によって測定・評価していくことが可能である[9]。

ライフサイクル・コスト報告書は，ライフサイクル・コストの原価要素が，各企業の経営組織や製品あるいは経済環境の違いによって異なるのと同様に，情報の利用も各企業にとって多様である。しかしそれが意思決定のために利用されるという点では，全ての企業に共通する。と同時に，研究開発費の大きさやタイミングを知ることができ，通常の年次報告書では分からない収益性を発見でき，意思決定に役立つのである。

経営管理者が予算を改善する際に，予算機能にどのように利用可能な時間を割り当てるのかを理解することは重要である。同様の段階の同様の製品は同様の予算を持っているべきである[10]。しかし同じ段階に予算機能の異なるもの（計画，統制，モチベーション）を用いる場合には，非能率が生じ，利益は最大化されない。どの予算機能が特定の段階において予算上の成功にとって重要かと

9）　浅田・田川〔1996〕，122ページ。
10）　A.B.Czyzewski and R.P.Hull〔1991〕, p.26.

いうことを経営管理者が理解できれば，資源をより効率的に配賦することができるであろう。ライフサイクル・コストでは，現実のコストおよび時間スケジュールが開発されるので，予算編成をする上では，企業にとって包括的な理解を獲得できる。予算を組み込み，予算から得られるべき全ての利益が最大化となるような予算配分を行うことが必要であろう。

第3節　ライフサイクル・コストにおける価格設定

　原価計算の目的の1つに価格決定目的がある。製品を価格設定する際には，他企業よりも市場シェアが大きいあるいはコストが低いと，競争優位になり得る。さて，ライフサイクル・コスティングを採用した場合の価格設定について考えてみると，従来の製造原価よりもライフサイクル・コストは明らかにコストが拡大するため，従来の方法とは異なると予測される。しかし「現実には原価を基礎に価格がきまるというよりも，全くの新製品以外は，製品の価格が市場で事実上決まるといってもよい」[11]という意見もあるように，価格決定に関しては，メーカーだけの問題ではなく，それを購入するユーザーの立場も考慮しなくてはならない。

　つまり，価格決定はコストを始めとして，企業のマーケティング目的，マーケティング・ミックス戦略，組織構造といった企業内部の要因と，市場と需要の関係，競争，その他の経済や政府といった企業外部要因の両方から影響を受ける。企業は激しい競争の中で，消費者欲求の変化に合わせて，生き残りをかける。価格が変動費や一部の固定費をカバーできる限り，企業は事業を継続できる。しかし，これは短期的な目的にすぎず，長期的に見れば固定費を回収し，そして価格決定の目標として現在利益の最大化を考えねばならない。そうした企業は，価格に対する需要とコストを推計し，現在利益，キャッシュ・フロー，投資利益率を最大化するような価格設定が求められよう。

11）　山本（浩）〔1995〕，137ページ。

第8章　ライフサイクル・コスティングにおける予算編成

　言い換えれば企業は，製品の製造，流通，販売への総コストをカバーするのと同時に費やした努力やリスクの見返りに，高い収益率をもたらすような価格を設定すべきである。ブリムソンら（C. Berliner and J. A. Brimson）は，開発，製造，製品ロジスティクス支援局面において発生する製品原価は，長期的な利益能力描写を示したり，製品ライン，製品ミックス，価格決定などについてのカギとなるマネジメント意思決定を支援するために結合すべきだという。そして最終的に価格は全てのコストプラス利益（適当な資本利益率）を回収しなければならない[12]という。このように1つの製品ライフサイクルを考えた予算は，価格決定に有用な情報を提供することができよう。そこでこれまで，価格決定問題についてライフサイクル・コスティングに関して検討してきたメーカー固有の視点と製品視点（メーカー視点＋ユーザー視点）の2つから統合させた形で考えてみよう。

　繰り返し述べることになるが，メーカー固有の視点は，研究開発に始まり，販売終了後の撤退・部品保存までのコストを含む。この際に注目すべきことは，これまで期間損益計算においては，製品ごとに跡付けられてこなかったマーケティング費や営業費も含めて（もちろん研究開発や販売終了後のコストを含めて全て）製品毎に把握して，価格決定することである。先にいう，メーカー固有の視点と製品視点を統合させる理由は，ユーザーの負担する取得後コストである使用・維持・廃棄については，メーカーの製品開発の中において，そのコストを削減するような開発を行っていることを前提とする。その結果，メーカー側が費やしたコストである製品に搭載された技術や機能，品質，リサイクルのためのコストや環境コストは，製品の販売価格にそのまま転嫁することになり，明らかにユーザーの取得コストは上昇し，ユーザーの負担を招くことになる。つまり，図表8－4が示すように，前倒し分として取得コストに加算するという仕組みを取るのである。

　一方，ユーザーは製品価格の増大が取得後の使用・維持コストの削減に確実

---

12)　C. Berliner and J. A. Brimson〔1988〕, pp. 142−143.

図表8−4 ユーザー視点におけるライフサイクル・コストの比較

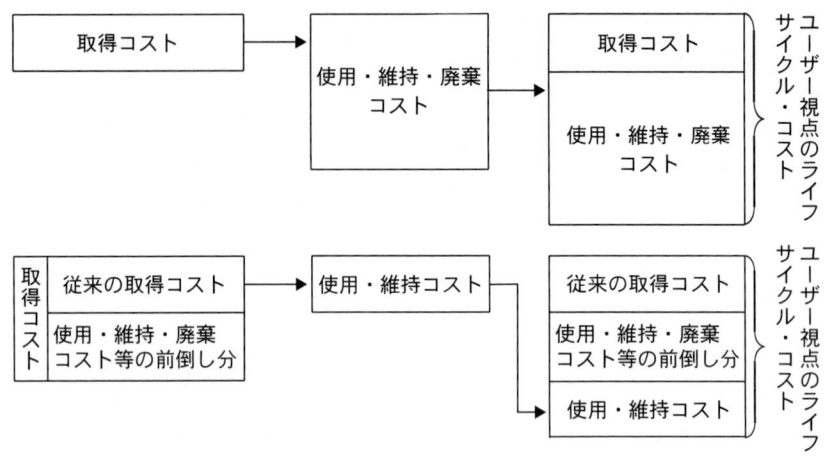

に結びつくという保証があれば，製品の取得価格の高い方（前倒し分として使用・維持・廃棄コストが加算されたもの）を選ぶ。したがってメーカーとしては，ユーザーの取得原価が上昇しても，価格上昇の根拠とユーザーが価格上昇を受容しても獲得したい効果は何なのかを明確しておかなければならない。その際，ユーザーがコストを許容できるようなコストの上昇，たとえば消費電力を引き下げる製品は，容易に受け入れられるであろう。しかし，リサイクル可能な素材を使った製品といったような目に見えないコストの上昇は，全ての人に受け入れられるとは限らない。そこでメーカーは「なぜ価格が上昇したのか」「なぜ価格を上げなければならなかったのか」，たとえば環境・品質のために要したコスト，アフターサービス期間の延長，無償修理項目の拡大の検討について，製品販売時にパンプレットで提示し，有価証券報告書・環境報告書・アニュアルレポート・企業ＰＲ誌・ホームページ等によって，その情報を開示する必要がある。メーカーが製品開発で上昇した分を基本的にはその該当コストをユーザーが負担することになるのであるから，ユーザーに情報を提示するといった説明責任がメーカーに求められるのは当然のことである。このように，製品が正しく価格付けされていれば，競争市場における価格メカニズムは供給者の内

第8章 ライフサイクル・コスティングにおける予算編成

部化された環境コストを既に含んでいる[13]といえる。

　ユーザーは，ライフサイクル・コストに関する情報を取得したなら，機能や品質を含めて購買価格を検討し，本当の意味での低コストの製品を取得することが可能となる。また，製品販売後の安全対策や廃棄物の回収・処理を含めて最終的には価格という形でユーザー側が負担するので，メーカー側の設計・製造段階におけるコストの低減の効果を享受するのは，ユーザー側になる。

　特に日本の場合，一般製品には通常ある一定期間（製品保証期間）[14]，無償で製品を保証するシステムが付加されている。この期間内に製品に不良が生じれば，メーカーは製品保証債務コスト，取替コストなどを負担することになる。これらのコストを抑えるためにも「品質のよい製品」といえ，品質コストを重視する理由がある。またこの修理に伴うコストは，メーカーにとって将来発生することが不可避な費用であり，予め見積って費用計上することも忘れてはならない。今までもこれに対応するために製品保証引当金が，過去の実績を基礎に見積計上されていた。しかし期間損益計算の観点から，それは翌期以降に見積額が計上されていた。ライフサイクル・コスティングは，期間にとらわれず，製品ごとにコストを把握していこうというものであるから，製品のライフサイクル（期間）を定め，製品保証引当金という財務会計的用語ではなく，製品保証コストとして前もって見積るべきである。

　今後，さらにライフサイクル・コストは拡大し，価格決定にも影響を及ぼすであろう。廃棄コストは，現在では主に自治体が負担しているが，環境保全のための追加的設備投資額，公害や環境破壊によって引き起こされるコスト等，これまでユーザーや社会が負担してきたものを，将来はメーカーが負担することもあり得る。そして環境調和型製品設計によって，製品コストがさらに上昇し，ライフサイクル・コストも上昇する製品を，企業の利益という点から考えた場合，どのように摺り合わせていけばよいのかという問題もある。ライフサ

---

13) S. Schaltegger, K. Muller and H. Hindrichsen〔1996〕, p.56.
14) 家電製品は通常1年であり，これにプラスして販売店が有料でさらに製品保証期間を延長するシステムがとられている場合が多い。

イクル・コスティングの外部利用目的は，ユーザーが満足いくようなレベルでのコスト算出をすることと，社会的にみて負担者にとらわれず最少なコストを求めることである。そのためにもメーカーは，意思決定法としてライフサイクル・コストの算定方法に経営戦略と経営理念を取り入れなくてはならないのである。

さらに國部が「環境調和型製品開発を促進するためには，採算性を測定し，企業の売上や利益に貢献する事業として対処しなければ，社会的ニーズに十分応えることはできないであろう」[15]と指摘するように，ライフサイクル・コストのコスト情報は，環境負荷の削減とライフサイクル・コストの低減の双方を追求すべきである[16]。これに関して伊藤(嘉)は，各実体単位でライフサイクル・コストの発生額を測定ないし予測し，ユーザーコストや社会負担コストが適正かどうかを評価して，もしもその削減が戦略的に必要と判断されたならば，これを実現するための代替的な諸政策により，メーカーが負担するコストがどのように推移し，かつメーカーはその負担にどこまで耐えうるか（この場合，コストの上昇分を価格に転嫁することは，ユーザーコストを引き上げるため実行できないので）を検討する必要がある[17]という。価格設定に関して重要なことは，どのコストをユーザーへ転嫁させるべきかについて検討することであろう。そしてライフサイクル・コスティングは，メーカーの回収計算としてだけでなく，社会的に見てコスト最少の製品開発ということに寄与できるのである。

第4節　ライフサイクル・コスティングの現況と限界

レイモンド＝エヴァ (J.C. Raymond and S. Eva) は，ライフサイクル・コス

---

15) 國部〔2000b〕，4ページ。
16) ステファンらは，製品の設計担当者に対してライフサイクル・コスティングによる代替物の経済性評価が役に立つと述べている。設計担当者は，前もって設計・企画段階において，変化に適応する革新的な代替物を考えておかなければならない(J. K. Stephen and J. Alphouse, Dell'Isola〔1995〕, pp. 1－2.)。
17) 伊藤(嘉)〔1991b〕，73ページ。

ティングには，理論と実務のギャップがあるという。彼は，ライフサイクル・コストは，将来コスト，コスト成長，将来のインフレーション率，機能や構成要素の予期すべき期間に関連する仮定において，以下の4点の不確実性を含む[18]という。

- ライフサイクル・コストを利用するモチベーションの不足
- 利用を制限する多くの複雑な要因
- 手法的問題と限界
- 信頼できるデータのアクセス

以下，簡単に説明するが，ライフサイクル・コストは，明らかにユーザーの一部にライフサイクル・コスティング技術を利用するモチベーションと，時間と労力に対して価値あるものかを考えていくことが必要である。モチベーションについては，利益を意識することによってのみ考えられるが，ライフサイクル・コストの一般的な理解の不足と限定的な認識は，ユーザーに低い優位しか与えないであろう。そして，メーカーがライフサイクル・コスティングの重要性を認識したとしても，ユーザーに低い優位性しか与えないのであれば，メーカー側の自主的なエゴになることもある。以上を含めてレイモンド＝エヴァは，ライフサイクル・コストの理論と実務の間には，明確に不均衡がある[19]という。したがって彼の実務において示すライフサイクル・コストの役割は，単に異なった代替案をランク付け，最もコストエフェクティブであるものを得ることで，ライフサイクル・コストの正確さは2番目に重要なことだと指摘する。

スカレッター（S.K.Scaltegger）は，ライフサイクル・コスティングがあまり関心をもたれないということについて，以下の点を指摘する[20]。

① 製品が正しく価格付けされていれば，競争市場における価格メカニズムは供給者の内部化された環境コストを既に含んでいることになる。
② 情報の質が低下し，データの質に整合性がない，データ収集にコストが

---

18) J.C.Raymond and Eva, Sterner〔2000〕, p.371.
19) Ibid, p.373.
20) S.Scaltegger, K.Muller and H.Hindrichsen〔1996〕, p.56.

かかるという情報面において実務の面で大きな問題がある。

　ライフサイクル・コスティングが，メーカー固有の視点において重要であることに変わりはないが，それについても限界がないわけではない。ライフサイクル・コスティングは製品個々の採算計算としては有用であっても，一企業として考えた場合，製品の組み合わせ（プロダクト・ミックス）を考える必要がでてくるからである。つまり，他の製品を売るという目的で，損失（犠牲）を払って当該製品を販売し続けるということも，一企業として考えた場合は，戦略となり得るのである。これが企業全体として考えた場合の製品個別の採算計算であるライフサイクル・コスティングの限界である。

　ライフサイクル・コスティングの普及に力を注いでいた日本プラントメンテナンス協会ＬＣＣ委員会は，今後の課題として，以下の6点を挙げている[21]。

① 　組織，システム，マニュアルなどが整備されていない
② 　維持費，廃却費の算定（予測計算）は，予測困難な多くの要因の影響を受け，実際上困難である
③ 　社内での関心や理解が低い
④ 　ライフサイクル・コスティングに労力と時間をかけて行っても，その効果を評価するのに時間がかかるので評価しにくい
⑤ 　技法がよく分からない
⑥ 　ライフサイクル・コスティングを計算し，それに合った設備あるいは物品を提供しても，最終的には取得費重視で契約される

　しかし，日本プラントメンテナンス協会の見解は，明らかにユーザー視点を強調しすぎている感がある。本書の主張するようにライフサイクル・コスティングをメーカーの回収計算として位置づけるならば，もっと可能な側面は多いといえよう。というより，ライフサイクル・コスティングを実施しなくては，これからの製品計画・製品開発を見失うことすらなりかねない。現在，普及している携帯電話は，ある一定期間を過ぎ，利益を得て当該製品の回収をし終え

21）　日本プラントメンテナンス協会ＬＣＣ委員会〔1983〕，42ページ。

第8章 ライフサイクル・コスティングにおける予算編成

たなら，次から次へと製品を開発するというライフサイクル・コスティング概念を取り入れているように思う。

さて，このような理論と実務のギャップが論ざれるなかで，個別にライフサイクル・コスティングの取り組みも実施されている。日本において，民間企業（たとえば川崎重工，三菱重工，石川島播磨重工業）で製造される軍需品を日本の防衛省に納入する際には，ライフサイクル・コスティングを利用[22]しており，国土交通省においても総合評価方式としてライフサイクル・コスティングの形式が採用されている。日経産業新聞には，以下のような記述があったので参考までに紹介しておこう。エアコンを10年間利用した時，ライフサイクル・コストを試算すると，本体価格がトータルコストに占める割合は，値引き対象品で約10％，新製品で約16％である。省エネ効果で電気代が20％下がると，10年間で電気代のコスト比率は80％以上なので，本体コストを十分吸収し，ゼロになる[23]という。また，コマツは，大型建機では製品の購入から廃棄までにかかるライフサイクル・コストを保証する販売手法を検討している[24]。

今後，ライフサイクル・コスティング研究は，1つの企業だけでなく，サプライチェーンの観点からサプライヤーとの連携を始めとして，企業間のつながりにおいて考えることも必要であろう。

最後に本書を総括する。

アメリカにおいてライフサイクル・コスティングは，国防総省という特殊な機関の強い要望からクローズアップされてきた。その後もアメリカでは，ユーザーが行政機関であったために，メーカーに対するトータル・コスト低減の要請という点に特徴があった。そのトータル・コストという表現にライフサイクル・コストは始まる。それは原価計算というよりは，むしろ経済性評価の技法であった。アメリカにおいては，時代とともにコストの範囲，対象物の広がり

---

22) K.Okano〔2001〕, p.69.
23) 日経産業新聞, 1997年7月29日掲載。
24) 日経産業新聞, 2001年3月1日掲載。

をみせつつ，コスト中心からマネジメントのためのツールとして発展している。ライフサイクル・コスティングをキーワードとして文献を検索しても，エンジニアリング関係の文献がほとんどであり，その傾向は顕著である。

　本書は，ライフサイクル・コスティングの特徴として，主にユーザーの観点からみれば当該製品の「購入意思決定」，メーカーの観点からみれば原価企画の中で実施し，製品促販のための顧客説得といった「競争戦略」という点から述べてきた。特に後者においては，メーカーの「コストの回収」という点に焦点を当てた。そして2つのライフサイクル・コスティング（メーカー固有の視点，製品視点）は，製品開発，つまり原価企画の中でユーザー側のコストをも考慮してコストを作りこむことの重要性と，メーカーの立場から全てのコストを回収するという原価計算としての重要性を指摘した。経営・会計情報と情報システムの有機的結合，原価低減活動に関与する各職能単位にその業績を適切に帰属させなければ，職能組織単位間にコンフリクトが発生し，適切な原価低減活動が促進されないとして，この問題を適切に処理できる原価計算システムを構築することが管理会計担当者の重要な課題である[25]というように，現在の企業環境に適応すべく原価計算システムとして，ライフサイクル・コスティングを考えてきた。

　戦略的コスト・マネジメントとして考えられる現在のライフサイクル・コスティングは，製品の開発・設計段階において考える製品のトータル・コストの低減に集約されている。現在用いられているライフサイクル・コスティングは，顧客や環境問題との関連において貢献できるという観点から展開している。会計学的にみれば，ライフサイクル・コスティングは，全プロセスを通じて製品に生じた原価を累積する原価計算の一形態である。しかしこれを経営的観点からみれば，企業環境の変化を含め，顧客側のニーズを迅速に把握し，製品に反映させることで，顧客満足を獲得し，市場の競争優位を獲得しようという点に特徴がある。特に現在では，顧客ニーズを満たすだけではなく，顧客の期待以

---

25) M, Burstein〔1988〕, p. 266.

上のものが求められている。メーカーは，ライフサイクル・コストを低減することによって，価格と製品属性の差別化を行うことが可能となるであろう。

研究開発コストから製品の寿命がつきるまでの累積コストが売上金額を超える時，企業は真の意味において利益が生まれると考えられる。よって単に製造原価（従来の伝統的な原価計算でいうところの製造原価）だけでの把握では，研究開発コストを把握することはできず，しかも環境面からの廃棄コストを考慮するのであれば，それも累積させて製品の本当の損益を計算する必要がある。アメリカ国防総省にしても，現在のライフサイクル・コスティングにしても，コストの範囲を依然のものよりも広く捉えているところに共通点はある。そして現在では社会的コスト（環境コスト）を含め，ますます広くなりつつある。それが戦略的コスト・マネジメントとしてのライフサイクル・コスティングの現代的意義であるといえる。さらに，利益計画の観点から製品の原価を低減することによって，積極的な利益の獲得を戦略として，長期利益計画の一環としてライフサイクル・コスティングを考えるべきである。

また，ライフサイクル・コスティングは具体的なメーカー側のマネジメント・システムの構築が必要であり，原価企画の場合と同様，ライフサイクル・コスティングを実現する場合にも「製品の機能，品質，信頼性，製造・購買・物流の方法，販売後の顧客サービス等に関するさまざまな知識，技術的スキルをもつ多様な職能担当者が情報を共有させながら，共同的な作業を展開しなければ，顧客の要求を満たしながらライフサイクル・コストを低減する活動を実現することが困難となる」[26]であろう。加えて，競争市場でライバル製品が柔軟な市場投入できるようになると，多くの企業で製品ライフサイクル・コストが検討されるであろう。そうすることにより，これらの技法の適用は増大すると考えられる。

また「製品単位別にライフサイクル・コストが正確に把握できるようになれば，企業の長期的な利益に鑑みて，環境負荷の大きい製品が開発される可能性

---

[26] 小林(哲)〔1996ａ〕, 8ページ。

は多少なりとも減少するものと期待できる」[27] と指摘されるように，環境会計とのからみでもライフサイクル・コスティングは重要な役割を果たす。産業内での取り組み，排出基準の目標数値の設定などに利用の焦点を絞ることによって，ライフサイクル・コスティングの重要性は見い出せる。

　共通の設備や資源を利用した場合の他の製品のライフサイクルとの関連が複雑であり，特定の製品に対して，どれ程企業の利益向上に貢献したか，あるいは競争力を高めることができたのかを把握できないが，ライフサイクル・コストは，ライフサイクルが短縮化したために，コストの回収を早期に行う必要がでてきたことから，長期的にも製品別のコストの回収は必要となり，今後はそれをさらに深く掘り下げていく必要があるだろう。そしてそのためにも，ライフサイクル・コスティングは，多くの技術（エンジニア，会計学，数学，統計学，経済学，経営学等）が統合されなくてはならないのである。

　繰り返し述べることになるが，ライフサイクル・コスティングの確立された定義や意義はいまだ存在しない。しかし，本書で検討されている内容とともに従来の多くの論者が指摘していることを勘案することによって，本書において検討すべきライフサイクル・コスティングの現代的意義を考えることが可能になったと思う。企業は，投下した資本を回収することを義務付け，利益を獲得しないならば次期モデルの製品開発費を確保することは不可能なのである。

---

27)　伊藤（嘉）〔1996ａ〕，86ページ。

おわりに

　企業が環境変化に適応しないならば，利益を喪失する可能性が高い。企業環境が変化すれば，原価計算もこれに対応しなければならない。その対応すべき解決策の1つとして，本書ではライフサイクル・コスティングを検討してきた。ライフサイクル・コスティングは，戦略的コスト・マネジメントの1つであるといわれ，何年も前から研究が重ねられているにもかかわらず，これまで体系的なライフサイクル・コスティングの著書はあまりみられない。本書はライフサイクル・コスティングの基礎的研究ということで，ライフサイクル・コスティングの基礎になるライフサイクルの区分に主眼をおいて検討したライフサイクル・コスティングの集大成である。

　本書の構成から要旨をみると，第1章「ライフサイクル・コスティング研究序説」では，ライフサイクル・コスティングにおいて期間の前提となるライフサイクル決定因として市場と環境に焦点をあて，メーカー視点，ユーザー視点，製品視点，事業，建物といったライフサイクルを中心に2つの体系を試み，本書の核となるものを示した。

　第2章「ライフサイクル・コスティングの意義と目的」では，アメリカ生成期のライフサイクル・コスティングと，そこから発展した行政機関を中心とするライフサイクル・コスティングの意義について述べ，従来のライフサイクル・コスティングの意義・定義について視点ごとに文献を渉猟した後，現在の企業環境に適応すべきライフサイクル・コスティングの現代的意義を3つの側面から考察した。

　第3章「ライフサイクル・コストにおける原価の把握」では，従来の原価概念とライフサイクル・コストとの相違について検討し，伝統的な原価計算との比較からライフサイクル・コスティングの有用性について検討した。

　第4章「ライフサイクル・コストの拡大(1)」では，近年，ライフサイクル・コスティングと環境会計とはともに述べられることが多いが，その関連性と位

置づけについて検討した。

　第5章「ライフサイクル・コストの拡大(2)」では，ライフサイクル・コスティングを製品だけに限定せず，事業，特に海外事業にまで拡大して検討した。さらにライフサイクル・コスティングの非営利組織への取り組みとして，ダムを例に環境コスト，撤去コストを検討した。

　第6章「ライフサイクル・コスティングと原価企画・品質原価」では，製品視点からみた場合，研究開発に力点をおくことがこれまでの研究から明らかになってきたことから，ライフサイクル・コスティングの原価企画への取り組みを2つの視点（メーカー固有の視点，製品の視点）に区分し，検討した。

　第7章「ライフサイクル・コスティングの構造」では，メーカー固有の視点からみた回収計算の方法として，ＡＢＣを利用した段階的貢献差益について検討した。

　最後に第8章「ライフサイクル・コスティングにおける予算編成」では，ライフサイクル・コストにおける予算編成のあり方を述べ，ライフサイクル・コスティングの現況と限界について検討し，今後の課題について若干の考察を行った。本書の特徴は，始終一貫して，ライフサイクル・コスティングの2つの視点をさらに凝縮し，これまでライフサイクルが混同されてきたことに対して，明確にメーカー固有の視点と製品視点の2つに区分して論を進めてきた点にある。

　ライフサイクル・コスティングは，回収計算という観点から，企業の損失を最小限に抑えるための手段であると同時に，製品に関しても，事業に関しても「備えあれば憂いなし」なのであるから，前もって見積計算することは重要である。様々なリスクを認識し，リスク効果を比較し，どこにマネジメント努力を費やすべきか，起こりうる，そして起こりうるかもしれない予測を立てることが重要であろう。一製品（もしくは事業）の採算性を計算し，どの製品が利益をあげ，どの製品が利益をあげていないかを把握できれば，企業は，戦略的に意思決定をすることが可能となろう。その結果，ライフサイクル・コスティングは，メーカーの回収計算としてだけでなく，社会的にみてコスト最少の製品

おわりに

開発ということにも寄与できるのである。

　ライフサイクル・コストは，財務諸表作成目的からは正当化されないが，ユーザー側に渡ったコストを抑えた品質の良いものは価格計算目的，回収・採算計算という点からは，利益管理・原価管理目的，そしてライフサイクル・コスト予算報告という点からは予算管理目的，意思決定からは基本計画設定目的に有用である。

　ライフサイクル・コスティングの研究は，これまで体系づけられた文献は，ほとんどみられなかった。というのもライフサイクル・コスティングは原価計算のあらゆる分野が相互に作用し，さらには財務会計，マーケティング分野，管理工学，組織論と拡大し，それを論理づけて1本の体系化した著書にすることにはあまりにも困難な面が多すぎたのである。また，ライフサイクル・コスティングが企業の経営理念に関わるものであり，「異なる目的には異なる原価」という機能的な概念をとっているため，メーカーないしユーザーの必要性，重要性に応じて，必要な製品のライフサイクル・コストが考慮されなくてはならないことに理由があろう。

　現在，ライフサイクル・コスティングの事例として調査できるものはほとんどないといってよい。最近，環境という分野が算入してくることで，ライフサイクル・コスティングの意義はますます高まっているものの，それは，さらに体系化への道を困難にした要素の一因でもある。また，最近老舗を始めとする菓子メーカー，精肉メーカーにおいて賞味期限切れの問題が浮上し，「食品の安全性」が取り上げられている。企業が利益をあげるために，消費者を欺くような行為はたった1つの製品においてでも，当該製品や当該企業のライフサイクルは急停止する。ライフサイクル・コスティングでは，製品の採算計算を重視することを述べてきたが，会計の問題よりも経営理念，経営管理が重要なのは言をまたない。

　ライフサイクル・コスティングの研究は様々な隣接する研究分野と交わり，他の領域と切り離して独立して行われるものではない。そこで本書では，様々な側面からそれらに考察を加えることで，ライフサイクル・コスティングの位

置づけをどのようにしたらよいかという点から本書を進めていった。この方法が正しいかどうかについては，この本を読んでくださる方に判断を委ねたいと思う。

― 参 考 文 献 ―

【欧文献】

Adamany, H. G. and Gonsalves, F. A. J. [1994], "Life Cycle Management: An Integrated Approach to Managing Investments", *Journal of Cost Management,* Vol. 8, No. 2.

Ahmed, N. U. [1995], "A Design and Implementation Model for Life Cycle Cost Management System", *Information & Management,* Vol. 28.

Alfred, G. and Roberts, H. [1997], "Anglo-Saxon and German Life-Cycle Costing", *The International Journal of Accounting,* Vol. 32, No. 1.

Ali, Hamdi F. [1994], "A Multicontribution Activity-Based Income Statement", *Journal of Cost Management,* Fall.

Alphonse, J. Dell' Isola [1982], "Presentation on Life Cycle Cost-Benefit Analysis", *Save Conference Proceedings,* Vol. 17.

American Accounting Association [1952], "Report of the Committee on Cost Concepts and Standards", *The Accounting Review,* April.

Ansari, Shahid L. et all [1997], *Target Costing : The Next Frontier in Strategic Cost Management/the CAM−1 Target Cost Core Group,* Irwin Professional Pub.

Atkinson, A. A. [1990], "Life-Cycle Costing", *CMA Magazine,* July/August.

Bailey, P. E. [1990], "Life Cycle Costing and Pollution Prevention", *Pollution Prevention Review,* Winter.

Bailey, P. E. [1991], "Full Cost Accounting for Life Cycle Costs: A Guide for Engineers and Financial Analysts", *Environmental Finance,* Vol. 1, No. 1.

Battlebrury, D.R. [1991], "The Practical Application of Life Cycle Costing to the Design of Power Systems", *IEE. Conference Pub.,* No. 338.

Benjamin, S. B. [1988], "The Measures of a System-Performance, Life-Cycle Cost, System Effectiveness, or What ? ", *Proceedings, IEEE. Natl. Aerosp. Electron. Conference,* No. 4.

Berliner, C. and Brimson, J. A. [1988], *Cost Management for Today's Advanced Manufacturing: The CAM−1 Conceptual Design,* Harvard Business School Press. (長松秀志監訳〔1993〕『先端技術のコストマネジメント』中央経済社)

Blanchard, B. S. [1978], *Design and Manage to Life-Cycle Cost,* Matrix Press. (宮内一郎訳〔1979〕『ライフサイクルコスト計算の実際』日本能率協会)

Böer, B. Germain [1974], *Direct Cost & Contribution Acccounting,* Jhohn Wiley and

215

Sons.

Böer, B. Germain [1990],"Contribution Margin Analysis: No Longer Relevant/Strategic Cost Management: The New Paradigm", Panel Discussion rpt. in *Journal of Management Accounting Research,* Fall.

Böer, B. Germain [1998], "Environmental Cost Management", *Management Accounting,* September.

Brausch, J. M. [1994], "Beyond ABC : Target Costing for Profit Enhancement", *Management Accounting,* November.

Brayton, P. O. [1994], "Life Cycle Costing", *Chemical Processing,* Vol. 57, No. 12.

Breidenbach, D. P. [1989], "Life Cycle Cost Analysis", *Proceedings IEEE. Natl. Aerosp. Electron Conference,* Vol. 89.

Brimson, J. A. [1991], *Activity Accounting : An Activity-Based Costing Approach,* John Wiley and Sons.

Brimson, J. A. [1998], "Feature Costing: Beyond ABC", *Journal of Cost Management,* January/February.

Brinker, B. J. ed. [1996], *Emerging Practices in Cost Management,* Warren, Gorham & Lamont.

Brown, R. J. [1979], "A New Marketing Tool: Life-Cycle Costing", *Industrial Marketing Management,* Vol. 8.

Brown, R. J. and Yanuck, R. R. [1980], *Life Cycle Costing : A Practical Guide for Energy Managers,* Fairmont Press.

Brown, R. J. and Yanuck, R. R. [1985], *Introduction to Life Cycle Costing,* Prentice-Hall.

Bull, J. W. [1993], *Life Cycle Costing for Construction,* Blackie Academic & Professional.

Burritt, R. L. and Luckett, R. F. [1982], "Direct Costing: Is it Allocation Free ? ", *Management International Review,* Vol. 22, No. 4.

Burstein, M. C. [1988], "Life Cycle Costing in : Cost Accounting for the 90's : Responding to Technological Change", *NAA Conference Proceedings.* (坂口博訳 [1989]「ライフサイクル原価計算」『経営実務』No. 424)

Carlson, F. T. [1980], "Design to Life Cycle Cost Research", *AGARD Conference Proceeding,* No. 289.

Carson, R. [1962], *Silent Spring,* Houghton Mifflin Company. (青木簗一訳 [1987]『沈黙の春』新潮社)

参考文献

Charles, J. M. and Snyder, H. M. [1989], "Life Cycle Cost the Logistics Support Analysis Connection", *Proceedings IEEE. Natl. Aerosp Electron Conference*, Vol. 3.

Ciambrone, F. D. [1997], *Environmental Life Cycle Analysis,* Lewis Pub.

Clark, K. B. and Fujimoto, T., "The Power of Product Integrity", *Harvard Business Review,* November/December. (坂本義実訳[1991]「製品統合性の構築とそのパワー」『ダイヤモンド・ハーバードビジネス』2・3月号)

Cohan, D. W. and Mclearn [1992], "Beyond Waste Minimization: Life Cycle Cost Management for Chemical and Materials", *Pollution Prevention Review,* Summer.

Cooper, R. [1990], "Cost Classification in Unit-Based and Activity-Based Manufacturing Cost Systems", *Journal of Cost Management,* Fall.

Cox, Jr., W. E. [1967], "Product Life Cycles As Marketing Models", *Journal of Business,* Vol. 40, No. 4.

Crawley, M. F. and Bell, J. [1991], "The Application of Life Cycle Cost Analysis to Pneumatic Conveying Systems", *Proceedings Tech. Program Annual Pow Bulk Solids Conference Exhibit 16th.*

Czyzewski, A. B. and Hull, R. P. [1991], "Improving Profitability with Life Cycle Costing", *Journal of Cost Management,* Vol. 5, No. 2.

Dale, B. G. and Plunkett, J. J. [1991], *Quality Costing,* 2nd ed., Chapman & Hall.

David, C. F. [1997], *Environmental Life Cycle Analysis,* Lewis Pub.

Deemer, K. [1980], "A Life Cycle Model of New Product Profitability", *SIGSMALL News.,* Vol. 16, No. 2.

Dhalla, N. K. and Yuspeh, S. [1976], "Forget the Product Life Cycle Concept", *Harvard Business Review Vol. 54.*

Dhillon, B. S. [1981], "Life Cycle Cost: A Survey", *Microelectronics and Reliability,* Vol. 21.

Dhillon, B. S. [1989], *Life Cycle Costing-Techniques: Models and Applications,* Gordon and Breach Science Pub.

Diallo, A., Khan, Z. U. and Vail, C. F. [1995], "Cost of Quality In the New Manufacturing Environment", *Management Accounting,* August.

Dighton, R. D. [1979], "Designing to Life Cycle Cost in the Hornet Program", *Society of Allied Weight Engineers Paper,* No. 1293.

Donald, E. K., Jerry, J. W. and Terry, D. Warfield [2004], *Intermediate Accounting,* John Willey and Sons Ltd.

Dowlatshahi, S. [2001], "Product Life Cycle Analysis: A Goal Programming Approach",

Journal of the Operational Research Society, Vol. 52.

Dressler, S. and Kurt-Henrik, M. [2003] ; "Competitive Advantage for Integrated Vertical Value Chains", *Cost Management,* Vol. 17, No. 5 .

Drucker, P. F. [1969], *The Age of Discontinuity,* Harper and Row. (林雄二郎訳 [1969]『断絶の時代－来るべき知識社会の構想－』ダイヤモンド社)

Dziekonski, J. A. [1984], "Cost Improvement A New Concept for the Traditional Value Engineer", *Soc Am Value Engineering Proceedings,* Vol. 19.

Edward, B. J. , Kung, H. Chen and Thomas, W. Lin [1999], *Cost Management : A Strategic Emphasis,* McGraw-Hill.

Emblemsvag, J. [2003], *Life-Cycle Costing : using Activity-Based Costing and Monte Carlo Methods to Manage Future Costs and Risks,* Wiley & Sons.

Environmental Protection Agency [1995], *An Introduction to Environmental Accounting as A Business Management Tool : Key concepts and Terms,* EPA. (日本公認会計士協会訳〔1997〕『経営管理手法としての環境会計入門基本概念及び用語』環境保護庁)

Epstein. M. J. [1996],*Measuring Corporate Environmental Performance : Best Practices for Costing and Managing an Effective Environmental Strategy,* Irwin.

Evans, P. [1996], "Management Control Systems Accounting for the Environment", *Management Accounting,* October.

Fabrycky, W. J. and Blanchard, B. S. [1991], *Life Cycle Cost and Economic Analysis,* Prentice-Hall.

Felago, R. T. [1982], "Life Cycle Costs and Public Decisions", *Suppl. Discussion Natl. Waste Process Conference.*

Ferry, D. J. O. and Flanegan, R. [1991], "Life Cycle Costing-A Radical Approach", *CIRI AReport#122,* Construction Industry Research and Information Association.

Forbis, L. J. and Mehta, N. T. [1981], "Value-Based Strategies for Industrial Products", *Business Horizons,* Vol. 24, No. 3.

Fredric, J. [1983], "When and How to Use Statistical Cost Variance Investigation Techniques", *Cost and Management,* Vol. 57, No. 1.

Geitner, F. and David, G. [2000], "Using Life-Cycle Costing Tools", *Chemical Engineering,* Vol. 107, No. 2 .

George, S. D. [1981], "The Product Life Cycle : Analysis and Applications Issues", *Journal of Marketing,* Fall.

Govindarajan, V. and Shank, J. K. [1992], "Strategic Cost Management : Tailoring Controls to Strategies", *Journal of Cost Management,* Vol. 6 , No. 3 .

Gray, R. , Bebbington, J. and Walters, D. [1993], *Accounting for the Environment,* Paul Chapman Publishing Ltd. .

Greene, L. E. , Shaw, B. L. [1990], "The Steps for Successful Life Cycle CostAnalysis", *Proceeding IEEE. Natl. Aerosp. Electron Conference,* Vol. 3 .

Grundy, T. [1996], "Cost is a Strategic Issue", *Long Range Planning,* Vol. 29, No. 1 .

Gupta, Y. and Chow, W. S. [1985], "Twenty-Five Years of Life Cycle Costing Theory and Applications : A survey", *International Journal of Quality and Reliability Management,* Vol. 2 .

Hammer, B. and Stinson, C. H. [1995], "Managerial Accounting and Environmental Compliance Costs", *Journal of Cost Management,* Summer.

Hammer, C. [1981], "Life Cycle Management", *Information&Management,* April.

Hansen, D. R. and Mowen, Maryanne. M. [2000], *Cost Management: Accounting and Control,* 3rd ed. , South-Western College Pub.

Harris, J. N. [1936], "What Did We Earn Last Month ? ", *NACA Bulletin,* January.

Hart, G. [1986], "Life-Cycle Costing in the Defence Environment", *Journal of the Operational Research Society,* Vol. 37, No. 12.

Haruey, G. [1976], "Life-Cycle Costing:Review of the Technique", *Management Accounting,* October.

Hedge, G. G. [1994], "Life Cycle Cost:A Model and Applications", *IIE. Transactions,* Vol. 26, No. 6 .

Horngren, C. T. and Foster, G. [1991・1994・1997], *Cost Accounting : A Managerial Emc ed. ,* Prentice-Hall.

Horvath, P. R. Gleich and Sabine, S. [1998], "Linking Target Costing to ABC at a US Automotive Supplier", *Journal of Cost Management,* Vol. 12, No. 2 .

Hughes, S. B. and William, D. M. [1995], "How Quality Control Concepts Can Reduce Environmental Expenditures", *Journal of Cost Management,* Summer.

Hutton, R. B. and William, W. L. [1980a], "Life Cycle Cost:A New Form of Consumer Information", *Journal of Consumer Research,* Vol. 6 , No. 4 .

Hutton, R. B. and William, W. L. [1980b], "Life Cycle Cost:Consumer Information for Energy Decisions", *Marketing Science Institute Research Program, Working Paper,* December.

International Accounting Standards Committee[1998], *International Accounting Standard No. 37, Provisions Contingent Liabilities and Contingent Assets,* IASC, .

Jackson, D. W. Jr., and Ostrom, L. L. (1989), "Life Cycle Costing in Industrial Purchasing", *Journal of Purchasing and Materials Pollution Prevention Benefits Manual*, U. S. Environment Protection Agency.

Jeffrey, L. R. and Denise, J. (1990), "Flowgraph Representation of Life Cycle Cost Methodology: A New Perspective for Project Managers", *IEEE. Transactions on Engineering Management*, vol. 37, No. 2.

Joellen, W. W., Bellcore R. G. (1992), "Life Cycle Cost Management in a Multiple Supplier Environment an Implementation Case Study", *Rec. IEE. International Conference Common*, Vol. 3 / 4.

Jones, J. M. (1980), "Evolution of Techniques for LCC Analysis", *AGARD Conference Proceedings*, Vol. 289.

Juran, J. M. (1976), "Life Cycle Costing", *Engineers*, Vol. 5.

Kami, M. J. and Joel, E. R. (1973), *Corporate Management in Crises-Why the Mighty Fall*, Prentice-Hall.

Kammlade, J. G. (1989), "Life Cycle Cost Management", *Journal of Cost Management*, Spring.

Kaplan, R. S. (1992), "In Defense of Activity-Based Cost Management", *Management Accounting*, November.

Kaplan, R. S. and Cooper, R. (1997), *Cost&Effect: Using Integrated Cost Systems to Drive Profitability and Performance*, Harvard Business School Press.

Kaplan, R. S. and Atkinson, A. A. (1998), *Advanced Management Accounting*, 3th ed., Prentice-Hall Internatioal.

Karlos, A. A. (1994), "Life Cycle Cost Concepts and Methodologies", *Journal of Cost Management*, Vol. 8, No. 3.

Kaufman, R. J. (1970), "Life Cycle Costing: A Decision Making Tool for Capital Equipment Acquisition", *Cost and Management*, March-April.

Kenneth, R. C. (1989), "Life Cycle Costing Applied to Celular Manufacturing", *Proceedings IIE. Integr. System Conference*.

Kiessling, R. (1990), "Reduced Life Cycle Costs: Neglected Arguments for Stainless Steel", *Stainless Today*, Vol. 8, No. 10.

Kirkpatrick, D. L. I. (2000), "Life Cycle Costs for Decision Support: A Study of the Various Life Cycle Costs Used at Different Levels of Defense Policy and Management", *Defense and Peace Economics*, Vol. 11.

Knox, P. J. (1999), "New Life for Life-Cycle Costing", *Chemical Processing*, Vol. 62,

No. 11.

Kotler, P. [1994], *Marketing Management: Analysis, Planning, Implementation, and Control,* 8 th ed., Prentice-Hall.

Kremin-Buch, B. [1998], *Strategisches Kostenmanagement*, LEHRBUCH.

Kreuze, J. G. and Newell, G. E. [1994], "ABC and Life-Cycle Costing for Environmental Expenditures", *Management Accounting,* February.

Lalit, M. K[1990], "Determining Life Cycle Costs of a Work Measurement System (WMS)", *Proceedings IEEE. Natl. Aerosp. Electron Conference,* No. 3.

Lees, F. P. Eng. [1983], "Life Cycle Costing", *Plant Engineering,* Vol. 27, No. 1.

Life Cycle Cost Analysis[1977], A Guide for Architects, *The American Institute of Architects, Life Cycle Budgeting and Costing As An Aid in Decision Making,* Vols. I − V, Department of Health, Education and Welfare.

Logistics Management Institute[1965], *Life Cycle Costing in Equipment Procurement,* LMI Task 4 c − 5 Report, April.

Lund, R. T. [1978], "Life-Cycle Costing: A Business and Societal Instrument", *Management Review.*

Macgregor, A. G. and Millidge, C. [1986], "The Hidden Costs of Product Liability for Manufacturers", *Quality Assurance,* Vol. 12, No. 4.

Marsden J. [1996], "Energy and Environmental Accounting", *Management Accounting,* February.

Miller, D. and Friesen, P. H. [1984], "A Longitudinal Study of the Corporate Life Cycle", *Management Science,* Vol. 30, No. 10.

Morgan, S. M., Dianne H. K. and Bodapati, S. N. [2001], "Study of Noise Barrier Life Cycle Costing", *Journal of Transportation Engineering,* Vol. 127, No. 3.

Morse, W. J., Davis, J. R. and Hartgraves, A. L. [1996], *Management Accounting: A Strategic Approach,* South-Western College Pub.

Nagle, P. J. A, Blanchard, B. S. [1987], "A Probabilistic Approach to Life-Cycle Costing", *South African Statistical Journal,* Vol. 21, No. 2.

Okano, K. [2001], "Life Cycle Costing in Historical Perspective", *Matuyama University,* Vol. 12, No. 6.

Oliver, B. G. [1989], "Life Cycle Cost: Purchased Material Impact", *American Production & Inventory Control Society,* Vol. 32.

Oliver F. [1994], *Dynamisches Kostenmanagement,* Verlag Franz Vahlen Munchen.

Ostrenga, M. R., Ozan, T. R., Mcllhattan, R. D. and Harwood, M. D., The Ernst and

Young〔1992〕, *Guide to Total Cost Management,* Wiley & Sons.（ＴＣＭ研究会編〔1993〕『トータルコスト・マネジメント－競争力強化のための原価管理－』中央経済社）

Ostwald, P. F.〔1992〕, *Engineering Cost Estimating,* 3 th ed., Prentice-Hall.

Paul, B. O.〔1994〕, "Life Cycle Costing", *Chemical Processing,* Vol. 57, No. 12.

Porter, J.〔2000〕, "The Resurrection of Life-Cycle Costing：Plants can Create an Electronic Database that Mirrors Every Change in the Facility", *Chemical Processing,* Vol. 63, No. 2 .

Porter, M. E.〔1985〕, *Competitive Advantage：Creating and Sustaining Superior Performance,* The Free Press.

Porter, M. E. and Class, van der Linde〔1995〕, "Green and Competitively Ending the Stalemate", *Harvard Business Review*.（矢内裕幸，上田亮子訳〔1996〕「環境主義がつくる21世紀の競争優位」『ダイヤモンド・ハーバードビジネス』1996年8・9月号）

Raffish, N. and Peter, B. B. Turney〔1991〕, "Glossary of Activity Based Management", *Journal of Cost Management,* Fall.

Ramsey, R. G.〔1973〕, "Here You Have it, Life Cycle Costing", *AIA Journal* , No. 60.

Rayburn, L. G.〔1993〕, *Cost Accounting：Using a Cost Management Approach,* IRWIN.

Raymond, C. J. and Sterner, E.〔2000〕, "Reconciling Theory and Practice of Life-Cycle Costing", *Building Research & Information,* Vol. 28, No. 5・6 .

Remer, D. S.〔1981〕, "A Model for Life Cycle Cost Analysis with a Learning Curve", *Engineering Economist* , Vol. 27, No. 1 .

Reynolds, S. and Hills〔1977〕, *Life Cycle Costing Emphasizing Energy Conservation, Guidelines for Investment Analysis.* Prepared for Energy Research and Development Administration, Division of Construction, Planning and Support, Under Contract No. E (49－1)－3850.

R. F. de la Mare〔1982〕, *Manufacturing Systems Economics：the Life-Cycle Costs and Benefits of Industrial Assets,* Holt, Rinehart and Winston.

Rimer, A. E.〔2000〕, "Reducing and Controlling Environmental Cost", *Plant Engineering,* March.

Rosenthal, S. R.〔1992〕, *Effective Product Design and Development：How to Cut Lead Time and Increase Customer Satisfaction, Business One,* Irwin.

Ruegg, R. T. et al.〔1978〕, *Life-Cycle Costing, A Guide for Selecting Energy Conservation Projects for Public Building, NBS BSS－113,* U. S. National Technical Information Service8.

参 考 文 献

Ruegg, R. T. [1987], *Life-Cycle Costing Manual for the Federal Energy Management Program: A Guide for Evaluating the Cost Effectiveness of Energy Conservation and Renewable Energy Projects for New and Existing Federally Owned and Leased Building and Facilities.*

Ryan, B. [1994], *Strategic Accounting for Management,* Dryden Press.

Schaltegger, S., Muller, K. and Hindrichsen, H. [1996], *Corporate Environmental Accounting,* John Wiley&Sons.

Schumaker, C. W., Kankey, R. D. [1989], "Life Cycle Cost Management : The Long-term View", *Proceedings IEEE. Natl. Aerosp. Electron. Conference*, Vol. 3.

Seldon, R. M. [1979], *Life Cycle Costing : A Better Method of Government Procurement,* Westview Press.

Shane, M. C. and Allen, P. [1991], *Cost Accounting,* 3 rd ed., John Wiley&Sons.

Shank, J. K. and Govindarajan, V. [1989], *Strategic Cost Analysis, The Evolution from Managerial to Strategic Accounting,* Irwin.

Shank, J. K. and Govindarajan, V. [1992], "Strategic Cost Management and the Value Chain", *Journal of Cost Management,* Winter.

Shank, J. K. and Govindarajan, V. [1992], "Strategic Cost Management:Tailoring Controls to Strategies", *Journal of Cost Management,* Vol. 6, No. 3.

Shank, J. K. and Govindarajan, V. [1993], *Strategic Cost Management:The New Tool for Competitive Advantage,* The Free Press. (種本廣之訳 [1996]『戦略的コストマネジメント』日本経済新聞社)

Sherif, Y. S. and Kolarik, W. J. [1981], " Life Cycle Costing: Concept and Practice", *OMEGA,* Vol. 9, No. 3.

Sherif, Y. S. [1982], "An Optimal Maintenance Model for Life Cycle Costing Analysis", *Reliability Engineering,* Vol. 3, No. 3.

Shields, M. D. and Young, S. M. [1991], "Managing Product Life Cycle Costs : An Organizational Model", *Journal of Cost Management,* Fall.

Snyder, H. M. [1990], "Life Cycle Cost Model For Dormant Systems", *Proceedings. IEEE. Natl. Aerosp. Electron. Conference,* No. 3.

Solomons, D. [1965], *Divisional Performance: Measurement and Control,* Financial Executives Research Foundation.

Steimer, T. E. [1990], "Activity-Based Accounting for Total Quality", *Management Accounting,* October.

Stephens, A. [1994], "The Application of Life Cycle Costing in Libraries : A Case

Study Based on Acquisition and Retention of Library Materials in the British Library", *IFLA. Journal,* Vol. 20, No. 2.

Stephen, J. K. and Alphouse, J. Dell'Isola (1995), *Life Cycle Costing for Design Professionals,* 2 nd ed., McGraw-Hill.

Sterner, E. (2000), "Life-Cycle Costing and Its Use in the Swedish Building Sector", *Building Research and Information,* Vol. 28, No. 5・6.

Susman, G. I. (1989), "Product Life Cycle Management", *Journal of Cost Management,* Vol. 3, No. 2.

Taylor, W. B. (1981), "The Use of Life Cycle Costing in Acquiring Physical Assets", *Long Range Planning,* Vol. 14, No. 6.

Thomas, J. E. Bor, Y. T. and Wen, Wei Lin (1989), "Analyzing Quality Costs", *Management Accounting,* November.

Thomas, M. F. and James T. M. (1994), "Activity-Based Cost Variances for Just-In-Times", *Management Accounting,* April.

Torneden R. L. (1975), *Foreign Disinvestment by U. S. Mutinational Corporations,* Praeger.

Turney, Peter, B. B. (1991), *Common Cents, The ABC Performance Breakthrough,* Technology.

Uirich, T. (1983), "Estimation of the Life Cycle Costs of Complex Technical Systems", *Z. Flugwiss. Weltrumforsch,* Vol. 7, No. 3.

U. S. Department of Defense (1970), DOD Guide LCC−1, *Life Cycle Costing Procurement Guide (Interim).*

U. S. Department of Defense (1973), DOD Guide LCC−3, *Life Cycle Costing Guide for System Acquition.*

U. S. General Accounting Office (1973), *Ways To Make Greater Use of the Life Cycle Costing Acquisition Technique,* In DoD.

U. S. Logistics Management Institute (1967), *Life Cycle Costing in Industry,* September.

U. S. Logistics Management Institute: By Ricard P. W. (1982), *The Framework for Life Cycle Cost Management,* January.

Vernon, R. S. (1971), *The Multinational Spread of the U. S. Enterprises,* BasicBooks.

Vitoon P. M. S. and Kanazawa, S. Y. (2004), "Estimating the Maintenance and Repair Cost in Life Cycle Cost Calculation: A Case of Automobile Ownership in the U. S.", *The Journal of Management Accounting,* vol. 13.

参考文献

Walley, N. and Whitehead, B. 〔1994〕, "It's Not Easy Being Green", *Harvard Business Review,* May/June.（原子和恵訳〔1994〕「成長維持に向けた環境コストのマネジメント」『ダイヤモンド・ハーバードビジネス』8・9月号）

Ward, K. 〔1992〕, *Strategic Management Accounting,* CIMA.

White, A. L., Deborah, S. and Karen, S. 〔1996〕, *Life-Cycle Costing:Concepts and Applications, In Mary Annual Curraned, Environmental Life-Cycle Assessment,* McGraw-Hill.

White, G. E. and Ostwald, P. F. 〔1976〕, "Life Cycle Costing", *Management Accounting,* January.

William, J. K. 〔1980〕, "Life Cycle Costing and Associated Models", *Proceedings Spring Annual Conference Am Irst. Industrial Engineering.*

Wind, Y. J. 〔1982〕, *Product Policy:Concepts, Methods, and Strategy,* Addison-Wesley Pub.

Wilson, R. M. S. 〔1997〕, *Strategic Cost Management,* Asgate.

Wübbenhorst, K. L. 〔1986〕, "Life Cycle Costing for Construction Projects", *Long Range Planning,* Vol. 19, No. 4.

Yang, G. Y. 〔1993〕, "Strategic Costing & ABC", *Management Accounting,* May.

Young, S. M. and Selts, F. H. 〔1991〕, "New Manufacturing Practices and Cost Management:A Review of the Literature and Directions for Research", *Journal of Accounting Literature,* Vol. 10.

【和文献】

青木茂男〔1978〕「責任会計の動向」『企業会計』第30巻第1号

浅田孝幸・田川克生編〔1996〕『持続的成長のためのマネジメント』白桃書房

浅田孝幸〔1997〕「コストマネジメント・システムの新たな展開－ABC/ABMの適用と日本型マネジメントの課題－」『Business Research』第882号

浅田孝幸編〔1999〕『戦略的プラニング・コントロール』中央経済社

阿保栄司・矢澤秀雄・青木章通訳〔2000〕『環境管理会計』生産性出版

飯田健雄〔2002〕『かくして巨額損失は海外で生まれた』日本評論社

飯塚　勲〔1996〕「LCCとABCによる環境コストの製品原価計算」『経済学論集（福山大学）』第21巻第2号

飯原慶雄〔1997〕「企業の撤退計画」『南山経営研究』第11巻第3号

石川島播磨重工業株式会社訳〔1979〕『ロジスティクス－ライフサイクル・コストの経済性追求－』日本能率協会

伊藤克容〔1995〕「責任会計論の生成」『一橋論叢』第114巻第5号
伊藤　博〔1994〕『顧客志向の管理会計』中央経済社
伊藤　博・伊藤嘉博〔1989a〕「競争優位の原価計算(1)」『會計』第135巻第5号
伊藤　博・伊藤嘉博〔1989b〕「競争優位の原価計算(2)」『會計』第135巻第6号
伊藤　弘〔1994〕「建設物のライフサイクル・コストに関する調査研究」『BELCA』11月
伊藤　宏〔1999〕「原価管理技法と原価管理観の変遷」『商学集集』第68巻第1号
伊藤嘉博〔1991a〕「プロダクト・ライアビリティ・コストの測定と管理」『會計』第140巻第1号
伊藤嘉博〔1991b〕「製造物責任制度の導入と原価計算の課題－PLコスティングの意義と可能性－」『成蹊大学経済学部論集』第22巻第1号
伊藤嘉博〔1992a〕「変革を迫られる原価企画－製造物責任・地球環境保全論議の高まりのなかで－」『産業経理』第52巻第1号
伊藤嘉博〔1992b〕「品質原価計算の実際－オムロン株式会社のケースを中心に－」『企業会計』第44巻第8号
伊藤嘉博〔1993〕「環境監査とライフサイクル・コスティング－環境会計への序章－」『成蹊大学経済学部論集』第24巻1号
伊藤嘉博〔1994a〕「戦略的コスト・マネジメント・ツールとしての品質原価計算」『企業会計』第46巻第7号
伊藤嘉博〔1994b〕「原価企画と品質管理－品質機能展開とタグチメソッドを中心とした考察－」『成蹊大学経済学部論集』第25巻第1号
伊藤嘉博〔1995〕「タグチ・メソッドにもとづく品質原価計算のパラダイム変革」『會計』第147巻第1号
伊藤嘉博〔1996a〕「環境管理会計の論点と技法」『産業経理』第56巻第1号
伊藤嘉博〔1996b〕「コスト・マネジメント(5)　品質コストの測定・評価とライフサイクル・コスティング」『品質管理』第47巻第5号
伊藤嘉博〔1999〕『品質コストマネジメント』中央経済社
伊藤嘉博〔2001〕「戦略的コストマネジメント・ツールとしての品質原価計算の意義と課題」『會計』第159巻第1号
今居謹吾〔1980〕『ライフサイクルの理論と実際』日本能率協会
今居謹吾〔1987〕「業種別ライフサイクルの段階に関する一研究」『専修経営学論集』第44号
今木秀和〔1987〕「企業の海外直接投資と戦略的撤退」『桃山学院大学経済経営論集』第2巻第4号
上埜　進〔2001〕『管理会計』税務経理協会

参 考 文 献

江頭幸代〔2002a〕「直接原価計算とライフサイクル・コスティング－ABCを用いた多段階貢献利益計算書による検討－」『商学研究』第1巻第1号

江頭幸代〔2002b〕「直接原価計算の発展としてのライフサイクル・コスティングの可能性」『経営会計研究』第2号

江頭幸代〔2003a〕「ライフサイクル・コスティング研究序説－2つのライフサイクル・コスティングの必要性－」『商学研究』第2巻第1号

江頭幸代〔2003b〕「ライフサイクル・コスティングの体系化とその適用に関する研究－2つのライフサイクル・コスティングと回収計算の立場から－」『博士論文（九州産業大学大学院）』

江頭幸代〔2003c〕「環境コストと撤去コスト－ダムのライフサイクル・コスティングを中心として－」『公益法人研究学会誌』第5号

江頭幸代〔2004a〕「原価計算とライフサイクル・コスティングの比較」『広島商船高等専門学校紀要』第26号

江頭幸代〔2004b〕「ライフサイクル・コスティングの海外事業への拡張」『會計』第166巻第1号

江頭幸代〔2005〕「ライフサイクル・コスティングの体系化とその視点」『広島商船高等専門学校紀要』第27号

江頭幸代〔2006a〕「ライフサイクル・コスティングの展開－政府主導型のライフサイクル・コスティング－」『広島商船高等専門学校紀要』第28号

江頭幸代〔2006b〕「ライフサイクル・コスティングの意義と目的」『商学研究』第5巻第1号

江頭幸代〔2006c〕「ライフサイクル・コスティングの体系化とライフサイクルの決定」『會計』第169巻第4号

江頭幸代〔2006d〕「環境会計とライフサイクル・コスティング－営利企業の環境対応－」『非営利法人研究学会誌』第8号

江頭幸代〔2007a〕「ライフサイクル・コストにおける原価の把握」『産業経理』第66巻第4号

江頭幸代〔2007b〕「アメリカ国防総省におけるライフサイクル・コスティングと投資設備の経済性計算の比較検討」『研究年報（大原大学院大学）』第1号

江頭幸代〔2008〕「ライフサイクル・コスティングにおける予算編成の検討」『研究年報（大原大学院大学）』第2号

大蔵省国際金融局編〔1973－2002〕『大蔵省国際金融局年報』

岡田泰男・永田啓恭編〔1983〕『概説アメリカ経済史』有斐閣

岡野憲治〔1993a〕「ライフサイクル・コスティングに関する一考察－計算例を中心とし

て－」『企業会計』第45巻第11号

岡野憲治〔1993b〕「ライフサイクル・コスティングの構造－YanuckとBrownの計算例を中心として－」『松山大学論集』第5巻第5号

岡野憲治〔1994a〕「ライフサイクル・コスティングの生成－ライフサイクル・コスト概念を中心として－」『松山大学論集』第6巻第3号

岡野憲治〔1994b〕「ライフサイクル・コスティング研究序説」松山大学創立七十周年記念論文集編纂委員会編『松山大学創立70周年記念論文集』

岡野憲治〔1995a〕「ライフサイクル・コスティング研究の源流－アメリカ国防省を中心とするライフサイクル・コスティング研究－」『會計』第147巻第6号

岡野憲治〔1995b〕「ライフサイクル・コスティングの一形態－オイル・ショック時代のライフサイクル・コスティング研究を中心として－」『松山大学論集』第7巻第3号

岡野憲治〔1995c〕「ライフサイクル・コスティングの基礎概念」『松山大学論集』第7巻第4号

岡野憲治〔1996a〕「ライフサイクル・コスティング思考の萌芽と生成に関する一考察－アメリカ会計検査局（General Accounting Office）の見解を中心として－」『松山大学論集』第8巻第2号

岡野憲治〔1996b〕「ライフサイクル・コスティングとアメリカ連邦政府－アメリカ国防総省のライフサイクル・コスティング研究を起点として－」『松山大学論集』第8巻第3号

岡野憲治〔1996c〕「ライフサイクル・コスティングの実践的適用」『松山大学論集』第8巻第4号

岡野憲治〔1996d〕「ライフサイクル・コスティングとエネルギー原価管理－アメリカ連邦政府：エネルギー省のエネルギー・マネジメント・プログラムのためのライフサイクル・コスティングを中心として－」『松山大学論集』第8巻第5号

岡野憲治〔1997a〕「ライフサイクル・コスティング研究序説－実践的展開を中心として－」『松山大学総合研究所』第21号

岡野憲治〔1997b〕「ライフサイクル・コスティングの特質に関する一考察－調達戦略としてのライフサイクル・コスティングの展開を中心として－」『原価計算研究』第21巻第1号

岡野憲治〔1997c〕「ライフサイクル・コスト・モデルに関する一考察」『松山大学論集』第9巻第3号

岡野憲治〔1997d〕「ライフサイクル・コスティングの基礎理論－パラメトリック・コスト・モデルの基礎－」『松山大学論集』第9巻第4号

岡野憲治〔1997e〕「ライフサイクル・コスティングの発展－ライフサイクル・コスト・

参考文献

マネジメントへのアプローチを中心として－」『松山大学論集』第9巻第5号
岡野憲治〔1998a〕「ライフサイクル・コスティングの拡大－ライフ・サイクルコストマネジメントへのアプローチ－」『松山大学論集』第9巻第6号
岡野憲治〔1998b〕「デザイン・ツー・ライフサイクル・コスト研究序説」『松山大学論集』第10巻第1号
岡野憲治〔1998c〕「ライフサイクル・コスティングと活動基準原価計算」『松山大学論集』第10巻第2号
岡野憲治〔1998d〕「ライフサイクル・コスティングと管理会計」『松山大学論集』第10巻第3号
岡野憲治〔1998e〕「ライフサイクル・コスティングの展開－理論的展開を中心として－」『松山大学総合研究所』第24号
岡野憲治〔1998f〕「品質原価計算とライフサイクル・コスティングとPLコスト」『品質管理』第49巻第11号
岡野憲治〔1999a〕「ライフサイクル・コスティングの拡張－新たな課題への挑戦を中心として－」『松山大学論集』第11巻第4号
岡野憲治〔1999b〕「アメリカ国防総省のライフサイクル・コスティング－ライフサイクル・コスティングに関するガイドブック－」『松山大学論集』第11巻第5号
岡野憲治〔2000〕「ライフサイクル・コスティング研究の基礎－歴史的展開過程の一断面を対象として－」『松山大学総合研究所』第29号
岡野憲治〔2001〕「ライフサイクル・コスティングの研究」『會計』第160巻第2号
岡野憲治〔2002a〕「ライフサイクル・コスティング－その展開と特質の研究」『原価計算研究』第26巻第2号
岡野憲治〔2002b〕「ライフサイクル・コスティングの基礎的研究－その方法の体系化研究序説－」『松山大学研究モノグラフ』第1巻
岡野憲治〔2003a〕『ライフサイクル・コスティング－その特質と展開－』同文舘
岡野憲治〔2003b〕「ライフサイクル・コスティングの体系に関する一考察－独の製品ライフサイクルに依拠する原価計算を視野に入れて－」『原価計算研究』第27巻第1号
岡野憲治〔2003c〕「ライフサイクル・コスティング」『會計』第164巻第6号
岡本　清・宮本匡章・櫻井通晴編〔1988〕『ハイテク会計』同友舘
岡本　清〔1994〕『原価計算』国元書房
小川正樹編〔2001〕『実践原価企画』税務経理協会
小川耕二〔1984〕「一般産業におけるライフサイクル・コスティングの現状」『建築設備』第35巻4号
小倉栄一郎・加藤勝康訳〔1974〕『経営計画の設定と統制のための会計』日本生産性本部

小野寺孝一〔1993〕「建物のライフ・サイクル・コスティングとバリュウ・エンジニアリング」『駒大経営研究』第24巻第1・2号
会計検査院編〔1998・1999〕『決算検査報告書』平成11－12年度版
霍見芳浩訳〔1973〕『多国籍企業の新展開』ダイヤモンド社
片岡洋人〔2001〕「製造間接費研究の動向－ABCの貢献を中心として－」『管理会計学』第10巻第1号
加登　豊〔1987〕「意思決定支援システムとトータル・コスト・マネジメント」『経済研究』第32巻第3号
加登　豊〔1993〕『原価企画－戦略的コストマネジメント－』日本経済新聞社
加登　豊〔1994〕「原価企画研究の今日的課題」『国民経済雑誌』第169巻第5号
加登　豊・李　建〔2001〕『コストマネジメント』新世社
亀井正義〔1985〕『多国籍企業論』ミネルヴァ書房
亀井正義〔2002〕「対外直接投資の撤退に関する理論的一考察」『経営学論集』第42巻第1号
河田　信〔1996〕『プロダクト管理会計』中央経済社
河野一郎〔1997〕「情報革新と戦略的コスト・マメネジメント」『中央学院大学商経論叢』第11巻第2号
河野正男〔1998〕『生態会計論』森山書店
河野正男〔2000a〕「企業の持続可能性と会計」『税経通信』第55巻第2号
河野正男〔2000b〕「環境会計ガイドラインの意図と方向性」『企業会計』第52巻第9号
河野正男〔2000c〕「環境配慮型マネジメントの定量評価－環境パフォーマンス評価と環境会計－」『横浜経営研究』第21巻第1・2号
河野正男〔2001〕『環境会計－理論と実践－』中央経済社
木島淑孝〔1989〕「品質原価計算の概念」『企業会計』第41巻第11号
熊谷尚夫ほか編〔1980〕『経済学大辞典Ⅱ』東洋経済新報社
窪田千貫〔1988〕『価格戦略－競争価格の決め方と値下げ防止対策－』同文舘
黒澤　清編〔1967〕『新しい会計学4：責任会計』日本経営出版
建設大臣官房官庁営繕部〔1993〕『建築物のライフサイクルコスト』財団法人経済調査会
建築・設備維持保全推進協会編〔1992〕『ビルディングLCビジネス百科』オーム社
河野二男〔1975〕「固定費回収計算システムの一典型」『経済論集（大分大学）』第27巻第2号
河野二男〔1988a〕『原価計算と価格決定』中央経済社
河野二男〔1988b〕『直接原価計算論』九州大学出版会
河野二男〔2000〕『プロセス原価計算論序説』税務経理協会

参 考 文 献

神戸大学管理会計研究会〔1992〕「原価企画の実体調査(1)(2)(3)」『企業会計』第44巻第5・6・7号
神戸大学会計学研究室編〔2001〕『会計学辞典』同文舘
国際会計基準審議会編日本公認会計士協会国際委員会訳〔2001〕『国際会計基準書2001』同文舘
國部克彦〔2000a〕『環境会計』新世社
國部克彦〔2000b〕「環境調和型製品開発のためのマネジメント手法の統合－コスト情報と意思決定の関連性を求めて－」『原価計算研究』第24巻第1号
國部克彦編〔2001〕『環境会計の理論と実践』ぎょうせい
小林啓孝・伊藤嘉博〔1998〕「環境保全製品開発のためのライフサイクル・コスト分析」『地球環境研究』第42巻
小林啓孝〔1993〕「戦略的管理会計の枠組み」『三田商学研究』第35巻第6号
小林啓孝〔2003〕「戦略的コスト・マネジメントの課題」『原価計算研究』第27巻第1号
小林健吾〔1976〕『直接原価計算』同文舘
小林哲夫〔1993〕『現代原価計算論－戦略的コスト・マネジメントへのアプローチ－』中央経済社
小林哲夫〔1996a〕「ライフサイクル・コストと原価企画」『国民経済雑誌』第173巻第3号
小林哲夫〔1996b〕「戦略的コスト・マネジメント論の展開」『企業会計』第48巻第6号
小山幸寛・小山　健・林　周平〔2000〕「社会的損失費用の曖昧さを考慮した構造物のLCC評価」『建設マネジメント研究論文集』Vol. 9
近藤恭正〔1989〕「原価管理の変貌－技術志向から市場志向へ－」『同志社商学』第40巻第6号
財団法人日本ダム協会編〔2002〕『ダム年鑑2002』
崎　章浩〔2002〕「戦略的コスト・マネジメント」『経営論集』第49巻3・4号
櫻井通晴〔1987〕『ソフトウェア原価計算』白桃書房
櫻井通晴〔1990〕「原価計算と原価管理ライフサイクル・コスティング－概念とその活用法－」『JICPAジャーナル』No.424
櫻井通晴〔1991〕『CIM構築－企業環境の変化と管理会計－』同文舘
櫻井通晴〔1997a〕『パソコンソフトウェアの会計と管理』中央経済社
櫻井通晴編〔1997b〕『ソフトウェア会計』中央経済社
櫻井通晴〔2000a〕『間接費の管理』中央経済社
櫻井通晴〔2000b〕「Cost Management in a Market Led Pricing －Target Costing and ABC－」『会計学研究（専修大学）』第26巻
櫻井通晴編〔2002〕『管理会計辞典』同文舘

佐藤俊徳〔1997〕「製品ライフサイクルマネジメントの研究」『愛知経営論集』第135・136巻
佐藤成紀〔1997〕「ABCと原価企画のインターフェイス－セグメント別管理会計の視点から－」『経済研究（明治学院論叢）』第109号
佐藤宗弥〔1995〕「ABC原価計算と原価企画」『会計人コース』第30巻第1号
清水　孝〔2001〕『戦略管理会計』中央経済社
清水信匡〔1995〕「原価企画における「原価の作りこみ」の概念」『會計』第147巻第4号
社団法人金融財政事情研究会〔1977－1998〕『国際金融年報』
社団法人日本ロジスティクスシステム協会〔2002〕『基本ロジスティクス用語辞典』白桃書房
社団法人未踏科学技術協会，エコマテリアル研究会編〔1995〕『LCAのすべて－環境への負荷を評価する』工業調査会
鈴木徳太郎・山品元編〔1994〕『製品開発リードタイムの短縮』日本プラントメンテナンス協会
角谷光一〔1991〕『現代原価計算の基礎』中央経済社
瀬川正明〔1971〕『新製品開発入門』日科技連出版社
園田平三郎〔1996〕「原価計算実践の総合的データベース構築」『会計学研究（日大商学部会計学研究所）』第9号
染谷恭次郎〔1976〕「ライフ・サイクル・コスティングの再認識」『早稲田商学』第260号
染谷恭次郎〔1992〕『資金計画のたて方』中央経済社
高橋　賢〔1999〕「原価配分における消極的視点と積極的視点－直接原価計算とABCの生成・発展に関する一考察－」『経済研究（千葉大学）』第14巻第2号
高橋　賢〔2000〕「ABCの変遷と原価配分の視点」『横浜経営研究』第21巻第3号
高橋　賢〔2003〕「ABCを前提としたCVP分析に関する一考察」『横浜経営研究』第24巻第1・2号
田口玄一〔1988〕『開発・設計段階の品質工学』日本規格協会
竹内吉次〔1970〕「製品のライフサイクルと設備投資」『プラントエンジニア』9巻
武田昌輔〔1967〕『税務会計通論』森山書店
竹田志郎〔1987〕『多国籍企業の新展開－進出と撤退の論理－』森山書店
竹森一正〔1990〕「LCCMにおける研究開発費管理」『経営情報学部論集（中部大）』第5巻第1・2号
竹森一正〔1994〕「LCCMにおける研究開発費の費用便益分析」『経営情報学部論集（中部大）』第5巻第1・2号
田中隆雄・小林啓孝編〔1995〕『原価企画戦略』中央経済社
田中隆雄〔1996〕「顧客価値・顧客満足と価格革命」『企業会計』第48巻第8号

参 考 文 献

田中雅康〔1992a〕「原価企画における原価目標の設定と細分化」『管理会計学』第1巻第1号
田中雅康〔1992b〕「原価企画における原価改善技法」『原価計算研究』第17巻第2号
田中雅康〔1995〕『原価企画の理論と実践』中央経済社
田中雅康〔1997〕『VE（価値分析）』マネジメント社
田中雅康〔1998〕「原価維持から原価企画・原価改善の原価管理へ」『企業会計』第50巻第2号
谷　武幸ほか〔1993〕「原価企画の実態調査〔第2部〕：原価企画のコンティンジェンシー理論」(1)−(3)『企業会計』第45巻第4−6号
手島直明〔1993〕『実践価値工学−顧客満足度を高める技術−』日科技連出版社
土岐　坤・中辻萬冶・小野寺武夫訳〔1985〕『競争優位の戦略−いかに好業績を持続させるか−』ダイヤモンド社
東海幹夫〔2002〕『マネジメントの会計情報』清文社
冨増和彦〔1995a〕「ライフサイクル・アセスメントと環境会計−アカウンタビリティの新展開」『奈良産業大学産業と経済』第9巻第4号
冨増和彦〔1995b〕「環境コストとライフサイクル・アセスメント−ライフサイクル・コスト・アセスメントについて」『奈良産業大学産業と経済』第10巻第1号
冨増和彦〔1996〕「LCCとLCAの現状」『企業会計』第48巻第9号
中田範夫〔1997〕『ドイツ原価計算論−直接原価計算を中心にして−』晃洋書房
長岡　正〔1999〕「環境フルコスト・アカウンティングについての一考察」『経営論集（朝日大学）』第14巻第1号
長沢伸也〔1998〕「コスト・マネジメントにおける原価企画」『品質』第28巻2号
長沢伸也・伊藤義博〔1998〕「品質管理と品質原価計算−日本とアメリカにおける品質原価計算の動向−」『品質』第49巻第11号
長松秀志〔1991a〕「トータル・コスト・マネジメント・システムの構築−CAM−1モデルの考察−1」『會計』第139巻第5号
長松秀志〔1991b〕「トータル・コスト・マネジメント・システムの構築−CAM−1モデルの考察−2（完）」『會計』第139巻第6号
西澤　脩〔1999〕『ロジスティクス・コスト』白桃書房
西村優子〔1995〕「原価企画とコスト削減」『東京都立商科短期大学研究論叢』第54巻
日比宗平〔1977〕「ライフ・サイクル・コスティング」『青山経営論集』第11巻第4号
日本会計研究学会編〔1996〕『原価企画研究の課題』森山書店
日本管理会計学会編〔2000〕『管理会計学大辞典』中央経済社
日本公認会計士協会編〔2003〕『決算開示トレンド−有価証券報告書300社の実態分析−

平成15年版』中央経済社

日本プラントエンジニアリング協会LCC委員会編,日比宗平監修〔1981〕『ライフサイクル・コスティングー手法と実例ー』日本能率協会

日本プラントメンテナンス協会LCC委員会〔1983〕「わが国初のLCCing実態調査まとまる」『プラントエンジニア』第15巻第11号

庭本佳和〔1982〕「経営の社会的責任」『大阪商業大学論集』第63号

日沖　健〔2002〕『戦略的事業撤退』NTT出版

平池久義〔1991〕『企業と革新』創言社

平松一夫・広瀬義州訳〔1996〕『FASB財務会計の諸概念』中央経済社

廣本敏郎〔1993〕「原価管理とABC（活動基準原価計算）」『企業会計』第45巻第12号

廣本敏郎〔1997〕『原価計算論』中央経済社

古田隆起〔1997〕『現代管理会計論』中央経済社

洞口治夫〔1992〕『日本企業の海外直接投資ーアジアへの進出と撤退ー』東京大学出版会

堀籠教夫〔1999〕「ライフサイクル・コストの概念」『日本船舶用機関学会誌』第34巻第9号

真壁　肇〔1984〕『品質保証と信頼性』日科技連出版社

牧戸孝郎〔1986〕「ライフ・サイクル・コスティングと原価管理」『會計』第130巻第3号

溝口一雄〔1976〕「直接原価計算と価格政策に関する一考察」『国民経済雑誌』第133巻第2号

溝口一雄〔1990〕『原価計算講義』中央経済社

皆川芳輝〔1982〕「ライフ・サイクル・コスティング」『経済科学（名古屋大学）』第30巻第2号

宮内一郎〔1976〕『ライフサイクル・コストの主命題となる支援性』日科技連出版社

宮内一郎〔1979〕「アメリカにおけるライフサイクル・コスティング事例」『プラントエンジニア』1月

宮地晃輔〔2003〕「環境会計におけるライフサイクル・コスティングの論点」『公会計研究』第5巻第1号

宮本はるみ〔1998a〕「製品ライフ・サイクルにおける環境コストの検討」『早稲田大学院商学研究科紀要』第47号

宮本はるみ〔1998b〕「環境コスト配賦のための原価計算システムーABCとLCCの結合ー」『早稲田商学』第379号

村田直樹・竹田範義・沼惠一〔1995〕『品質原価計算論ーその生成と展開ー』多賀出版

藻利重隆訳〔1955〕『設備投資の経済計算』（上・下）一橋書房

門田安弘〔1994〕『原価企画と原価改善の技法』東洋経済新報社

参考文献

門田安弘〔1997〕「「ABC貢献利益法」の提唱－ABCと貢献利益法との接点－」『企業会計』第49巻第9号
矢澤信雄〔2002〕「ライフサイクル・コスティング概念の拡張－発電技術への適用」『原価計算研究』第26巻第2号
矢澤信雄〔2003〕「ライフサイクル・コスティングへの新たな取り組み－日米発電技術のLC全コスト比較を中心に－」『原価計算研究』第27巻第1号
山上達人・菊谷正人編〔1995〕『環境会計の現状と課題』同文舘
山田庫平〔1998〕『経営管理会計の基礎知識』東京経済情報出版
山本浩二〔1993a〕「ABCの基本思考と戦略志向コストマネジメント手法としての有用性」『原価計算研究』第17巻第1号
山本浩二〔1993b〕「間接費の原価企画とABC」『経済研究（大阪府立大経済学部）』第39巻第1号
山本浩二〔1995〕「経営環境の変化と原価管理－戦略的コストマネジメントへのシフト」『経済研究』第40巻第2号
山本安次郎・加藤勝康編〔1985〕『経営学原論』文眞堂
吉川武男〔1992〕「日英両国における原価計算システムの実態調査」『横浜経営研究』第13巻第1号
和田保彦ほか〔1999〕「携帯電話のリサイクル配慮設計のニーズとエコデザイン」『都市と廃棄物』第31巻第5号

【報告書・行政文書】
環境庁環境会計システムの確立に関する検討会〔2001〕「環境会計システムの確立に向けて」
経済産業省経済産業政策局調査統計部企業統計室貿易経済協力局貿易振興課編〔1993－2002〕「我が国企業の海外事業活動基本調査」（第24～31回）
国土交通省，水資源開発公団筑後川開発局『九州地方ダム等管理フォローアップ調査年次報告書』平成7－12年版
財団法人機械振興協会経済研究所〔1979〕『在外日系企業の撤退に関する調査研究報告書』
社団法人産業環境管理協会〔2003〕「環境ビジネス発展促進等調査研究報告書」
社団法人日本機械工業連合会コストエンジニアリング分科会報告書〔1985〕『コストエンジニアリングに関する調査研究（その2）』社団法人日本機械工業連合会
昭和60年度製造プラントのメンテナンス技術に関する調査研究委員会〔1986〕『製造プラントのメンテナンス技術－ライフサイクル・コストに関する調査研究報告書』日本プラントメンテナンス協会

通産省産業構造審議会管理部会〔1996〕『コスト・マネジメント－原価引下げの新理念とその方法』

中小企業総合事業団調査・国際部〔2000〕「平成11年度海外展開中小企業実態調査－撤退編－」

日本会計研究学会特別委員会〔1992－1993〕『新しい企業環境下における原価管理システムのありかた』【平成4年度中間および最終報告書】

日本プラントメンテナンス協会LCC委員会〔1986〕「製造プラントのメンテナンス技術－ライフサイクル・コストに関する調査研究報告書」

平成10－14年度直轄堰堤維持費実施計画変更調書の内費目別総括表

平成10－14年度直轄ダム周辺環境整備事業費実施計画変更調書のうち費目別総括表

鶴田ダムにおける建設費科目別事業費内訳

リコーグループ〔2004〕環境経営報告書

索 引

（A～Z）

ＡＢＣ ……………… 101, 135, 163, 164
ＣＩＭ ………………………………… 22
ＥＶＣ（経済的価値概念）……… 66, 69
ＦＡ …………………………………… 22
ＪＩＴ ………………………………… 25
ＰＡＦ（分類）……………… 139, 154
ＰＬ法（製造物責任法）……… 14, 153

（あ）

アドホック（adhoc）撤退 …………… 117
アフターサービスコスト ……………… 51
荒瀬ダム ……………………………… 130

（い）

維持コスト …………………………… 85
一般消費者 …………………………… 14

（う）

売上高曲線 …………………………… 55
運用コスト …………………………… 127

（え）

営業貢献差益 ………………………… 171
エネルギー省 ………………………… 30

（か）

海外撤退 ……………………………… 115
回収計算………… 36, 78, 103, 144, 159, 161,
　　　　　　　　　　　　179, 190
回収計算としてのライフサイクル・
　コスティング ………………… 49, 53
開発コスト …………………………… 82
外部失敗原価 ……………………… 139, 153
価格計算 ……………………………… 82
価格決定 …………………… 68, 76, 200
拡張されたライフサイクル・
　コスティング ……………………… 12
過去計算 ……………………………… 109
カスタム化製品 ……………………… 24
価値観の多様性 ……………………… 25
価値犠牲 ……………………………… 65
価値連鎖 …………………………… 133, 134
活動 …………………………………… 101
家電リサイクル法 ………………… 16, 60
株主価値 ……………………………… 116
環境 …………………………………… 12
環境会計 …………………………… 103, 108
環境会計ガイドライン ……………… 106
環境回復コスト ……………………… 17
環境監査 ……………………………… 104
環境機能回復コスト ………………… 51
環境コスト ……… 61, 63, 79, 87, 103, 108, 128
環境損失 …………………………… 112, 129
環境対策コスト ……………………… 112
環境報告書 …………………………… 103
環境問題 …………………………… 36, 104
環境問題に適合するライフサイクル・
　コスティング ……………………… 61
環境問題の作りこみ ………………… 142

（き）

企画・設計コスト …………………… 83
企画コスト …………………………… 83
企業外部環境 ………………………… 19
企業間競争 …………………………… 22
技術革新 ……………………………… 22
帰属可能性 ………… 73, 98, 163, 176, 178
期待価値 ……………………………… 65
給付単位計算 ………………………… 97
狭義の製品ライフサイクル・コスト … 46

237

競争 …………………………… 19, 61, 151
競争優位 ………… 48, 59, 61, 69, 104, 136
業務用消費者 ……………………………… 14
許容原価 ………………………… 143, 147

（く）

偶発事象 ……………………………… 88, 90
偶発事象引当金 …………………………… 73
口別損益計算 ……………………………… 72
グローバル・スタンダード ……………… 61

（け）

経営戦略 ………………… 20, 21, 53, 61, 191
経済価値 …………………………… 77, 78
経済主体 …………………………… 16, 18, 37
経済主体別のライフサイクル・
　コスティング …………………………… 45
経済性計算 ……………………………… 41, 42
経済性評価 ……………………………… 34, 35
経済的寿命 ……………………… 10, 15, 110
経済のグローバル化 ………………… 19, 21
原価 ………………………… 74, 78, 79, 80
原価改善 …………………………………… 150
原価階層 ………………………… 165, 168
原価企画 ………………………… 135, 136, 137
原価計算基準 ……………………………… 74
原価構造 ………………………………… 143
原価低減 ………………………… 138, 143
原価転嫁の原理 …………………………… 79
原価の作りこみ ………………… 142, 144
原価の同質性 …………………… 101, 162
原価発生原因原則 ………………………… 99
原価補償の原理 …………………………… 79
研究・開発コスト ………………………… 82
研究コスト ………………………………… 82

（こ）

貢献差益 ……………………………… 68, 98
貢献差益計算書 ………………………… 163

貢献差益法 ……………… 162, 163, 168, 169
公正価値 ………………………………… 122
購入意思決定 ……………………………… 68
後発メーカー ……………………………… 22
顧客 ………………………………………… 15
顧客価値 …………………………………… 65
顧客ニーズ ………………………………… 23
顧客への経済的価値 ……………………… 66
顧客満足 ………… 19, 23, 59, 61, 65, 144
顧客誘因 ……………………………… 67, 68
国防総省 …………………………………… 27
コスト ……………………………………… 73
コスト曲線 ………………………………… 55
コストドライバー ……………… 166, 169
個別受注品 ………………………………… 31
固変分解 ………………………… 163, 176
コントロール …………………………… 198

（さ）

サービスの終了 …………………………… 13
在庫関連コスト …………………………… 85
採算計算 ………… 48, 57, 82, 143, 184, 191
採算性 …………………………………… 117
採算(性)計算 ……………………………… 26
差別化 ……………………………………… 60

（し）

事業撤退 …………………………………… 13
事業のライフサイクル …………………… 17
事後費用 …………………………………… 84
支出原価 …………………………………… 74
支出評価方法 ……………………………… 34
市場 …………………………………… 9, 110
市場と環境 ………………………………… 13
実現価値 …………………………………… 65
市販品 ……………………………………… 70
社会的コスト ………………………… 63, 104
社会的責任 ………………………… 103, 104
従来のライフサイクル・コスティング … 47

238

索　引

取得コスト……………………83
ジェネリック品………………23
生涯原価計算…………………42
使用コスト……………………59
使用者…………………………15
消費者………………………14,15
情報技術の発達………………16
上市……………………………13
商務省…………………………29
初期コスト……………………127
除去可能性………………163,178
所有コスト……………………84

（せ）

生産撤退………………………14
製品維持（種類）レベル活動…165,166
製品開発………………………23
製品競争………………………22
製品群…………………………52
製品群貢献差益………………171
製品貢献差益…………………171
製品視点……7,37,38,43,50,60,112,140,
　　　　　　142,145,147
製品視点のライフサイクル……16,40
製品選択……………………64,65
製品販売停止後のコスト……52
製品保証期間のコスト………51
製品保存コスト………………51
製品ライフサイクル…………97
製品ライフサイクルの概念…9
（製品）ライフサイクルの短縮化
　　　　　　………………24,25,151
責任会計……………………101,178
設計コスト……………………83
設備貢献差益…………………172
設備能力維持（工場）レベル活動…165,166
全社的総合利益………………117

戦術……………………………19
全部原価計算………………97,100,162
全ライフサイクル・コストの最少化……20
戦略……………………………162
戦略的原価管理………………72
戦略的コスト・マネジメント…36,133,137
戦略的コスト・マネジメントとして
　のライフサイクル・コスティング
　　　　　　………………57,60,71
戦略的撤退……………………117

（そ）

総合的利益管理………………145
増分価値……………………67,69
ソフトウェア…………………95
ソフトランディング…………55
損益分岐点…………………55,190
損害賠償………………………90

（た）

タグチメソッド………………158
建物のライフサイクル……18,41
多品種変量生産………………25
段階的貢献差益計算書………169,172
段階的貢献差益法…………161,164,168
段階的固定費回収計算（法）
　　　　　………101,161,175,178,179,189
単なるメーカー視点………13,49
単位レベル活動………………165

（ち）

地球環境問題…………………19
治水目的………………………130
調達技法……………………33,35
直接原価計算………………98,100,162

（つ）

鶴田ダム………………………127

239

（て）

適正利益 …………………………103
デザイン・ツー・コスト ……………149
撤去コスト ……………………130,131
撤退基準 ………………………113,117
撤退コスト ……………17,50,57,79,86,114,
　　　　　　　　　　118,126,143
撤退サイクル …………………114,118,119
撤退損失 …………………………55
撤退比率 ………………………118,120
デファクト・スタンダード………………61

（と）

投資節約率………………………30
トータル・コスト ………………………38
特殊原価 …………………………77
トレード・オフ ……15,38,43,62,70,104,
　　　　　　　　　107,190

（な）

内部失敗原価 …………………139,153

（は）

廃棄コスト………………………35,60,86
ハイテク製品……………………23
発生原因原則別 ………………176
バッチレベル活動 ………………165
発電目的 …………………………130
販売促進……………………………59

（ひ）

非営利組織 ……………113,125,126,132
非原価………………………………75
費用 …………………………75,78,79,80
評価原価 ………………………139,153
非連続性……………………………19
品質原価（コスト）………79,138,145,152

品質原価計算 ……………………135
品質の作りこみ …………………142

（ふ）

フィード・バック …………………150,188
複合コスト ………………………190
福祉省………………………………29
物理的寿命………………………9,15
部品保存コスト……………………51
部分原価計算 ……………………102
部分原価補償 ……………………98
プロダクト（製品別）損益計算 ……95
プロダクト・サイクル理論……………22
プロダクト・ミックス ……………162,171

（へ）

平均撤退サイクル ………………119

（ほ）

保守コスト…………………………85
保全コスト…………………………84

（ま）

マーケット・イン志向………………25,194
マーケティング……………52,57,60,109

（み）

見積（原価）計算……41,52,88,155,182,198

（め）

メーカー固有の視点
　………14,51,112,140,142,143,144,
　　　　155,161,190,192,201
メーカー固有のライフサイクル・
　コスティング………………………49
メーカー視点 ………………………6
メーカー視点の（製品）ライフ
　サイクル ……………………13,49

索　引

(も)

目標原価 …………………………147

(ゆ)

ユーザー …………………………14
ユーザーコスト ……………23, 140, 149
ユーザー視点 ………6, 46, 191, 194, 202
ユーザー視点の製品ライフサイクル……15
ユーザーの動向 …………………64

(よ)

予防原価 ……………………139, 153

(ら)

ライフサイクル ……………1, 9, 53, 110
ライフサイクル・コスティング
　……………………18, 53, 102, 110, 113
ライフサイクル・コスティングの
　限界 ……………………………162
ライフサイクル・コスティングの
　現代的意義 …………………36, 47, 49
ライフサイクル・コスティングの
　構造 ……………………………163
ライフサイクル・コスティングの体系… 7
ライフサイクル・コスティングの
　定義 …………………………32, 38
ライフサイクル・コスト ……73, 79, 80
ライフサイクル・コスト・マネジメント
　…………………………………32, 35
ライフサイクル・コスト分析 ……34, 58
ライフサイクル・コスト予算 ……187, 193
ラグビー方式 ……………………25

(り)

利益の作りこみ …………………142
リコール ………………………14
リコール費 ……………………84, 143
リストラ ………………………89
流行 ……………………………23, 24

(る)

累積コスト ……………………55

(ろ)

ロジスティクス・コスト ……84, 86

(わ)

割引計算 ………………………108

＜著者紹介＞

江頭　幸代（えがしら　さちよ）

【略　歴】
1993年　福岡大学商学部卒業後民間企業に就職
1999年　福岡大学大学院商学研究科博士課程前期修了
2002年　九州産業大学大学院商学研究科博士課程
　　　　後期満期退学
2003年　博士（商学，九州産業大学大学院）取得
2003年　国立広島商船高等専門学校助手
2006年　大原大学院大学准教授，現在に至る

【主要業績】
「環境コストと撤去コスト－ダムのライフサイクル・コスティングを中心として－」『公益法人研究学会誌』第5号，2003年（学会奨励賞受賞）
「ライフサイクル・コスティングの海外事業への拡張」『會計』第166巻第1号，2004年
「ライフサイクル・コスティングの体系化とライフサイクルの決定」『會計』第169巻第4号，2006年
「環境会計とライフサイクル・コスティング－営利企業の環境対応－」『非営利法人研究学会誌』第8号，2006年
「ライフサイクル・コストにおける原価の把握」『産業経理』第66巻第4号，2007年
興津裕康・大矢知浩司編著『現代会計用語辞典』税務経理協会，2005年（「内部取引」「製品ライフサイクル」「株式申込証拠金」）
『リベンジBOOK日商簿記2級テキスト』とりい書房，2007年
『リベンジBOOK日商簿記2級復習ガイド』とりい書房，2007年
『リベンジBOOK日商簿記3級テキスト』とりい書房，2007年
『リベンジBOOK日商簿記3級復習ガイド』とりい書房，2007年

著者との契約により検印省略

平成20年3月15日　初版第1刷発行	ライフサイクル・コスティング

著　者	江　頭　幸　代
発行者	大　坪　嘉　春
印刷所	税経印刷株式会社
製本所	株式会社　三森製本所

発行所　東京都新宿区下落合2丁目5番13号　株式会社　税務経理協会
郵便番号 161-0033　振替 00190-2-187408　電話 (03)3953-3301(編集部)
FAX (03)3565-3391　　　　　　　　　　　　(03)3953-3325(営業部)
URL　http://www.zeikei.co.jp/
乱丁・落丁の場合はお取替えいたします。

© 江頭幸代　2008　　　　　　　　Printed in Japan

本書の内容の一部又は全部を無断で複写複製（コピー）することは、法律で認められた場合を除き、著者及び出版社の権利侵害となりますので、コピーの必要がある場合は、予め当社宛に許諾を求めて下さい。

ISBN978－4－419－05077－1　C1063